사회통합프로그램(KIIP)

# 한국사회 이해

기본 교사용 지도서

기획 법무부 출입국·외국인정책본부

# 발간사

우리나라는 6·25전쟁 이후 한동안 전쟁과 높은 실업률, 지정학적 리스크 등으로 인해 다른 나라로 이주를 가던 나라였으나, 1970년대부터 '한강의 기적'으로 불릴 만큼 단기간에 비약적인 경제성장을 이루게 되면서 어느덧 세계 10대 경제대국의 반열에 이르게 되었고, 이제는 많은 사람들이 이민을 오는 나라가 되어, 현재 국내 체류외국인이 250만 명을 넘어서고 있습니다.

더욱이 저출산·고령사회로 급속하게 진입하면서 지난해 우리나라의 합계출산율은 0.72명에 그쳐 역대 최저치를 기록하는 등 저출산과 고령화로 인한 인구문제, 생산동력 상실, 국가소멸의 위기 상황에 직면하게 되면서 이민정책의 획기적인 전환이 필요한 시점이 되었습니다.

그간 법무부는 이민정책을 총괄하는 부처로서 우리나라에 정착한 외국인이 우리 사회의 구성원으로서 적응·자립할 수 있도록 지원하고, 국민과 서로 상생하며 공존할 수 있도록 하는 것이 무엇보다 중요하다고 생각하여 '체계적인 이민통합 정책'을 추진해 왔습니다.

특히, 2009년부터 시작된 '사회통합프로그램'은 한국어, 한국문화, 한국사회 이해 교육을 통해 이민자가 갖추어야 할 필수적인 기본소양을 체계적으로 함양할 수 있도록 함으로써 사회통합 교육의 가장 핵심적인 역할을 수행해 왔습니다.

시행 첫해인 2009년에 1,331명이 '사회통합프로그램'에 참여하였으며, 코로나로 인해 잠시 주춤했던 시기를 제외하면 매년 증가하다가 엔데믹을 선언한 지난해에는 58,028명이 참여하여 역대 최다 인원을 기록하기도 하였습니다. 이러한 추세에 비추어 볼 때 외국인 근로자, 유학생, 재외동포 등 참여대상이 확대되고 있는 점을 감안한다면 교육수요는 계속 증가할 것으로 예상됩니다.

이러한 시기에 새롭게 발간되는 사회통합프로그램 교재와 교사용 지도서는 더욱 중요한 의미가 있으며, 이민자들이 이러한 교재들을 널리 활용하여 한국사회에 대한 이해를 높이고, 더욱더 우리나라에 잘 적응할 수 있는 마중물이 되었으면 하는 바람입니다.

끝으로 교재 발간에 도움을 주신 경인교육대학교 설규주 교수님을 비롯한 산학협력단 연구진과 출판에 도움을 주신 피와이메이트 노현 대표님 등 관계자 분들께 감사드리며, 앞으로도 법무부는 이민자의 안정적인 정착 지원과 사회통합을 위해 노력하겠습니다.

법무부 출입국·외국인정책본부장

이 재 유

# 일러두기

'사회통합프로그램[KIIP]을 위한 한국사회 이해 교사용 지도서'는 사회통합프로그램 강사에게 한국사회 이해 강좌의 기본적인 학습 내용과 효과적인 교수·학습 방법 및 도움 자료를 제공하는 데 목적을 두고 있다.

교사용 지도서는 '사회통합프로그램[KIIP]을 위한 한국사회 이해(기본)' 50개 단원과 '사회통합프로그램[KIIP]을 위한 한국사회 이해(심화)' 20개 단원에 맞춰 단원의 개관, 지도안, 학습 내용 정리, 교재의 이야기 나누기 예시 답안, 본문 용어 해설, 활동지, 도움 자료, 심화 자료로 구성되어 있다.

단원의 개관과 지도안에서는 강사가 전반적인 학습 흐름을 한눈에 확인할 수 있도록 하였고, 학습 내용 정리와 이야기 나누기 예시 답안, 본문 용어 해설에서는 교재에서 다룬 주요 내용과 활동을 정리하는 데 도움이 되도록 하였다. 활동지와 도움 자료는 학습자가 흥미를 갖고 수업과 활동에 참여할 수 있도록 구성하였다. 심화 자료에서는 단원과 관련된 유용한 정보, 통계, 다른 나라 사례 등을 제공하여 좀 더 심층적인 자료를 활용하고자 하는 강사에게 도움을 주고자 하였다.

이 지도서는 한국사회 이해 강좌 수업의 표준이라기보다는 한 가지 예시이고 참고 자료라고 할 수 있다. 그러므로 강사는 이 지도서에 따라 그대로 강의를 진행하기보다는 자신의 강의 여건, 학습자의 상황 등에 맞게 적절히 재구성할 수 있다.

## 구성과 특징

**단원의 개관 및 지도안**

단원명, 각 단원의 목표 및 주요 학습 내용을 제시하였다. 해당 단원의 교재 페이지를 명시하였고, 도입-전개-정리에 따른 교수 · 학습 활동, PPT, 단계별 수업 시간을 안내하였다.

**학습 내용 정리**

각 단원에서 배운 주요 학습 내용을 정리해 볼 수 있도록 구성하였다. 학습자와 질문하고 답하기, 빈칸 채우기 등 다양한 방식을 활용해 볼 수 있다.

**이야기 나누기 예시 답안**

교재의 단원별 마지막 부분에 수록된 이야기 나누기의 예시 답안을 제시하였다. 이것은 학습자들이 이야기 나누기에 좀 더 적극적으로 참여하는 데 도움을 줄 수 있는 예시 자료나 보충 자료로 활용될 수 있다.

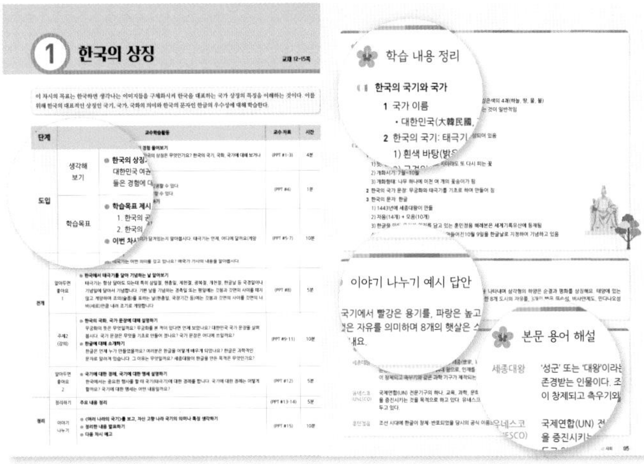


**본문 용어 해설**

교재 본문에 서술된 내용 중 추가 설명이나 자세한 안내 등 해설이 필요한 용어를 정리하였다.

**활동지 및 도움자료**

수업 시간을 활용하여 학습자의 흥미와 눈높이를 고려하여 단원 내용과 관련되어 있는 과제 해결 형태의 활동지를 제시하였다. 활동을 진행할 때 학습자에게 도움이 될 수 있는 자료도 함께 제공하였다.

**심화자료**

각 단원의 학습 내용과 연관된 유용한 정보, 통계 자료, 다른 나라 사례 등을 제시하였다. 이 자료는 강사가 수업을 준비하거나 학습자를 지도하는 과정에서 유용하게 활용될 수 있다.

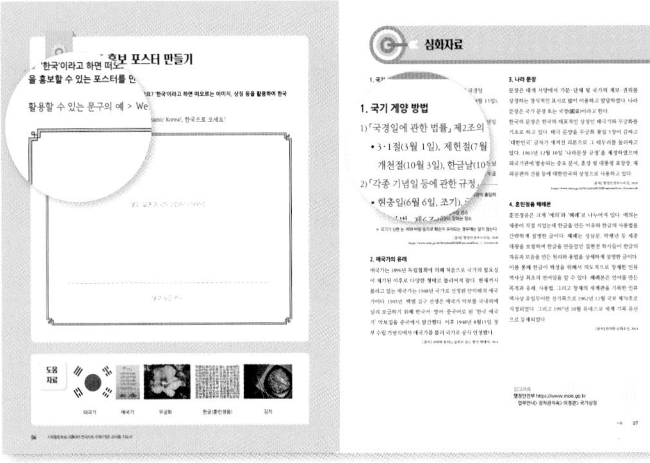

# 차례

# 제1편

# 사회

# 1 한국의 상징

교재 16-19쪽

이 차시의 목표는 한국하면 생각나는 이미지들을 구체화시켜 한국을 대표하는 국가 상징의 특징을 이해하는 것이다. 이를 위해 한국의 대표적인 상징인 국기, 국가, 국화의 의미와 한국의 문자인 한글의 우수성에 대해 학습한다.

| 단계 | | 교수학습활동 | 교수 자료 | 시간 |
|---|---|---|---|---|
| 도입 | 생각해 보기 | ● **한국의 상징과 관련된 학습자의 경험 물어보기**<br>대한민국 여권에서 찾을 수 있는 한국의 상징은 무엇인가요? 한국의 국기, 국화, 국가에 대해 보거나 들은 경험에 대해 이야기해 봅시다. | (PPT #1-3) | 4분 |
| | 학습목표 | ● **학습목표 제시**<br>1. 한국의 공식 국가명과 그 의미를 설명할 수 있다.<br>2. 한국의 상징과 한글의 특징을 설명할 수 있다.<br>● **이번 차시와 관련된 교재의 단원 확인하기** | (PPT #4) | 1분 |
| 전개 | 주제1 (강의) | ● **한국의 공식 국가명 이해하기**<br>한국의 공식적인 명칭은 무엇일까요?<br>● **한국의 국기와 의미 설명하기**<br>태극기 문양에는 각각 어떤 의미가 담겨있는지 알아봅시다. 태극기는 언제, 어디에 달까요(게양할까요)?<br>● **한국의 국가 설명하기**<br>한국의 국가인 애국가는 어떤 의미를 갖고 있나요? 애국가 가사의 내용을 알아봅시다. | (PPT #5-7) | 10분 |
| | 알아두면 좋아요 1 | ● **한국에서 태극기를 달아 기념하는 날 알아보기**<br>태극기는 항상 달아도 되는데 특히 삼일절, 현충일, 제헌절, 광복절, 개천절, 한글날 등 국경일이나 기념일에 달아서 기념합니다. 기쁜 날을 기념하는 경축일 또는 평일에는 깃봉과 깃면의 사이를 떼지 않고 게양하며 조의(슬픔)를 표하는 날(현충일, 국장기간 등)에는 깃봉과 깃면의 사이를 깃면의 너비(세로)만큼 내려 조기로 게양합니다. | (PPT #8) | 5분 |
| | 주제2 (강의) | ● **한국의 국화, 국가 문장에 대해 설명하기**<br>무궁화의 뜻은 무엇일까요? 무궁화를 본 적이 있다면 언제 보았나요? 대한민국 국가 문장을 살펴봅시다. 국가 문장은 무엇을 기초로 만들어 졌나요? 국가 문장은 어디에 쓰일까요?<br>● **한글에 대해 소개하기**<br>한글은 언제 누가 만들었을까요? 여러분은 한글을 어떻게 배우게 되었나요? 한글은 과학적인 문자로 알려져 있습니다. 그 이유는 무엇일까요? 세종대왕이 한글을 만든 목적은 무엇인가요? | (PPT #9-11) | 10분 |
| | 알아두면 좋아요 2 | ● **국기에 대한 경례, 국기에 대한 맹세 설명하기**<br>한국에서는 중요한 행사를 할 때 국기(태극기)에 대한 경례를 합니다. 국기에 대한 경례는 어떻게 할까요? 국기에 대한 맹세는 어떤 내용일까요? | (PPT #12) | 5분 |
| 정리 | 정리하기 | **주요 내용 정리** | (PPT #13-14) | 5분 |
| | 이야기 나누기 | ● **<여러 나라의 국기>를 보고, 자신 고향 나라 국기의 의미나 특징 생각하기**<br>● **정리한 내용 발표하기**<br>● **다음 차시 예고** | (PPT #15) | 10분 |

## 학습 내용 정리

### 01 한국의 국기와 국가

**1** 국가 이름
- 대한민국(大韓民國, The Republic of Korea)

**2** 한국의 국기: 태극기
1) 흰색 바탕(밝음과 순수) + 태극 문양(존귀+희망) + 검은색의 4괘(하늘, 땅, 물, 불)
2) 국경일이나 기념일에 자신의 집 대문이나 창문에 다는 것이 일반적임

**3** 한국의 국가: 애국가
1) 나라를 사랑하는 국민의 마음을 담은 노래
2) 100여 년 전부터 사용되어 왔으며 총 4절로 구성되어 있음

### 02 한국의 국화와 문자

**1** 한국의 국화: 무궁화
1) 뜻: 영원한 생명력을 지녀 피고 지더라도 또 다시 피는 꽃
2) 개화시기: 7월~10월
3) 개화형태: 나무 하나에 이천 여 개의 꽃송이가 핌

**2** 한국의 국가 문장: 무궁화와 태극기를 기초로 하여 만들어 짐

**3** 한국의 문자: 한글
1) 1443년에 세종대왕이 만듦
2) 자음(14개) + 모음(10개)
3) 한글을 만든 목적과 원리를 담고 있는 훈민정음 해례본은 유네스코 세계기록유산에 등재됨
4) 한국 정부는『훈민정음 해례본』이 만들어진10월 9일을 한글날로 지정하여 기념하고 있음

## 이야기 나누기 예시 답안

○○ 국기에서 빨강은 용기를, 파랑은 높고 빼어난 정치적 이념을 나타내며 삼각형의 하양은 순결과 평화를 상징해요. 태양에 있는 노란색은 자유를 의미하며 8개의 햇살은 스페인 독립혁명에 참가한 8개 도시의 자유를, 3개의 별은 루손섬, 비사얀제도, 민다나오섬을 나타내요.

## 본문 용어 해설

**세종대왕** ‘성군’ 또는 ‘대왕’이라는 호칭이 붙는 세종(世宗, 1397~1450, 재위 1418~1450)은 이순신과 더불어 한국 역사에서 가장 존경받는 인물이다. 조선의 제4대 왕으로, 인재를 고르게 등용하여 이상적 유교정치를 구현하였다. 세종대왕 때에 훈민정음이 창제되고 측우기와 같은 과학 기구가 제작되는 등 백성들의 생활에 실질적으로 도움이 되는 정책이 추진되었다.

**유네스코(UNESCO)** 국제연합(UN) 전문기구의 하나. 교육, 과학, 문화 지적 활동분야에서 국제협력을 촉진함으로써 세계 평화와 인류 발전을 증진시키는 것을 목적으로 하고 있다. 유네스코 본부는 프랑스 파리에 있고, 전 세계 73곳에 사무소와 부속 연구소를 두고 있다.

**훈민정음** 조선 시대에 한글이 창제·반포되었을 당시의 공식 이름으로, ‘백성을 가르치는 바른 소리’를 뜻한다.

# 한국 홍보 포스터 만들기

**※ '한국'이라고 하면 떠오르는 것이 무엇인가요? '한국'이라고 하면 떠오르는 이미지, 상징 등을 활용하여 한국을 홍보할 수 있는 포스터를 만들어 봅시다.**

활용할 수 있는 문구의 예 > Welcome to Dynamic Korea!, 한국으로 오세요!

넣고 싶은 한국의 상징이나 이미지

넣고 싶은 문구

**도움 자료**

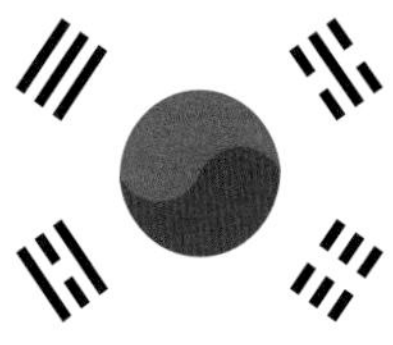
태극기

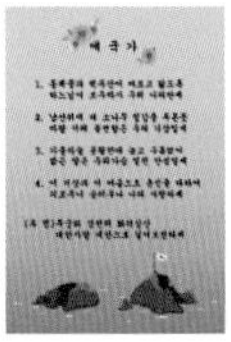
애국가

무궁화

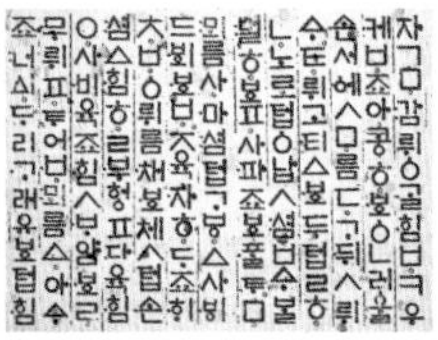
한글(훈민정음)

김치

# 심화자료

## 1. 국기 게양 방법

1)「국경일에 관한 법률」 제2조의 규정에 따른 국경일

- 3·1절(3월 1일), 제헌절(7월 17일), 광복절(8월 15일), 개천절(10월 3일), 한글날(10월 9일)

2)「각종 기념일 등에 관한 규정」 제2조의 규정에 따른 기념일

- 현충일(6월 6일, 조기), 국군의 날(10월1일)

3)「국가장법」 제6조에 따른 국가장 기간(조기)

4) 정부가 따로 지정한 날

5) 지방자치단체가 조례 또는 지방의회의 의결로 정하는 날

| | |
|---|---|
| 국기를 연중 달아야 하는 곳 | 국가, 지방자치단체 및 공공기관의 청사, 각 급 학교와 군부대(낮에만 게양) |
| 가능한 한 국기를 연중 달아야 하는 곳 | 공항·호텔 등 국제적인 교류장소<br>대형건물·공원·경기장 등 많은 사람이 출입하는 장소<br>주요 정부청사의 울타리<br>많은 깃대가 함께 설치된 장소<br>그 밖에 대통령령이 정하는 장소 |

※ 국기가 심한 눈·비와 바람 등으로 훼손이 우려되는 경우에는 달지 않는다.

[출처] 행정안전부누리집, 2020
https://www.mois.go.kr/frt/sub/a06/b08/nationalIcon_2_3/screen.do

## 2. 애국가의 유래

애국가는 1896년 독립협회에 의해 처음으로 국가의 필요성이 제기된 이후로 다양한 형태로 불리어져 왔다. 현재까지 불리고 있는 애국가는 1948년 국가로 선정된 안익태의 애국가이다. 1945년  백범 김구 선생은 애국가 악보를 국내외에 널리 보급하기 위해 한국어·영어·중국어로 된 '한국 애국가' 악보집을 중국에서 발간했다. 이후 1948년 8월15일 정부 수립 기념식에서 애국가를 불러 국가로 공식 인정됐다.

[출처] 10대와 통하는 문화로 읽는 한국 현대사, 2014

## 3. 나라 문장

문장은 대개 서양에서 가문·단체 및 국가의 계보·권위를 상징하는 장식적인 표시로 많이 이용하고 발달하였다. 나라 문장은 국가 문장 또는 국장(國章)이라고 한다.

한국의 문장은 한국의 대표적인 상징인 태극기와 무궁화를 기초로 하고 있다. 태극 문양을 무궁화 꽃잎 5장이 감싸고 '대한민국' 글자가 새겨진 리본으로 그 테두리를 둘러싸고 있다. 1963년 12월 10일 '나라문장 규정'을 제정하였으며 외국기관에 발송되는 중요 문서, 훈장 및 대통령 표창장, 재외공관의 건물 등에 대한민국의 상징으로 사용하고 있다.

[출처] 행정안전부누리집, 2020
https://www.mois.go.kr/frt/sub/a06/b08/nationalIcon_6/screen.do

## 4. 훈민정음 해례본

훈민정음은 크게 '예의'와 '해례'로 나누어져 있다. 예의는 세종이 직접 지었는데 한글을 만든 이유와 한글의 사용법을 간략하게 설명한 글이다. 해례는 성삼문, 박팽년 등 세종대왕을 보필하며 한글을 만들었던 집현전 학사들이 한글의 자음과 모음을 만든 원리와 용법을 상세하게 설명한 글이다. 이를 통해 한글이 백성을 위해서 의도적으로 창제한 인류 역사상 최초의 언어임을 알 수 있다. 해례본은 언어를 만든 목적과 유래, 사용법, 그리고 창제의 세계관을 기록한 인류 역사상 유일무이한 진기록으로 1962년 12월 국보 제70호로 지정되었다. 그리고 1997년 10월 유네스코 세계 기록 유산으로 등재되었다.

[출처] 위대한 문화유산, 2014

참고자료
행정안전부 https://www.mois.go.kr
업무안내> 장차관직속> 의정관> 국가상징

# 2 가족

교재 20-23쪽

이 차시의 목표는 한국 가족 형태의 변화와 문화, 가족 관계와 호칭을 살펴봄으로써 한국인의 가족관련 생활 모습을 이해하는 것이다. 이를 위해 한국의 전통적인 가족 형태와 최근의 변화, 가족 문화의 특징, 가족 관계와 호칭, 촌수 문화를 학습한다.

| 단계 | | 교수학습활동 | 교수 자료 | 시간 |
|---|---|---|---|---|
| 도입 | 생각해 보기 | ● **한국의 가족과 관련된 학습자의 경험 물어보기**<br>한국에서 많이 본 가족은 어떤 모습인가요? 현재 자신의 가족은 어떤 가족과 가장 비슷한가요? 한국 가족의 형태나 문화에 대해 보거나 들은 경험에 대해 이야기해 봅시다. | (PPT #1-3) | 4분 |
| | 학습목표 | ● **학습목표 제시**<br>1. 한국 가족 형태의 변화와 가족 문화의 특징을 설명할 수 있다.<br>2. 한국사회의 가족 및 친척 관계와 호칭을 설명할 수 있다.<br>● **이번 차시와 관련된 교재의 단원 확인하기** | (PPT #4) | 1분 |
| 전개 | 주제1 (강의) | ● **달라지는 한국의 가족 형태 분석하기**<br>옛날에는 조부모(할아버지, 할머니), 부모, 자녀 등 여러 세대의 가족이 한 집에 모여 사는 확대가족 형태가 일반적이었습니다. 오늘날 핵가족 형태가 많아진 까닭은 무엇인가요? 그 외 점점 증가하고 있는 가족 형태는 무엇인가요? 현재 가장 비율이 높은 가족 형태는 무엇입니까?<br>● **한국의 가족 문화의 특징 설명하기**<br>한국인들이 개인의 행복 못지않게 중요하게 생각하는 것은 무엇인가요? 그래서 어떤 문화가 생겼나요? 한국의 가족 문화는 무엇의 영향을 받아왔나요? 최근에는 가족 문화가 어떻게 바뀌고 있나요? | (PPT #5-7) | 10분 |
| | 알아두면 좋아요 1 | ● **1인 가구 증가로 인한 변화 알아보기**<br>1인 가구의 비중은 어느 정도 인가요? 그래서 주택, 식품, 가전 시장 등 산업 전반에 어떤 변화가 생기고 있나요? | (PPT #8) | 5분 |
| | 주제2 (강의) | ● **한국인의 호칭 부르기에 대해 설명하기**<br>한국에는 가족들 간에 다양한 호칭을 사용하여 서로를 부르는 문화가 있습니다. 서로의 관계에 따라 동일한 사람을 부를 때에도 다양한 호칭이 사용될 수 있습니다.<br>● **한국의 촌수 문화 소개하고 계산해보기**<br>촌수란 가족이나 친족의 가깝고 먼 정도를 숫자로 표시한 것을 뜻합니다. 부모와 자녀 간에는 1촌, 형제간에는 2촌이고, 남편과 아내는 촌수를 따지지 않습니다. | (PPT #9-11) | 10분 |
| | 알아두면 좋아요 2 | ● **한국의 가족에서 관계에 따른 호칭 알아보기**<br>남편이 아내의 가족을 부를 때 호칭을 알아봅시다. 아내가 남편의 가족을 부를 때 호칭을 알아봅시다. 최근 호칭과 관련하여 어떤 제안이 나오고 있나요? | (PPT #12) | 5분 |
| 정리 | 정리하기 | **주요 내용 정리** | (PPT #13-14) | 5분 |
| | 이야기 나누기 | ● **<'우리'와 '식구'의 의미> 글을 읽고, 생각 정리하기**<br>● **자신의 생각 발표하기**<br>● **다음 차시 예고** | (PPT #15) | 10분 |

## 학습 내용 정리

### 01 한국 가족의 특징

**1** 가족 형태의 변화

1) 전통적인 가족 형태: 조부모, 부모, 자녀 등 여러 세대의 가족이 같이 사는 형태

2) 오늘날의 가족 형태: 부모 + 미혼자녀, 1인 가구, 아이 없는 부부 등 다양한 가족 형태가 나타남

**2** 가족 문화 특징

1) 전통적인 가족 문화: 효 사상과 유교의 영향으로 구성원 간의 위, 아래 순서와 역할 구분을 명확하게 하였고 웃어른을 공경하는 것이 당연한 도리라 생각함

2) 오늘날 가족 문화: 가족 구성과 가치관이 달라지면서 가족 내 역할과 문화에도 변화가 생김.
가족 구성원이 함께 의논하여 가족의 중요한 일을 결정하거나 집안일이나 아이를 키우는 일에 부부가 함께 참여함.

### 02 가족 간의 관계와 호칭

**1** 가족관계 호칭

1) 부부간: '여보', '당신'

2) 배우자의 부모: 아버님, 어머님

3) 부모와 자녀: (아이를 낳고 나면) 며느리는 '어멈아', 아들은 '애비야'
아내의 부모는 사위를 부를 때 사위의 성을 앞에 붙여서 '○서방'

4) 최근에는 양성 평등 관련하여 친정과 시댁에 대한 호칭 구분을 없애자는 제안과 정책이 나오고 있음

**2** 친척관계 촌수

1) 1촌: 부모와 자녀 간의 관계

2) 2촌: 형제, 자매간의 관계

3) 부부간에는 촌수를 따지지 않음

## 이야기 나누기 예시 답안

○○○에서는 형제, 자매 관계에서 첫째를 트하이(두 번째)라 불러요. 왜냐하면 옛날부터 많은 전쟁을 치러 와서 집안에 첫째가 전사하고 없는 경우가 많았기 때문이라고 해요.

## 본문 용어 해설

| | |
|---|---|
| 1인 가구 | 결혼을 하지 않고 혼자서 가정을 이루어 살아가는 사람을 뜻하며, 최근 '싱글족'이라는 말로도 표현한다. |
| 유교 | 옛날 중국 공자의 가르침에서 시작된 사상. 인(仁) 사상을 바탕으로 나라에 대한 충성과 부모에 대한 효도를 중시하는 사상이다. |
| 세대 | 공통의 체험을 기반으로 하여 공통의 의식이나 풍속을 전개하는 일정 폭(幅)의 연령층을 뜻한다. 보통 약 30년을 단위로 한다. |
| 촌수 | 친족 상호 간의 혈통관계를 따질 때 멀고 가까운 것을 나타내는 거리의 척도를 말한다. 부부끼리는 핏줄로 연결된 관계가 아니라 남남이 만나 이루어진 관계이기 때문에 촌수가 없다. |
| 친가 | 아버지의 일가를 뜻하며 가부장적인 유교 사회에서는 '친가'가 어머니의 일가를 뜻하는 '외가'에 비해 중시되었다. |

# 촌수 스피드 퀴즈

**1. 다음 제시하는 사람과 나와의 관계를 촌수로 계산해 봅시다.**

| | |
|---|---|
| 아빠의 누나<br>(　　)촌 | 할아버지의 동생<br>(　　)촌 |
| 엄마의 동생의 딸<br>(　　)촌 | 배우자의 어머니<br>(　　)촌 |

**2. 다음 해당하는 촌수 또는 촌수에 해당하는 명칭을 알아맞히는 스피드 퀴즈를 해봅시다.**

1) 다음 카드의 예시 중 선택해서 총 8장의 카드를 만듭니다(A4용지를 3번 접으면 8장의 카드가 나옴).
2) 짝끼리 혹은 모둠끼리 팀을 이룹니다.
3) 상대팀이 카드를 섞은 다음 카드에 적힌 단어를 불러주면 나머지 팀이 답을 합니다. 카드에 촌수가 나오면 촌수에 해당하는 가족 관계를, 카드에 가족 관계가 나오면 촌수를 답합니다.
4) 정해진 시간 안에 더 많은 정답을 맞힌 팀이 승리합니다.

**〈카드의 예시〉**

| | | | | | | |
|---|---|---|---|---|---|---|
| 4촌 | 3촌 | 1촌 | 딸 | 이모 | 고모부 | 할머니 |
| 남편 | 2촌 | 무촌 | 아버지 | 손녀 | 작은아버지 | 여동생 |

**도움 자료**

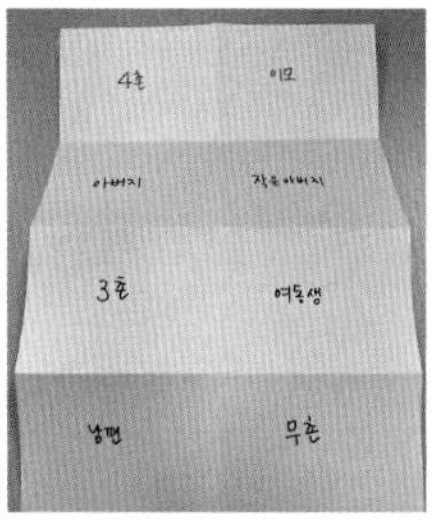


● 사진과 같이 8칸을 만들고 단어를 쓴 뒤 오려서 사용한다.

# 심화자료

## 1. 다양한 가족 형태와 관계된 신조어

1) 딩크족(DINK): Double Income, No Kids의 약자로서, 정상적인 부부생활을 영위하면서 의도적으로 자녀를 두지 않는 맞벌이 부부를 뜻한다.

2) 딩펫족(DINPET): 딩크족과 애완동물을 뜻하는 펫(pet)의 합성어이다. 즉 아이 대신 애완동물을 기르며 사는 맞벌이 부부를 뜻한다. 이들은 아이를 낳아 스트레스를 받느니 차라리 말 잘 듣는 귀여운 애완동물을 기르며 부부끼리 즐겁게 사는 것이 낫다고 여긴다.

3) 싱글족(SINGLETON): 일반적으로 탄탄한 경제력을 갖추고 자신들만의 삶을 만끽하며 홀로 사는 남녀를 말한다. 그들은 결혼이라는 틀에 자기를 맞추기보다 자유와 일을 더 중요시하며 자유롭고 당당하게 살려는 욕구가 강하다.

4) 통크족(TONK): Two only no kids의 약자로서 자신들만의 오붓한 삶을 즐기려는 노인 세대를 말한다. 핵가족이 보편화된 현대사회에 노부부 혹은 자식들과 떨어져 사는 노인 단독 세대가 갈수록 증가하고 있다. 이들은 손자·손녀를 돌보느라 시간을 빼앗기던 전통적인 할아버지와 할머니의 역할을 거부하고 자신을 위한 인생을 추구한다.

5) 한 부모 가족: 최근 이혼의 급증으로 증가하고 있는 가족의 형태이다. 사망·이혼·별거 등의 이유로 부모 한쪽이 혼자서 18세 미만의 자녀를 키우는 가족을 의미한다.

[출처] 두산백과

## 2. 신(新)가족 문화: 밀레니얼(Millennial) 세대, 밀레니얼 가족

인터넷으로 주문한 간편식(살짝 데우기만 하면 되는 제품)과 밀키트(Meal Kit, 요리에 필요한 식재료와 양념, 조리법을 모두 한 박스에 담은 제품)로 저녁 밥상을 차린다.
집안일의 효율성을 높여주는 로봇청소기, 건조기, 식기세척기 등의 가전기기를 구비하여 가사노동은 최소한으로 줄이고 자신과 가족을 위한 시간으로 보낸다.

밀레니얼 세대란 1980년대 초부터 2000년대 초까지 출생한 세대를 말하며, 자기 정체성이 강하면서 컴퓨터 등 정보기술에 익숙한 밀레니얼 세대가 가족을 이루면서 새로운 가족의 풍경을 만들고 있다.

[출처] 2019 트렌드 코리아, 2018

## 3. 호칭의 변화

여성가족부는 가족 간 실천 사항으로 '도련님' '아가씨'와 같은 전통적인 호칭 대신 당사자의 이름을 부르자고 제안하였다. 한 집안의 며느리가 남편의 남동생이나 여동생을 대할 때 '도련님~' '아가씨~'하고 부르던 것을 '○○씨~'와 같이 이름을 사용하자는 것이다. 사위가 아내의 남동생이나 여동생을 부를 때도 똑같이 적용된다. '처제' '처남'처럼 가족구성원 간의 관계망으로 상대를 부를 것이 아니라, 이름을 부르며 친근감을 높이자는 것이다. 변화는 강제하기보다 소통으로 자연스럽게 흘러야 한다. 이에 대한 공감대의 정도가 얼마나 두텁게 형성될 지, 좀 더 시간을 두고 지켜보는 과정이 필요하다.

[출처] 경상일보, 2019.09.10.
http://www.ksilbo.co.kr/news/articleView.html?idxno=722464

## 4. 가족 촌수 계산

부부간은 0촌, 부모 자녀 간은 1촌, 형제 자매 사이는 2촌이다.

- Q. 나와 아버지 형제의 촌수는 어떻게 될까?
- A. 나와 아버지 사이는 1촌, 아버지와 아버지 형제 사이는 2촌이므로 더하면 3촌이 된다.
- Q. 나와 어머니 자매의 자식과 촌수는 어떻게 될까?
- A. 나와 어머니 사이 1촌, 어머니와 어머니 자매 사이 2촌, 이모와 자식 사이 1촌, 다 더하여 4촌이 된다.

참고자료
여성가족부 www.mogef.go.kr
서울 한부모가족지원센터 www.seoulhanbumo.or.kr
한국가족상담센터 www.familykorea.org/

# 3 일터

교재 24-27쪽

이 차시의 목표는 한국에서 직장 생활을 하는 데 있어서 필요한 문화적 지식을 획득하는 것이다. 이를 위해 한국인들이 선호하는 일터의 특징, 여성의 경제 활동, 근무 시간과 직장 문화 등 한국인의 직장 생활 전반적인 내용을 학습한다.

| 단계 | | 교수학습활동 | 교수 자료 | 시간 |
|---|---|---|---|---|
| 도입 | 생각해 보기 | ● **한국의 직장 생활 모습이 담긴 4개의 사진을 보고 생각나누기**<br>한국의 직장 생활이 담긴 사진들입니다. 한국 일터의 여러 가지 모습 중에서 자신의 고향과 비슷한 점, 다른 점은 무엇인가요? 한국의 어떤 직장에서 일을 해 보고 싶은가요? 그 이유는 무엇인가요? | (PPT #1-3) | 4분 |
| | 학습목표 | ● **학습목표 제시**<br>1. 한국사회의 직장 생활 특징을 설명할 수 있다.<br>2. 한국사회의 직장 문화를 이해하고 직장 관련 어려움에 대한 해결 방안을 탐색할 수 있다.<br>● **이번 차시와 관련된 교재의 단원 확인하기** | (PPT #4) | 1분 |
| 전개 | 주제1 (강의) | ● **직장 생활 특징: 한국인들이 선호하는 일터**<br>한국에서 취업이 가능한 나이는 몇 살부터일까요? 평균수명이 길어지면서 어떤 변화가 생기고 있나요? 한국에서 취업을 준비하는 사람들은 어떤 일터를 선호하나요?<br>● **직장 생활 특징: 여성의 경제 활동**<br>여성의 사회 진출은 어떻게 변화하고 있나요? 여성이 경제 활동을 하는 데 있어 겪을 수 있는 어려움은 무엇이 있을까요? 어려움을 어떻게 해결해 나가는 것이 바람직할까요? | (PPT #5-7) | 10분 |
| | 알아두면 좋아요 1 | ● **한국에서 특별히 볼 수 있는 일터에 대해 설명하기**<br>한국 특유의 회식 문화로 생긴 일터는 무엇인가요? 1인 가구와 맞벌이 가구가 증가하면서 생긴 일터는 무엇인가요? | (PPT #8) | 5분 |
| | 주제2 (강의) | ● **직장 근무 시간과 근무 유형 설명하기**<br>한국에서는 일반적으로 몇 시부터 몇 시까지 일을 하나요?<br>일주일 동안의 총 근무시간은 몇시간 이내여야 하나요?<br>정규근무와 탄력적 근로 시간제는 어떤 차이점이 있나요?<br>● **직장 문화**<br>한국 직장에서는 근무를 마친 후에 종종 회사 직원들끼리 식사하는 '회식'을 합니다. 최근에는 회식 문화가 어떻게 바뀌고 있나요? | (PPT #9-11) | 10분 |
| | 알아두면 좋아요 2 | ● **한국 직장인들은 일 년에 며칠 휴가를 사용할까?**<br>한국 직장인들의 유급 휴가 사용 일이 해마다 높은 증가율을 보이고 있습니다. 그 까닭은 무엇일까요? | (PPT #12) | 5분 |
| 정리 | 정리하기 | **주요 내용 정리** | (PPT #13-14) | 5분 |
| | 이야기 나누기 | ● **〈직장 생활의 어려움〉 관련 글을 읽고, 생각 정리하기**<br>● **자신의 생각 발표하기**<br>● **다음 차시 예고** | (PPT #15) | 10분 |

## 학습 내용 정리

### 01 한국 직장 생활 특징

**1** 한국인들이 선호하는 일터

1) 15세 이상부터 일을 하는 것이 가능하며 60세 전후에 은퇴함
2) 평균 수명이 길어지면서 은퇴 후에도 새로운 직업을 갖거나 창업을 준비하는 사람들이 많아짐
3) 선호하는 일자리: 사람마다 다르지만 최근에는 공무원을 비롯한 안정적인 일자리를 선호하는 경우가 많음

**2** 여성의 경제 활동

1) 여성의 사회 진출이 활발해지면서 직업별 남녀 간 불균형도 조금씩 완화되고 있음
2) 남편과 아내 모두가 일을 하는 맞벌이 부부도 증가하고 있음
3) 출산과 양육 등의 문제로 경력이 단절된 여성들을 위해 재취업과 창업을 지원하는 교육과 정책이 시행되고 있음

### 02 한국 직장 생활 모습

**1** 직장 근무 시간과 근무 유형

1) 근무 시간: 보통 오전 9시부터 오후 6시까지이며 초과 근무를 하는 경우도 있지만 일주일 동안에 총 근무 시간은 52시간을 넘지 않아야 함
2) 일터의 특성에 따라 정규 근무, 탄력적 근로 시간제, 교대 근무 등 다양한 근무 유형이 있음

**2** 한국인의 직장 문화

1) 회사 직원들끼리 친밀한 관계를 형성하기 위해서나 축하나 위로를 받아야 할 직장 동료가 있을 때 근무를 마친 후 종종 회사 직원들끼리 식사하는 '회식'을 함
2) 일과 삶의 균형을 추구하는 문화가 확산되면서 모두가 즐겁게 공감할 수 있는 문화로 바뀌고 있음

## 이야기 나누기 예시 답안

회사에서 제가 맡은 업무와 관련 없는 일을 시키거나, 제가 잘 하는 분야와 상관없는 일을 맡게 되는 경우가 힘들어요.

## 본문 용어 해설

| | |
|---|---|
| 취업 | 일정한 직업을 구해 직장에 나가는 것을 말한다. 최근 경기가 나빠지면서 취업을 하는 것이 어려워지자, 안정된 직장을 원하는 사람들이 늘어나고 있다. |
| 주5일제 | 1주일에 5일만 근무하는 제도를 뜻하며, 이 제도의 시행 이후 휴일 및 남은 시간을 활용하는 여가 문화가 발달하기 시작하였다. |
| 탄력적 근로 시간제 | 근로기준법 51조에 근거를 둔 제도로 특정일의 노동시간을 연장하는 대신 다른 날의 노동시간을 단축해 일정기간 평균 노동시간을 법정 노동시간에 맞추는 방식이다. 현행 근로기준법에 따르면 1주 최대 52시간(법정근로 40시간, 연장근로 12시간)이 기본이며, 탄력근로제 단위기간은 2주 이내 혹은 3개월 이내로 정한다. |
| 맞벌이 | 부부가 모두 직장 생활을 하는 경우를 말한다. 이에 따라 보육시설 증가 및 외식 문화의 발달 등 다양한 변화들이 생기고 있다. |

# 고민을 나눠요

**1. 다음의 글을 읽어봅시다.**

직장 내 괴롭힘

직장 내 괴롭힘이란 회사에서 상대적으로 우위에 있는 경영자나 상사가 직원에게 고통을 주는 등 괴롭히는 행위이다. 폭행, 협박, 폭언, 음주 및 회식 강요, 정당한 이유 없이 업무 능력이나 성과를 인정하지 않거나 업무와 상관없이 개인적인 일을 시키는 등이 해당된다.
(직장 내 괴롭힘 경험 73.3%가 있음, 국가인권위원회조사, 2017)
내 경우가 직장 내 괴롭힘에 해당하는지 알아보려면 근로복지공단의 근로 복지넷에서 상담 가능하며, 회사에 신고했는데도 회사에서 제대로 대응을 안 한다면 고용노동부나 지방고용노동청에 직접 신고할 수 있다.

아시아 투데이, 2019

https://m.post.naver.com/viewer/postView.nhn?volumeNo=22590544&memberNo=12374975&vType=VERTICAL

**2. 한국 직장 생활과 관련하여 힘들거나 어려운 점을 이야기해 보고 주변의 조언을 받아 해결 방안을 생각해보기.**

| | |
|---|---|
| 직장 생활 관련 고민 | |
| 조언1 | |
| 조언2 | |
| 해결 방안 | |

**도움 자료**

- 본 활동은 자신이 한국 일터에서 근무했거나, 근무하는 중이거나, (미래에) 근무를 할 경우, 겪었던 고민이나 겪을 수 있는 어려움들을 자유롭게 적어보고 주변의 조언을 받아보도록 한다.
- 고민의 예로 다음과 같은 것들을 적을 수 있다.
  예) 퇴근 시간보다 더 늦게까지 일하도록 지시한다.
  회식할 때 술을 강요한다. 직장 상사가 화를 자주 낸다. 등

# 심화자료

## 1. 직장 여성의 경력 단절 실제

통계청의 2023년 조사에 따르면, 여성 경력 단절 사유 중 가장 높은 비율을 보인 것은 육아(42.0%)이고 다음으로 결혼(26.2%), 임신·출산(23.0%) 순이었다. 주목해야 할 부문은 20대에서의 1위가 임신·출산(35.6%), 30대에서의 1위가 육아(45.3%)라는 점으로 사회생활의 핵심이 되는 20~30대에 여성 경력 단절을 가져오는 가장 큰 이유가 임신·출산, 그리고 육아였다. 15～54세 기혼여성 가운데 경력 단절 여성은 134만 9천 명으로 전년(2022년) 대비 4만 8천 명(0.2%) 줄었다.

[출처] 통계청, 2023

## 2. 외국인 근로자의 연말정산

외국인 근로자도 한국에서 일하고 지급받은 소득이 있으면 한국에서 머물러 있던 기간이나 소득의 크기에 관계없이 정확한 세금을 정산해야 한다.

- 만약, 매월 납부하는 세금이 정산한 세금보다 많은 경우에는 연말정산을 통해 차액을 환급받을 수 있다.
- 반대로, 매월 납부하는 세금이 정산한 세금보다 적은 경우에는 차액을 납부해야 하며, 납부하지 않은 경우 가산세 부과 등 불이익이 따를 수 있으니 연말정산을 꼭 해야 한다.
- 신고 방법은 연말정산 간소화서비스 누리집(www.hometax.go.kr→조회/발급→연말정산간소화)을 통해 「소득·세액공제 증명서류」를 종이로 출력하거나 전산파일로 내려 받아 「소득·세액공제 신고서」와 함께 회사에 제출하면 된다.

[출처] 국세청, 2019

## 3. 최저임금제

최저임금제란 국가가 근로자들의 생활 안정을 위해 임금의 최저 수준을 정하고 사용자에게 그 수준 이상의 임금을 지급하도록 법으로 강제하는 제도를 뜻한다. 적용 대상은 1인 이상 근로자를 고용하는 모든 사업 또는 사업장이다. 반드시 사업주는 최저 임금액 이상의 급여를 제공해야 하며, 최저 임금액에 미달하는 임금을 정한 근로계약은 그 부분에 한해 무효가 된다. 근로자가 지급받는 임금이 매년 고용노동부 장관이 정하는 최저 임금액 이하로 결정돼 지급받는 경우에는 고용노동부 근로감독과에 신고해 권리구제를 요청할 수 있다. 참고로 2024년 현재 최저 임금은 시간당 9,860원, 월 2,060,740원이다.

[출처] 최저임금위원회, 2024

## 4. 실업급여

실업급여란 '비자발적 퇴사'를 겪은 직장인이 실직 후 재취업 활동을 하는 동안 지급되는 소정의 급여를 말한다. '비자발적 퇴사'란 인원 감축이나 계약만료 등 자신의 의지와 상관없이 퇴사하게 된 것을 뜻한다. 즉 스스로 회사를 그만둔 경우나 자신의 잘못으로 인해 회사에 손해를 가져와 해고된 경우에는 실업급여를 받을 수 없다.

더불어 실직 전 고용보험에 가입된 기간이 180일 이상이어야 하며 재취업을 위해 적극적으로 노력하고 있음을 증명해야 한다. 실업급여는 퇴직 후 1년 이내로 신청해야 받을 수 있다.

[출처] 고용노동부, 2019

**참고자료**

고용노동부 http://www.moel.go.kr/

외국인 고용 관리 시스템 누리집 http://www.eps.go.kr

# 4 교통과 통신

교재 28-31쪽

이 차시의 목표는 한국의 교통수단과 통신수단을 유형별로 살펴보고 이용 방법을 이해하는 것이다. 이를 위해 한국 교통수단의 종류와 이용 방법, 대중교통 이용을 장려하는 제도, 통신수단의 종류와 사용 방법 등을 학습한다.

| 단계 | | 교수학습활동 | 교수 자료 | 시간 |
|---|---|---|---|---|
| 도입 | 생각해 보기 | ● **한국의 교통수단과 관련된 학습자의 경험 물어보기**<br>교통수단을 이용할 때 볼 수 있는 모습들입니다. 사진에 제시된 기기나 서비스를 이용한 경험이 있나요? 평소에 자주 이용하는 교통수단은 어떤 것이고 그 이유는 무엇인가요? | (PPT #1-3) | 4분 |
| | 학습목표 | ● **학습목표 제시**<br>1. 한국에서 사람들이 많이 이용하는 교통수단과 이용 방법을 설명할 수 있다.<br>2. 한국에서 많이 사용하는 통신수단과 사용 방법을 설명할 수 있다.<br>● **이번 차시와 관련된 교재의 단원 확인하기** | (PPT #4) | 1분 |
| 전개 | 주제1 (강의) | ● **한국 교통수단의 종류 살펴보기**<br>한국에는 다양한 대중교통수단이 발달해 있는데 주로 버스, 지하철, 택시 등을 이용합니다. 이용 요금은 현금이나 교통카드로 지불합니다. 교통비를 교통카드나 신용카드로 지불하면 어떤 점이 좋은가요? 목적지까지 최단 시간이나 최소 환승으로 갈 수 있는 방법은 어떻게 알 수 있나요? 먼 거리를 이동할 때는 어떤 교통수단을 이용할 수 있나요?<br>● **대중교통 이용을 장려하는 제도 소개하기**<br>한국에서는 대중교통 이용을 권장하기 위해 어떤 제도를 시행하고 있나요? 환승 할인 제도는 무엇에 따라 요금을 내도록 되어 있나요? 버스 도착 안내 서비스의 좋은 점은 무엇 인가요? 도로의 차로 중 버스만 이용할 수 있는 전용차로를 정하여 버스가 원활히 통행할 수 있도록 하는 제도의 이름은 무엇인가요? | (PPT #5-7) | 10분 |
| | 알아두면 좋아요 1 | ● **공공 자전거 무인대여 시스템 설명하기**<br>교통수단으로서 자전거의 장점은 무엇인가요? 공공 자전거의 이름은 지역마다 어떻게 다른가요? 공공 자전거는 어떻게 이용할 수 있나요? | (PPT #8) | 5분 |
| | 주제2 (강의) | ● **통신수단의 종류와 사용방법 설명하기**<br>한국에서는 주로 우편, 전화, 인터넷 등을 통해 멀리 떨어져 있는 사람과 정보를 주고받습니다. 우체국을 통해 편지나 물건을 국내뿐만 아니라 외국으로 보낼 수 있는데, 우체국 외에도 택배 서비스를 이용할 수 있는 곳은 어디인가요? 휴대 전화로 스마트폰이 널리 보급되면서 음성통화뿐만 아니라 무엇을 하는 것이 가능해졌나요?<br>● **인터넷을 통한 정보교환 방법 소개하기**<br>한국의 무선 인터넷(LTE), 공공 와이파이(WIFI) 속도는 세계 최고 수준입니다. 컴퓨터 외에 어떤 방법을 사용하여 정보를 주고받을 수 있습니까? | (PPT #9-11) | 10분 |
| | 알아두면 좋아요 2 | ● **보이스 피싱과 스미싱, 피해 발생 시 대응 방법 설명하기**<br>보이스 피싱과 스미싱이란 어떤 것인가요? 관련 경험이 있나요? 보이스 피싱이나 스미싱이 의심되거나 피해가 발생했을 때 어떻게 대응해야 하나요? | (PPT #12) | 5분 |
| 정리 | 정리하기 | **주요 내용 정리** | (PPT #13-14) | 5분 |
| | 이야기 나누기 | ● **〈1인 미디어 전성시대〉 글을 읽고, 생각 정리하기**<br>● **자신의 생각 발표하기**<br>● **다음 차시 예고** | (PPT #15) | 10분 |

## 학습 내용 정리

### 01 한국의 교통수단

**1** 교통수단의 종류

1) 가까운 곳으로 이동할 때는 주로 버스, 지하철, 택시를 이용하며 이용 요금은 현금이나 교통카드로 지불함

2) 먼 거리를 이동할 때는 기차, 고속버스, 시외버스, 배, 비행기 등을 이용함

**2** 대중교통 이용을 장려하는 제도

1) 대중교통 이용을 권장하기 위해 환승 할인 제도, 버스 도착 안내 서비스, 버스 전용차로제와 같은 제도를 시행하고 있음

2) 환승 할인 제도란 다른 교통수단으로 갈아탈 때 요금을 할인해 주는 제도임

3) 버스 도착 안내 서비스는 버스 정류장의 전광판을 통해 버스 도착 시간과 혼잡 정도를 미리 알 수 있도록 함

4) 버스 전용차로제는 도로의 차로 중 버스만 이용할 수 있는 전용차로를 정해 버스가 원활히 통행할 수 있도록 하는 제도임

### 02 한국의 통신수단

**1** 통신수단의 종류와 이용

1) 우체국을 통해 편지나 물건을 국내뿐만 아니라 외국으로 보낼 수 있는데, 우체국 외에도 택배 업체나 편의점을 통해 택배 서비스를 이용할 수 있음

2) 휴대 전화로 스마트폰이 널리 보급되면서 음성통화나 영상통화는 물론 사진, 동영상 등도 자유롭게 주고받을 수 있고 다양한 정보를 신속하게 검색할 수 있게 됨

**2** 인터넷을 통한 정보교환

인터넷이 발달하여 컴퓨터, 스마트폰 등을 사용하여 언제 어디서나 연락이나 정보를 주고받기 쉬워졌음

## 이야기 나누기 예시 답안

한국 요리를 배울 수 있는 방송이 많이 도움 되었어요. 저도 고향 나라 요리에 대한 방송을 만들어서 한국 사람들에게 알리고 싶어요.

## 본문 용어 해설

**KTX** 한국에서 운행 중인 초고속열차를 뜻한다. 2004년 4월 1일 개통되어 서울~부산 구간을 시작으로 운행하고 있다. 영업 최고속도는 시속 305km로 운행되고 있다.

**택배** 우편물이나 짐, 상품 따위를 요구하는 장소까지 직접 배달해 주는 일로 보통 한국에서는 보통 전날에 발송하면 다음 날에 도착한다(도서 산간, 섬 지역 제외).

**스마트폰** 휴대 전화에 인터넷 통신과 정보검색 등 컴퓨터 지원 기능을 추가한 지능형 단말기로서 사용자가 원하는 애플리케이션(application)을 설치할 수 있는 것이 특징이다. 이동 중 인터넷 통신, 팩스 전송 등이 가능하다.

**태블릿 PC** 키보드 없이 손가락 또는 전자펜을 이용해 직접 LCD(액정) 화면에 글씨를 써서 문자를 인식하게 하는 터치스크린 방식을 주 입력 방식으로 하여 프로그램을 실행할 수 있는 모바일 인터넷 기기를 뜻한다.

# 서울을 여행해요

* 당신은 서울을 여행하는 중입니다. 주로 지하철을 이용하여 여행을 할 계획입니다.
  지하철 노선도를 참조해서 여행 계획을 세워 봅시다.

오늘의 여행 계획(나의 숙소: 합정역에서 1분 거리에 위치)

| 여행지 | 이동 경로 |
|---|---|
| 망원동 커피가게 | 합정역 → 망원역(6호선) (1정거장 이동) |
| 경복궁 구경 | |
| | |
| | |
| | |
| | |

도움 자료

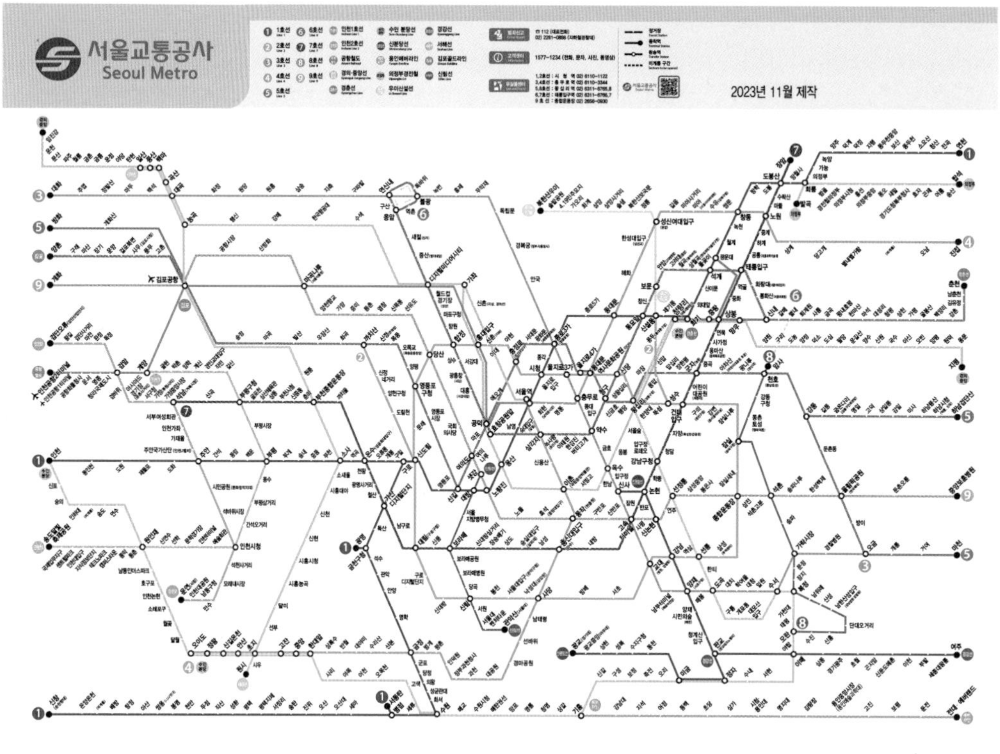

# 심화자료

## 1. 대중교통 요금표

1) 지하철(2023.10.7. 이후)

| 기본운임 | 10km~40km | 50km 초과 시 |
|---|---|---|
| -10km까지 1,400원 | 5km 마다 100원 | 8㎞마다 100원 |

2) 시내버스(2023.8.12. 이후)

| 교통카드 | 현금 | 조조할인(교통카드) |
|---|---|---|
| 1,500원 | 1,500원 | 1,200원 |

3) 광역버스

| 교통카드 | 현금 | 조조할인(교통카드) |
|---|---|---|
| 3,000원 | 3,000원 | 2,400원 |

4) 택시(2022.11.25. 이후)

| 기본요금 | 거리요금 | 시간요금 | 심야할증 |
|---|---|---|---|
| 1.6㎞/<br>4,800원 | 131m/<br>100원 | 30초/<br>100원 | 23~02시 40%,<br>그 외 시간 20% |

5) 환승요금

| 기본요금 | 추가요금 |
|---|---|
| 10㎞까지 기본요금<br>(환승무료) | 10㎞ 초과시<br>매 5㎞마다 100원 추가 |

※ 지자체별로 요금이 다를 수 있음

6) 환승시간

① 환승 유효시간은 하차 후 30분 이내로 제한(단 21시~익일 07시는 하차 후 60분 이내로 제한)

② 동일 노선 및 동일 차량 간 환승시에는 환승할인 불가

[출처] 서울특별시청 누리집, 2024
http://news.seoul.go.kr/traffic/traffic_price

## 2. 고속철도(KTX·SRT) 이용안내

고속철도(KTX·SRT)는 빠른 속도로 전국을 2시간대 생활권으로 연결시키는 안전하고 편안하며 친환경적인 교통수단이다. 일반실과 특실로 좌석이 구분되어 있으며 화장실, 수유실, 스낵 자동판매기 등의 편의시설이 있다. 또한 무선인터넷, 전원 콘센트 사용으로 쾌적한 서비스 이용이 가능하다.

- KTX 노선(경부선, 호남선, 경전선, 전라선, 강릉선)은 '레츠코레일(www.letskorail.com)' 누리집의 '기차역 정보' 메뉴, 혹은 '코레일톡플러스' 앱을 다운받아 확인할 수 있다.
- SRT 노선(경부고속선, 호남고속선)은 'SR(etk.srail.co.kr)' 누리집의 '이용안내>기차역 정보>철도노선안내'에서 살펴볼 수 있다.

## 3. 보이스 피싱 예방하기

1) 피싱 사기의 여섯 가지 특징

① 기관 사칭: 공공기관 및 금융기관을 사칭함

② 심리적 압박: 개인정보 노출, 범죄사건 연루, 자녀 납치 등 거짓 사실로 피해자의 심리를 압박

③ 발신번호 조작: 공공기관 및 금융기관의 전화번호가 발신창에 나타나도록 조작

④ 유창한 한국어 구사: 능숙한 한국어 사용으로 피해자를 안심시킴

⑤ 직접 인출·이체: 피해자의 금융거래 정보를 불법적으로 얻어낸 다음 직접 인출

⑥ 대포 통장: 대출이나 취업 등을 미끼로 획득한 예금통장을 사기에 이용

2) 금융감독원 보이스 피싱 지킴이

- 지급 정지 및 피해 신고 (경찰청) 국번없이 112
- 피싱 누리집 신고 (인터넷진흥원) 국번없이 118
- 피해 상담 및 환급 (금융감독원) 국번없이 1332

[출처] 한국 인터넷 진흥원, https://www.krcert.or.kr/main.do

## 4. 국제특급우편(EMS) 서비스를 아십니까?

외국으로 신속하게 우편물을 보낼 일이 있을 때 어떻게 하면 될까? 국제특급우편(EMS) 서비스는 국가 간 신속한 배송이 필요한 서류, 상품 견본 등을 최우선적으로 송달하는 특송 서비스이다. EMS는 민간 특송사에 버금가는 우수한 서비스와 매출실적으로 지속적으로 취급 우체국을 확대하였고, 현재는 세계 140여 개국을 서비스 대상국으로 하고 있다. 일반적으로 3~5일 이내 서비스 대상 국가의 수취인에게 우편물을 보내는 것이 가능하며, 세계의 일부 주요 도시에서는 2일 이내에 배달이 가능한 초특급우편 서비스도 시행되고 있다.

[출처] 한국 인터넷 우체국, https://ems.epost.go.kr

참고자료
금융감독원 보이스 피싱 지킴이
http://phishing-keeper.fss.or.kr/

# 5 주거

교재 32-35쪽

이 차시의 목표는 한국인들이 사는 집의 형태와 주거 문화의 특징을 이해하는 것이다. 이를 위해 오늘날 한국에서 많이 볼 수 있는 집의 유형, 주거 문화, 집을 구하는 방법, 주거 선택 기준 등을 살펴보며 한국인들에게 집은 어떤 의미를 갖는지 탐색하도록 한다.

| 단계 | | 교수학습활동 | 교수 자료 | 시간 |
|---|---|---|---|---|
| 도입 | 생각해 보기 | ● **한국의 여러 가지 집의 모양을 살펴보기**<br>한국에서 많이 본 집의 모습은 어떤 것인가요? 지금 본인이 살고 있는 집은 어떤 점이 좋고, 어떤 점이 불편한가요? | (PPT #1-3) | 4분 |
| | 학습목표 | ● **학습목표 제시**<br>1. 한국에서 많이 볼 수 있는 집의 형태와 주거 문화의 특징을 설명할 수 있다.<br>2. 한국인의 거주 형태와 집 구하는 방법을 설명할 수 있다.<br>● **이번 차시와 관련된 교재의 단원 확인하기** | (PPT #4) | 1분 |
| 전개 | 주제1 (강의) | ● **한국의 집 형태 살펴보기**<br>한국인들이 살고 있는 주택은 단독 주택과 공동 주택으로 나뉩니다. 단독 주택에는 반드시 한 가구만 살까요? 단독 주택에 속하는 집의 유형과 공동 주택에 속하는 집의 유형은 무엇이 있나요? 연립 주택과 아파트의 차이는 무엇일까요?<br>● **주거 문화의 변화 소개하기**<br>단독 주택과 공동 주택 중 어느 것이 늘어나고 있을까요? 아파트를 선호하는 이유는 무엇이고 아파트의 불편한 점은 무엇인가요? 최근 수요가 늘고 있는 주택 유형은 무엇인가요? | (PPT #5-7) | 10분 |
| | 알아두면 좋아요 1 | ● **공공임대 주택의 의미**<br>공공임대 주택이란 무엇일까요? 사회보호 계층을 위한 공공임대 주택 외에 다양한 계층을 위한 임대주택은 어떤 것들이 있나요? | (PPT #8) | 5분 |
| | 주제2 (강의) | ● **거주 형태와 집 구하는 방법 설명하기**<br>한국에서 집에 거주하는 형태는 자가, 전세, 월세로 나눌 수 있습니다. 일정한 돈을 맡기고 집을 빌려 쓰는 것을 무엇이라고 할까요? 계약 기간 후 보증금을 안전하게 돌려받기 위해서 미리 어떻게 해야 하나요? 집을 구할 때 도움을 받을 수 있는 곳은 어디일까요?<br>● **주거 선택 기준 소개하기**<br>한국인들이 주거 선택에 중요시 여기는 것은 무엇일까요? | (PPT #9-11) | 10분 |
| | 알아두면 좋아요 2 | ● **온라인으로 부동산 매물 확인하는 방법 설명하기**<br>앞으로 거주하거나 구매할 집을 찾고자 할 때 온라인에서 어떻게 알아 볼 수 있을까요? 이때 주의해야 할 점은 무엇인가요? | (PPT #12) | 5분 |
| 정리 | 정리하기 | **주요 내용 정리** | (PPT #13-14) | 5분 |
| | 이야기 나누기 | ● **<다양한 나라의 이사문화> 글을 읽고, 생각 정리하기**<br>● **자신의 생각 발표하기**<br>● **다음 차시 예고** | (PPT #15) | 10분 |

## 학습 내용 정리

### 01 한국인이 많이 살고 있는 집의 형태

**1** 집의 형태

1) 단독 주택: 보통 한 가구가 독립적으로 생활 할 수 있도록 한 채씩 지은 집

※ 한 집에 여러 가구가 각각의 독립적인 공간을 차지하며 살 수 있도록 지은 다가구 주택(주인 1명)도 단독 주택에 포함됨

2) 공동 주택: 한 건물에 여러 가구가 독립해서 생활할 수 있게 만든 주택

- 다세대 주택: 건물의 부분별로 주인이 다름
- 연립 주택: 4층 이하의 주택, 다세대 주택보다 건물의 총 면적이 더 넓음
- 아파트: 5층 이상의 주택

**2** 주거 문화의 변화

1) 도시에 인구가 집중되면서 단독 주택보다 공동 주택에 살고 있는 가구 수가 많아짐

2) 아파트에서 사는 것을 선호하는 편이나 층간 소음으로 인해 이웃 간의 갈등이 심해지는 경우도 있음

3) 최근 1~2인 가구가 늘어나면서 소형 주택에 대한 수요가 늘고 있음

4) 은퇴를 맞아 노년을 준비하는 사람들이나 쾌적한 자연환경에 살기 원하는 사람들은 도시 근교 한적한 지역에 전원주택을 짓고 사는 경우도 있음

### 02 한국인의 거주 형태와 집 구하는 방법

**1** 거주형태와 집 구하는 방법

1) 자가: 자기가 소유한 집

2) 전세: 집주인에게 일정한 보증금을 맡기고 집을 빌려 쓰는 형태

3) 월세: 집주인에게 매달 일정한 돈을 내고 집을 빌려 쓰는 형태

4) 반 전세: 전세와 월세를 혼합한 개념, 보증금이 전세보다는 적고 월세보다는 많은 편임

5) 집을 구할 때는 부동산 중개업소를 통해 알아보는 것이 안전함

**2** 주거 선택 기준

한국인들은 주거 선택에 교통, 교육 여건, 주거 환경, 편의 시설 등을 중요시 여김

## 이야기 나누기 예시 답안

저의 고향 나라에서는 이사 가면 주변에 사는 사람들에게 이사 왔다고 인사해요. 인사할 때 예전에는 가늘고 길게 이웃으로 잘 지내자고 국수를 선물했는데 요즘에는 수건을 많이 선물해요.

## 본문 용어 해설

| | |
|---|---|
| 가구 | 주거나 생계를 같이 하는 사람들을 묶어서 이르는 말. 보통 한 가구는 한 가족이나 식구로 구성된다. |
| 계약 | 두 사람 이상이 공식적인 방법으로 한 약속이다. 법률상으로는 일정한 법률적 효과의 발생을 목적으로 두 사람의 의견이 일치하면 계약이 성립된 것으로 본다. |
| 보증금 | 일정한 돈을 갚아야 하거나 어떤 약속을 이행해야 하는 상황에서 그 행위를 잘 수행하지 않을 것을 대비하여 받아두는 돈이다. |
| 공인중개사 | 토지나 건물을 사거나 팔 때, 또는 일정 기간 빌리는 것과 같이 부동산과 관련된 업무를 할 수 있는 법률적인 자격을 갖춘 전문가이다. |

# 나의 주거 선택기준

* 당신이 지금 살고 있는 집의 좋은 점과 불편한 점을 적어 봅시다.

예) 햇빛이 잘 든다. 버스나 지하철을 이용하기 편리하다. 슈퍼가 가깝다. 조용하다. 분리수거하기 좋다. 옆집에 사는 이웃이 좋다. 등 / 집 근처 버스 노선이 별로 없다. 햇빛이 잘 들지 않는다. 등

* 다음에 집을 구하게 된다면 어떤 점을 꼭 고려하고 싶은지 적어 봅시다.

예) 슈퍼나 병원이 가까웠으면 좋겠다. 지하철역과 가까웠으면 좋겠다. 주변에 공원이 있었으면 좋겠다. 햇빛이 잘 들었으면 좋겠다. 등

**도움 자료**

● **SBS스페셜 '내 아이, 어디서 키울까?' 공간의 힘에 주목 '주거 환경 고민의 해답은?' 중 일부 발췌**

(중략…) 공간은 알게 모르게 우리 뇌에 영향을 끼치고 그로 인해 사고와 행동도 달라질 수 있다. 특히, 한창 뇌가 자라나는 아이들에게 공간의 영향력은 훨씬 크다. 창밖으로 건물이 보이느냐, 창밖으로 나무가 보이느냐 낮은 천장이냐, 높은 천장에 있느냐에 따라 아이들의 뇌파가 완전히 달라지는 걸 확인할 수 있다.

# 심화자료

### 1. 한국에서의 내 집 마련

국토교통부의 2022년도 주거실태조사 결과에 따르면 자가를 보유하고 있는 가구는 61.3%로 이는 전년 대비 지역별로 소폭 상승하거나 유사한 수치이다. 생애 최초 주택 마련까지 걸리는 시간은 표본을 분석한 결과 평균 7.4년이 걸리나 수도권 주택 가격이 다른 지역에 비해 높아 수도권을 중심으로 여전히 내 집 마련에 어려움이 있는 것으로 나타났다. '내 집을 꼭 마련해야 한다.'고 답한 응답자는 89.6%로 한국 국민들의 자가 주택에 대한 애착도 여전히 높은 상황이다.

[출처] 국토교통부, 2023

### 2. 주택임대차보호법

국민의 주거 생활의 안정을 보장할 목적으로 1981년 제정된 이후, 수차례에 걸쳐 일부 개정이 있었다. 경제적 약자인 임차권자의 권리를 현행 민법으로 보호하기 어려운 면을 보완하기 위한 취지에서 제정된 특별법이다. 주요 내용을 보면 임차인은 주택의 인도와 주민등록을 마치면 제3자에 대해서도 효력을 갖는다. 그래서 매매나 경매 등으로 임대인이 변경될 경우에도 임차 기간을 보장받을 수 있고, 보증금을 반환 받을 수 있으며 다른 채권자들보다 우선적으로 변제를 받을 수 있다. 임대 기간을 정하지 않거나 2년 미만으로 정해도 통상적으로 그 기간을 2년으로 본다.

[출처] 두산백과

### 3. 주택청약 종합저축

주택청약 종합저축은 새로 지어지는 아파트를 분양받을 수 있는 상품이다. 금리가 1.0%~1.8%로 높은 편이고 소득공제 혜택도 있다.

가입 대상으로는 국내에 거주하는 18세 이상의 누구나(외국인 거주자 포함) 가능하며, 매월 납입 금액은 2만 원 이상에서 50만 원 이하 5천 원 단위로 자유롭게 납입 가능한 상품이다. 투기과열지구와 청약조정대상지역의 경우 가입 후 2년이 지나면 1순위가 되며, 그 외의 수도권 지역은 1년, 비수도권 지역은 6~12개월 범위에서 시·도지사가 정하는 기간이 지나면 1순위가 된다. 1순위자 중에서는 가점제를 활용해 청약 당첨자를 뽑게 되는데 무주택기간, 부양가족 수, 청약통장 가입기간 등에 따라 점수가 매겨진다.

[출처] 매일경제
https://terms.naver.com/entry.nhn?docId=20062&cid=43659&categoryId=43659

### 4. 부동산 거래 관리 시스템

부동산 거래와 관련한 부동산 거래 계약신고부터 부동산등기까지 부동산 거래 제반업무를 인터넷을 통해 언제 어디서나 편리하고 빠르게 처리할 수 있는 제도이다. 인터넷 부동산거래신고가 가능하게 됨으로서 국민들은 시군구청을 방문하지 않고 편리하게 신고처리를 할 수 있다. 또한 부동산 거래의 투명성을 높이고 행정능률을 향상시키며 부동산 실거래가격을 파악하여 부동산 시장 안정화에 기여할 수 있다. 실명확인을 거친 후 로그인하여야 하며, 거래당사자(직거래인 경우) 및 중개업자(중개거래인 경우) 모두가 전자서명을 하면 신고가 가능하다.

[출처] 국토교통부, 부동산 거래 관리 시스템

### 5. 층간 소음

최근 층간 소음으로 인한 갈등으로 살인사건이 발생하는 등 과거 단독 주택 위주의 생활에서 아파트 같은 공동 주택으로 주거 환경이 일반화되면서 문제가 나타나기 시작했다. 입주자 사이에 층간소음에 관한 분쟁이 발생한 경우에는 아파트 경비실에 신고하거나, 공동 주택관리규약에 따른 조처를 할 수 있으며, 국가소음정보시스템 누리집(www.noiseinfo.or.kr)에서 층간 소음으로 인한 분쟁의 조정·중재를 신청할 수 있다.

[출처] 국가소음정보시스템, 2020

**참고자료**

분양임대청약시스템 http://myhome.lh.or.kr/
한국토지주택공사청약센터 https://apply.lh.or.kr

# 6 도시와 농촌

교재 36-39쪽

이 차시의 목표는 한국 도시와 농촌의 특징을 이해하는 것이다. 이를 위해 도시와 농촌의 특징과 변화, 문제와 해결 방안에 대해 살펴봄으로써 도시와 농촌의 다양한 모습에 대해 비교하며 학습하도록 한다.

| 단계 | | 교수학습활동 | 교수 자료 | 시간 |
|---|---|---|---|---|
| 도입 | 생각해 보기 | ● **한국의 도시와 농촌과 관련된 학습자의 경험 물어보기**<br>두 사진을 통해 알 수 있는 도시와 농촌의 차이점은 무엇인가요?<br>도시와 농촌 중 어느 쪽 풍경에 더 익숙한가요? 그 이유는 무엇인가요? | (PPT #1-3) | 4분 |
| | 학습목표 | ● **학습목표 제시**<br>1. 한국 도시의 특징과 변화를 설명할 수 있다.<br>2. 한국 농촌의 특징과 변화를 설명할 수 있다.<br>● **이번 차시와 관련된 교재의 단원 확인하기** | (PPT #4) | 1분 |
| 전개 | 주제1 (강의) | ● **도시의 특징과 변화 설명하기**<br>도시와 농촌 중에서 인구가 집중된 곳은 어디일까요? 총인구 중 도시에 거주하고 있는 비중은 얼마인가요? 도시에 특히 인구가 집중된 까닭은 무엇일까요? 대도시에 집중된 기능을 분산시키기 위해 한국 정부에서는 어떻게 하였나요?<br>● **도시의 문제와 대책 소개하기**<br>인구와 기능이 지나치게 도시에 집중하면서 도시에 발생한 문제는 무엇일까요? 도시 문제를 해결하기 위해 어떤 노력을 하고 있나요? | (PPT #5-7) | 10분 |
| | 알아두면 좋아요 1 | ● **도시 재생 사업으로 확 달라진 우리 마을(부산 영도 깡깡이 마을)**<br>부산 영도 깡깡이 마을은 어떻게 달라졌나요? 도시 재생 사업이란 무엇인가요? 도시 재생 사업의 좋은 점은 무엇일까요? | (PPT #8) | 5분 |
| | 주제2 (강의) | ● **농촌의 특징과 변화 설명하기**<br>한국 농촌의 특징은 무엇인가요? 젊은 사람들이 취업이나 교육 등의 이유로 농촌을 떠나면서 어떤 문제가 생겼나요? 최근 농촌은 어떤 변화가 생기고 있나요? 직거래 장터나 농촌 체험 마을, 지역 축제를 경험해 본적이 있으면 이야기해 봅시다.<br>● **농촌의 문제와 대책 소개하기**<br>농촌 인구의 고령화로 인한 일손 부족 문제를 해결하기 위해 어떤 노력을 하고 있나요? 그 외 도시에 비해 부족한 측면을 해결하기 위해 어떻게 하고 있나요? | (PPT #9-11) | 10분 |
| | 알아두면 좋아요 2 | ● **한국의 농촌을 체험하고 싶다면? (농촌 체험 마을)**<br>농촌 생활을 체험을 할 수 있는 농촌 체험 마을이 많이 조성되고 있습니다. 구체적으로 어떤 것을 체험할 수 있을까요? 농촌체험마을 정보를 알 수 있는 누리집는 어디인가요? | (PPT #12) | 5분 |
| 정리 | 정리하기 | **주요 내용 정리** | (PPT #13-14) | 5분 |
| | 이야기 나누기 | ● **〈외국인 계절근로자 최장 '8개월' 고용〉 글을 읽고, 생각 정리하기**<br>● **자신의 생각 발표하기**<br>● **다음 차시 예고** | (PPT #15) | 10분 |

## 학습 내용 정리

### 01 도시의 특징과 변화

**1** 도시의 특징과 변화

1) 주요 정부기관, 기업, 의료기관, 교육기관, 문화시설, 편의시설 등이 위치해 있음
2) 총인구 중 약 90%가 도시에 거주
3) 대도시에 집중된 기능을 분산시키기 위해 행정(과천), 공업(안산, 부천), 군사(동두천, 오산) 등의 기능을 분담하는 위성 도시 조성 / 분당, 일산 등 대규모 주택 단지 갖춘 신도시 건설

**2** 도시의 문제와 대책

1) 인구 집중으로 인해 교통 문제, 환경 문제, 주택 문제 등이 발생함
2) 도시 문제 해결을 위한 노력(대중교통 이용 장려 정책, 쓰레기 분리수거, 일회용품 규제, 신도시 건설, 도시 재개발사업 등)을 하고 있음

### 02 농촌의 특징과 변화

**1** 농촌의 특징과 변화

1) 함께 농사를 지으며 서로 돕고 오랜 시간을 같이 살아왔기 때문에 지역 주민 간 관계가 친밀함
2) 마을 회관, 농산물 저장 창고, 정미소, 인공 수로 등을 볼 수 있음
3) 농산물 직거래, 주말농장이나 농촌 체험 프로그램, 지역의 전통과 문화를 알리는 축제 등 다양한 변화가 나타나고 있음

**2** 농촌의 문제와 대책

1) 농촌 인구의 고령화로 인한 일손 부족, 도시에 비해 부족한 시설
2) 농촌의 활성화(귀농 지원, 새로운 기술과 품종 개발, 농업의 기계화·자동화, 편의시설 확충, 정보화 교육 등)를 위해 노력 중임

## 이야기 나누기 예시 답안

가을에 수확할 때 일할 사람이 너무 부족해요. 열매가 제일 잘 익었을 때 골라서 수확해주는 로봇이 있으면 좋겠어요.

## 본문 용어 해설

**수도권** 한국의 대표 중심 도시권으로 한국의 수도인 서울특별시를 포함하여 그 주변에 있는 경기도와 인천광역시를 묶어 이르는 말이다. 수도권의 면적은 한국 전체 면적의 12%에 불과하지만, 인구, 공업, 자본, 병원, 대학의 50% 이상이 집중되어, 인구 집중으로 인한 주택, 교통, 환경, 주차 등의 문제가 발생한다.

**편의시설** 다양한 사람들이 건축물, 교통수단, 도로, 정보통신망 등에 편리하고 안전하게 접근하고 이용할 수 있도록 제공되는 시설물이나 설비를 말한다.

**귀농** 다른 일을 하던 사람이 일을 그만두고 농사를 지으려고 농촌으로 돌아가는 것을 말한다. 귀농 인구란 귀농을 하려는 사람들을 말하며, 도시화로 인한 문제가 발생하면서 최근 귀농 인구가 다시 늘어나고 있는 추세이다.

# 한국의 매력적인 곳(도시나 농촌) 추천하기

* 당신이 지금까지 가 본 한국의 도시나 농촌 중 매력적이었거나 다시 가고 싶은 곳을 소개해 봅시다.

| | |
|---|---|
| 지명 | |
| 방문한 시기 | |
| 경험한 것<br>(본 것, 먹은 것, 느낀 것 등) | |
| 추천 이유 | |

* 다른 사람의 소개를 들으며 자신도 방문해 보고 싶은 곳을 적어 봅시다.

| 지명 | 특징과 이유 |
|---|---|
| | |
| | |
| | |

**도움 자료**

● 대한민국 구석구석의 정보가 한 곳에… https://korean.visitkorea.or.kr

한국의 도시와 농촌에 대한 구석구석의 정보를 테마별로 소개하고 있는 누리집으로, 누리집을 탐색해 본 뒤 자신이 가보고 싶은 지역을 소개하는 활동으로 진행해도 좋다.

# 심화자료

## 1. 도시 재생

산업구조 변화에 따라 쇠퇴한 도시에 새로운 기능을 추가하는 등의 방법으로 부흥시키는 것으로 도로·공원 등 도시기반 정비 ▷건축물 리모델링 ▷첨단 산업 단지 조성 ▷역사적 경관 보전·복원 등 다양한 방법이 이에 포함된다. 한국은 2006~2007년부터 전국 주요 도시에 41개의 도시 재정비 촉진지구를 지정했으며, 이 가운데 서울 종로구·중구 세운상가, 대전 동구 대전역세권, 대구 동구 동대구역세권, 부산 영도구 영도 제1지구 등 7개를 시범 지구로 선정했다.

도시 재생의 효과는 새로운 도시 기능 도입, 지역 자산 활용, 산업 구조의 변화 등을 통해 고용 기반을 창출하고 소득을 증대시킨다. 또한 환경 친화적이고 건강한 도시, 범죄 및 재해로부터 안전한 생활환경이 조성된다.

[출처] 도시재생종합정보체계, 2020

## 2. '버려진' 곳에서 '가 볼만' 한 곳으로

부천의 하수 정수장은 농업공원 캠핑장으로 변화해 인근 주민들의 생태 학습지로 즐겨 사용되고 있고, 평택의 옛 미군기지는 인근의 폐쇄 철로와 함께 운치 있는 산책로로 정비되어 나들이와 데이트를 위한 인기 장소로 재조명되고 있다. 또한 대전 들말 어린이공원, 부여 백마강 체육공원, 전주 아중호수, 김해 장유 대청천 산책로 등 버려진 땅이 어린이 놀이터와 체육 시설로 재탄생해 주민들에게 꼭 필요한 공간으로 자리 잡았다.

[출처] 도시재생종합정보체계

## 3. 농촌 정보화 마을

농촌 정보화 마을 조성 사업은 행정안전부에서 도시와 지역 간의 소득격차, 정보격차를 줄이기 위해 시행하고 있는 사업이다. 인터넷 회선, 마을 정보센터 구축 등 정보화 기반을 다지며 각 마을 누리집, 마을의 특산품·체험상품을 판매할 수 있는 전자상거래 시스템 도입, 도·농간 자매결연 사업 등 농촌 정보화를 위한 시스템을 구축하고 있다. 정보화 마을은 행정안전부가 자치단체의 추천을 받아 사업계획서와 현지 실사를 통해 최종적으로 확정한다.

[출처] 두산백과

## 4. 농촌, 촌락, 시골

1) 농촌: 농사를 주업으로 생활하며 살아가는 곳이다. 대비되는 말로 어촌, 산촌 등이 있다.
2) 촌락: 주로 농림업·수산업·목축 등과 같은 1차 산업에 의해서 생활하는 지역사회이다. 대비되는 말로 도시가 있다.
3) 시골: 수도에서 떨어져 있는 지역이다. 주로 수도에 비해 인구수가 적고 인공적인 개발이 덜 돼 자연을 접하기가 쉬운 곳을 이르는 말이다. 대비되는 말로 서울이 있다.

[출처] 두산백과

## 5. 귀농·귀촌 지원 사업

귀농가구는 매년 약 6%의 증가율을 보이고 있다. 농사를 지으려는 귀농가구는 상대적으로 땅값이 저렴한 경북, 전남지역의 분포율이 높았고, 촌락으로 돌아가려는 귀촌가구는 전원생활 및 문화혜택을 누릴 수 있는 수도권 근교인 경기지역의 분포율이 높았다.

귀농귀촌이 증가되는 이유는 고령화 사회에 접어들면서 퇴직 후 여유로운 생활, 웰빙시대에 맞춰 건강과 삶의 질을 높이기 위함 등 이다.

- 귀농귀촌종합센터(www.returnfarm.com): 귀농귀촌 희망 도시민에 대한 맞춤형 정보·상담 및 교육, 온라인정보 제공

[출처] 농촌 진흥청
http://www.nongsaro.go.kr/portal/ps/psv/psvr/psvre/curationDtl.ps?menuId=PS03352&srchCurationNo=1093&totalSearchYn=Y

**참고자료**
농촌진흥청 http://www.rda.go.kr
국가통계포털 http://www.kosis.kr

# 7 복지

교재 40-43쪽

이 차시의 목표는 한국의 복지 혜택 내용과 이용 방안에 대해 이해하는 것이다. 이를 위해 사회보험, 공공부조, 긴급 복지 지원, 외국인 대상 복지 서비스 등 한국의 복지 제도와 외국인 대상 복지 서비스에 관한 내용을 다룬다.

| 단계 | | 교수학습활동 | 교수 자료 | 시간 |
|---|---|---|---|---|
| 도입 | 생각해 보기 | ● **복지 필요성과 관련된 학습자의 경험 물어보기**<br>한국에서 생활하면서 발생할 수 있는 어려운 상황입니다. 자신의 고향 나라에서는 이런 경우 어떻게 합니까? 자신은 한국에서 위와 같은 상황에 대비하여 무엇을 준비하고 있습니까? 한국에 와서 복지 혜택을 받지 못해 힘들었던 경험이 있다면 이야기해 봅시다. | (PPT #1-3) | 4분 |
| | 학습목표 | ● **학습목표 제시**<br>1. 최소한의 인간다운 삶을 보장하는 한국의 사회복지 제도를 설명할 수 있다.<br>2. 외국인 대상 복지 서비스를 이해하고 이용할 수 있다.<br>● **이번 차시와 관련된 교재의 단원 확인하기** | (PPT #4) | 1분 |
| 전개 | 주제1 (강의) | ● **사회보험 제도 설명하기**<br>사회보험 제도는 미래의 위험에 대비하여 법에 따라 국민들이 의무적으로 가입하도록 하고 있는 제도입니다. 사회보험 제도에는 어떤 것이 있을까요? 회사에서 해고되었을 때 일정 기간 금전적 지원을 받을 수 있도록 하는 사회보험제도는 무엇일까요? 나이가 들어 더 이상 돈을 벌기 어려울 때 매달 일정 금액을 생활비로 지급받을 수 있는 사회보험 제도는 무엇일까요?<br>● **공공부조와 긴급 복지 지원 설명하기**<br>공공부조는 생활이 어려운 사람들의 기본적인 생활수준을 보장해주기 위해 국가나 지방자치단체에서 지원해주는 제도입니다. 이외 갑작스럽게 어려운 일을 당해 생계유지가 곤란한 경우 지원받을 수 있는 제도는 무엇일까요? | (PPT #5-7) | 10분 |
| | 알아두면 좋아요 1 | ● **재난관련 지원금 소개하기**<br>태풍, 지진, 전염병 등의 재난상황에서 정부나 지방자치단체 등이 한시적으로 지급하는 재난관련 지원금이 있습니다. 대표적으로 2020년 코로나바이러스감염증-19가 확산됨에 따라 재난 피해자의 지원과 경기 활성화를 위해 재난관련 지원금이 지급되었습니다. | (PPT #8) | 5분 |
| | 주제2 (강의) | ● **외국인 대상 복지 서비스에 대한 정보 공유하기**<br>외국인이 한국에서 받을 수 있는 복지 서비스는 어떤 것들이 있을까요? 한국에서 복지 서비스 혜택을 누려보거나 들어본 적이 있다면 경험을 공유해 봅시다.<br>● **외국인 지원 및 안내센터 알아보기**<br>한국에서 생활하면서 불편하거나 궁금한 것이 있다면 어디에서 해결할 수 있을까요?<br>외국인 종합 안내센터, 다누리 콜센터, 다문화 가족 지원센터, 외국인 노동자 지원센터를 이용해 본 적이 있나요? | (PPT #9-11) | 10분 |
| | 알아두면 좋아요 2 | ● **한국에서 자신의 고향 나라 언어로 법률상담을 받을 수 있는 방법**<br>한국에서 법률 상담이 필요한 경우가 있었나요? 자신 고향 나라의 언어로 법률 상담을 받을 수 있는 방법이 있습니다. | (PPT #12) | 5분 |
| 정리 | 정리하기 | **주요 내용 정리** | (PPT #13-14) | 5분 |
| | 이야기 나누기 | ● **〈네팔 출신 1호 의사의 꿈〉 글을 읽고, 생각 정리하기**<br>● **자신의 생각 발표하기**<br>● **다음 차시 예고** | (PPT #15) | 10분 |

## 학습 내용 정리

### 01 한국의 사회복지 제도

**1** 사회보험 제도

국민에게 발생할 수 있는 미래의 위험에 대비하여 법에 따라 국민들이 의무적으로 가입하도록 하고 있는 제도

예) 국민건강보험, 고용보험, 국민연금, 산업재해보상보험

**2** 공공부조와 긴급 복지 지원

1) 공공부조: 생활이 어려운 사람들의 기본적인 생활수준을 보장해주기 위해 국가나 지방자치단체가 지원하는 것

2) 긴급 복지 지원: 갑작스럽게 어려운 일을 당해 생계유지가 곤란한 저소득층 가구 지원

### 02 다문화 가족· 외국인 지원 서비스와 기관

**1** 외국인 대상 지원서비스

1) 원칙적으로 공공부조는 한국 국민들에게만 적용되지만, 한국 국민과 결혼하거나 대한민국 국적의 미성년 자녀를 양육하는 경우, 난민으로 인정된 사람 등은 받을 수 있음

2) 한국어와 한국 문화 교육, 임신 및 출산서비스, 상담서비스 등을 받을 수 있음

**2** 다문화 가족· 외국인 지원 기관

1) 외국인 종합 안내센터(1345): 법무부에서 운영, 외국인의 출입국 행정 민원 상담과 정보 제공

2) 다누리 콜센터(1577-1366): 국내에 거주하는 다문화 가족·이주 여성에게 필요한 한국 생활 정보 제공

3) 다문화 가족 지원센터: 다문화 가족의 한국사회 적응을 돕는 교육 제공

4) 외국인 근로자 지원센터 : 외국인 근로자들을 대상으로 한국어 교육 실시, 외국인 근로자의 권익 보호 지원

## 이야기 나누기 예시 답안

얼마 전에 충치가 생겨서 아팠는데 치과에서 치료를 잘 받았어요. 병원비가 비싸지 않아서 아플 때 병원 이용하기 편리해요.
외국인 종합 안내센터에 전화해서 체류연장을 위해 필요한 서류에 대해 물어본 적이 있어요.

## 본문 용어 해설

| | |
|---|---|
| 복지정책 | 삶의 질을 높이고, 국민 전체가 행복하게 살아갈 수 있도록 하는 데 중점을 두어 노력하는 정책이다. |
| 국민연금 제도 | 은퇴 이후 나이가 많이 들어 돈을 벌기 어려울 때 평소 소득액의 일정 비율의 돈을 지급해주는 제도이며, 만 65세 이후부터 사망할 때까지 돈을 지급한다. |
| 국민연금 납부금 | 사업장 근로자는 근로소득을 기준으로 근로자 본인과 사용자가 각각 소득월액의 4.5%씩에 해당하는 금액을 매월 부담한다. 지역 가입자(자영업자 등)는 가입자가 버는 소득의 9%에 해당하는 금액을 매월 부담한다. |
| 이중 언어 교육지원 | 이중 언어 교육을 통해 다문화가족 자녀의 정체성 확립 및 글로벌 인재로 성장할 수 있도록 이중 언어 환경조성 프로그램 및 부모교육이 거주 지역의 다문화 가족 지원센터에서 진행되고 있다. |

# 외국인 종합 안내센터 활용백서

*** 아래의 기사를 읽어봅시다.**

**법무부 외국인 종합 안내센터 (1345) 개소 15주년**

250만 명의 체류외국인에게 국내 생활의 길라잡이가 되어 온 1345 콜센터는 2015, 2018년 ISO 9001 인증*을 획득하며 체류외국인을 위한 대표 콜센터로서의 신뢰성을 국제표준으로 인정받았으며, 2023년 개소 15주년이 되었다. 1345 콜센터는 108명의 상담사가 영어·중국어·일본어·베트남어를 포함한 20개 언어로 평일 오전 9시부터 오후 10시까지 국내 체류에 필요한 각종 생활정보와 출입국·체류 관련 민원 상담 서비스를 외국인에게 무료로 제공하고 있다.

이 밖에도 「외국인을 위한 마을변호사」와 금융감독원 등 18개 공공기관·지자체*를 대상으로 외국인↔1345콜센터↔기관 간 3자 통역서비스를 제공하며 명실상부한 '외국인 체류 관련 정보의 핵심적인 제공 창구'로 자리매김하고 있다.

▶ 이용 방법: 지역 번호 없이 1345로 전화 연결

▶ 상담시간: 평일 09:00 ~ 22:00
(오후 6시 이후에는 한국어, 영어, 중국어 상담서비스 운영)

▶ 다국어 상담 : 1345연결 후 ARS 안내에 따라 원하는 언어의 번호를 누른 뒤 *표 버튼을 누르면 이용 가능

*국제표준화기구(ISO)가 고객에게 제공되는 서비스 품질 기준을 객관적으로 평가하여 인증하는 제도.

*3자 통역 서비스 제공기관(18개)

금융감독원, 대검찰청, 서울중앙지방검찰청, 국민권익위원회, 국세청, 경찰청, 통계청, 질병관리본부, 인천소방방재본부(119), 대전교도소, 천안교도소, 청주여자교도소, 현충원, 의료중재위원회, 소비자보호원, 국민연금공단, 다누리 콜센터, 대전시청

*** 평소 한국 생활 정보나 출입국·체류 관련하여 외국인 종합 안내센터에 문의하고 싶은 점을 적어 봅시다.**

**도움 자료**

● 자신이 알고 있는 외국인 대상 복지 서비스나 지원 기관에 대한 정보를 공유하는 시간으로 활용하도록 한다.

# 심화자료

## 1. 외국인 및 다문화 가족지원 정책

1) 교육 지원: 방문교육서비스(한국어 교육 서비스, 부모 교육 서비스, 자녀 생활 서비스), 언어 발달 지원, 독서 진흥 콘텐츠, 도서관 다문화 자료실 지원 등
2) 취업 지원: 인턴, 직업교육 훈련, 이중 언어 강사 양성 사업, 직업능력 개발 계좌제 등
3) 한국 생활: 통번역 서비스, 이민자 간 네트워크 지원, 사회통합 프로그램 운영, 맞춤 농업교육 등
4) 의료 지원: 이주민 건강증진 프로그램, 정신보건센터 운영
5) 긴급 지원: 이주여성 긴급지원센터, 다누리 콜센터, 전국 다문화 가족 지원센터

[출처] 법무부 출입국 외국인정책 본부, 다문화가족 지원 포털

## 2. 다문화 가족 방문 교육 사업

다문화 가족 방문 교육 사업은 다문화 가족 지원센터의 이용이 어려운 가정에 방문 교육 지도사가 직접 찾아가는 맞춤형 교육 서비스로 결혼이민여성에 단계별 한국어 교육 서비스와 자녀양육 역량 강화를 지원한다. 일반적으로 선정된 가정은 5개월간 주 2회 2시간씩 방문 수업을 받게 된다. 이 서비스는 신청자가 많아 대기해야 받을 수 있을 정도로 호응이 좋은 편이며, 자녀 생활 서비스는 자녀들의 성장과 함께 필요성이 높아지고 있다. 초기 입국자의 경우, 일대일 개인 수업으로 한국어 지도를 받을 수 있다는 점이 특히 장점이다.

**신청 및 문의**
다문화 가족 지원센터 누리집 : www.liveinkorea.kr
전화문의: 1577-1366(다누리 콜센터)

[출처] 한국건강가정진흥원, 2020

## 3. 외국인 인력 지원 서비스

외국인근로자와 고용사업주가 시간과 장소의 구애없이 신속하게 고충을 해결할 수 있도록 콜센터를 주된 기능으로 하는 외국인력상담센터가 운영되고 있다.

- 명칭: 외국인력상담센터
- 주소: 경기도 안산시 단원구 고잔2길 16, 에머랄드빌딩 3층
- 상담번호: ☎ 1577-0071
- 상담언어: 15개 언어(베트남, 태국, 필리핀, 인도네시아, 스리랑카, 몽골, 우즈베키스탄, 캄보디아, 중국, 방글라데시, 파키스탄, 동티모르, 네팔, 키르기스스탄, 미얀마)
- 상담내용: 외국인근로자 및 사업주의 고충 등 국내취업생활 및 사업장 적응에 필요한 애로 해소 및 행정, 생활 상담

[출처] 한국산업인력공단

## 4. 여성새로일하기센터

새일센터는 출산, 육아, 가사 등으로 경력이 단절된 여성의 취업을 지원하는 종합취업지원기관으로 직업상담, 직업교육훈련, 인턴십, 취업알선, 취업 후 사후관리까지 ONE-STOP 서비스를 제공하고 있다. 전국에 159개소가(2022년 8월 기준)가 지정·운영(고용노동부와 공동 지정·운영)되고 있으며 새일센터가 없는 지역의 취업지원을 위하여 광역새일센터를 운영하고 있다.

전국 대표전화는 ☎1544-1199 이다.

[출처] 여성새로일하기센터

**참고자료**
한국외국인노동자지원센터 http://k.migrantok.org
여성새로일하기센터 https://saeil.mogef.go.kr

# 8 의료와 안전

교재 44-47쪽

이 차시의 목표는 한국의 의료기관과 안전한 생활을 위한 방법을 이해하는 것이다. 이를 위해 의료기관의 종류와 이용 방법, 건강보험 제도, 국민의 안전을 위한 정부의 노력, 안전 생활을 위한 생활 수칙과 긴급사고 발생 시 대처 요령 등에 대해 알아본다.

| 단계 | | 교수학습활동 | 교수 자료 | 시간 |
|---|---|---|---|---|
| 도입 | 생각해 보기 | ● **생활 속 응급 상황, 위기 상황에서 어떻게 대처했는지 물어보기**<br>집에 불이 나거나 한밤중 가족이 많이 아플 때 어떻게 해야 할까요? 집에 도둑이 들거나 교통사고를 당했을 때 어떻게 해야 할까요? 각 상황이 발생하면 자신의 고향 나라에서는 어떻게 대처했나요? 각 상황에 적절히 대처하기 위해 알고 싶은 점이나 궁금한 점을 이야기해 봅시다. | (PPT #1-3) | 4분 |
| | 학습목표 | ● **학습목표 제시**<br>1. 한국의 의료기관 종류와 이용 방법을 설명할 수 있다.<br>2. 안전한 생활을 위한 생활 수칙과 대처 요령을 알고 실천할 수 있다.<br>● **이번 차시와 관련된 교재의 단원 확인하기** | (PPT #4) | 1분 |
| 전개 | 주제1 (강의) | ● **의료기관의 종류와 이용 방법 설명하기**<br>몸이 아프면 병원을 찾아 진료를 받고 약을 처방받은 후 약국에서 필요한 약을 구입할 수 있습니다. 의료기관은 어떤 종류가 있을까요?<br>병이 심각하지 않은 경우 보통 어디에서 진료를 받나요? 보건소는 어떤 곳인가요? 병이 낫지 않거나 세밀한 검사를 필요로 하는 경우 어디에서 진료를 받을 수 있나요? 한국의 전통의학을 활용하는 의료기관은 어디인가요?<br>● **건강보험 제도 설명하기**<br>건강보험 제도란 소득에 따라 매달 일정 금액을 건강보험료로 내고, 치료나 검사를 받을 때 전체 진료비의 일부만 내고 의료기관을 이용할 수 있는 제도입니다. | (PPT #5-7) | 10분 |
| | 알아두면 좋아요 1 | ● **외국인을 대상으로 한 건강보험**<br>외국인 등록을 했으며 건강보험이 적용되는 사업장에 근무하는 사람은 직장 가입자가 될 수 있으며, 직장 가입자가 아닌 경우 6개월 이상 거주한 외국인은 지역 가입자로 가입해야 합니다. | (PPT #8) | 5분 |
| | 주제2 (강의) | ● **안전한 생활을 위한 방법 설명하기**<br>행정안전부를 중심으로 지진 대피, 화재 대피, 비상 대비 등 다양한 재난에 대비한 재난 대응 안전한국 훈련을 실시하여 재난 대처 요령이 생활화·습관화 되도록 하고 있습니다. 긴급한 재난이나 큰 사고가 발생했을 때에는 어떻게 대처해야 할까요?<br>● **안전한 직장 생활을 위한 안내하기**<br>직장 안전사고 예방을 위한 방법에는 구체적으로 무엇이 있을까요? 평상시 미리 알아두어야 할 것은 무엇인가요? | (PPT #9-11) | 10분 |
| | 알아두면 좋아요 2 | ● **스마트 CCTV 시스템 설명하기**<br>잘못을 하고도 달아난 사람은 아무도 못 봤을 거라고 생각할 수 있지만, 한국에는 생활 주변 곳곳에 CCTV가 설치되어 있어 다른 사람의 안전을 해치는 행위를 하는 사람을 찾아낼 수 있습니다. | (PPT #12) | 5분 |
| 정리 | 정리하기 | **주요 내용 정리** | (PPT #13-14) | 5분 |
| | 이야기 나누기 | ● **<외국인 산재> 관련 글을 읽고, 생각 정리하기**<br>● **자신의 생각 발표하기**<br>● **다음 차시 예고** | (PPT #15) | 10분 |

## 학습 내용 정리

### 01 의료기관 이용 방법

**1** 의료기관의 종류와 이용 방법

1) 몸이 아프면 병원을 찾아 진료를 받고 약을 처방받은 후 약국에서 필요한 약을 구입할 수 있음
2) 의료기관: ‘동네의원’, ‘보건소’, ‘대학병원’ 등이 있음
3) 동네의원에서 진료의뢰서를 받아 종합병원에서 진료를 받을 수 있음
4) 응급환자가 발생했을 때는 긴급 응급전화 119로 연락함

**2** 건강보험 제도

1) 소득 및 재산 등에 따라 매달 일정금액을 건강보험료로 내고, 치료나 검사를 받을 때 전체 진료비의 일부만 내고도 의료기관을 이용할 수 있는 제도
2) 모든 국민은 건강보험에 가입하여야 하며, 직장 가입자와 지역 가입자로 구분됨

### 02 안전 생활 수칙과 대처 요령

**1** 안전 생활 수칙

1) 행정안전부를 중심으로 지진 대피, 화재 대피, 비상 대비 등 다양한 재난에 대비한 재난 대응 안전 한국 훈련을 실시하여 재난 대처 요령이 생활화·습관화 되도록 하고 있음
2) 긴급한 재난이나 큰 사고가 발생했을 때는 먼저 긴급전화로 연락한 후, 현재 위치와 사고 상황을 설명하여야 함
3) 생활 속에서 안전을 위협하는 요소를 발견했을 때는 국민신문고 누리집 안에 있는 ‘안전신문고’를 통해 신고할 수 있음

**2** 안전한 직장 생활

작업할 때는 보호 장구를 반드시 착용하고, 평상시 비상구와 구급상자, 소화기 설치 위치를 확인하며 안전·보건표지의 의미도 미리 알아두도록 함

## 이야기 나누기 예시 답안

항상 작업 들어가기 전에 안전모를 착용하도록 해요. 기계를 다루기 전에 위험한 부분, 조심해야 할 점에 대해 교육 받은 적이 있어요.

## 본문 용어 해설

**약 처방** 의사가 환자에게 투여할 약제의 내용을 기재한 문서로 의사가 진찰을 하지 않고 처방전을 교부하는 일은 금지되어 있다. 상비약의 경우 약국이나 편의점 등에서 처방전 없이 살 수 있는 약도 있다.

**종합병원** 의료법에 규정되어 있는 여러 진료 과목을 고루 갖춘 병원. 입원 환자 100명 이상을 수용할 수 있고, 진료 과목이 적어도 내과·일반 외과·소아과·산부인과·방사선과·마취과·진단 검사 의학과·정신과·치과가 설치되어 있으며, 각 과마다 필요한 전문의를 갖춘 의료 기관이다.

**건강검진** 고혈압, 당뇨병 등 질환의 조기발견과 생활습관 개선을 목적으로 매 2년마다 1회씩(비사무직은 매년), 혈액검사 등 22개 항목을 검사받을 수 있다. 거주지에 상관없이 지정된 검진기관 어디서나 받을 수 있으며 검진기관에 건강검진 표와 신분증 지참하여 방문하면 된다.

**안전신문고** 국민들이 일상생활 속에서 느끼는 안전 위협 요소를 안전신문고를 통하여 자발적으로 신고하면 신고된 내용에 대해 행정안전부가 원스톱으로 접수·처리하는 안전 신고 포털이다. 신고 방법은 인터넷 누리집을 이용하거나 핸드폰에서 「안전신문고」 앱을 다운받아 신고할 수 있다. 처리 결과는 안전신고 작성 시 입력한 연락처(이메일, 휴대 전화)로 처리결과를 전달하여 준다.

# 안전표지 알아보기

**다음은 한국의 여러 장소에서 볼 수 있는 안전표지입니다.**
**안전표지를 보고 어디에서 볼 수 있는지, 이 표지를 보고 어떻게 행동해야 하는지 적어 봅시다.**

| 안전표지 | 어디에서 볼 수 있습니까? | 이 안전표지를 지키지 않으면 어떻게 될까요? |
|---|---|---|
|  | | |
|  | | |

| 안전표지 | 어디에서 볼 수 있습니까? | 사고가 일어났을 때 이 안전표지를 보고 어떻게 행동해야 할까요? |
|---|---|---|
|  | | |
|  | | |

**도움 자료**

|  |  |  |  |
|---|---|---|---|
| 문에 기대지 말 것을 나타냄 | 안전모 착용을 지시 | 비상 출구를 나타냄 | 비상시에 사용 가능한 전화 표지 |

# 심화자료

## 1. 보건소에서 받을 수 있는 각종 혜택

보건소에서 간단한 검사나 예방접종뿐만 아니라 다양한 혜택들을 제공받을 수 있다.

임신을 계획한 부부들은 보건소의 산전검사를 무료 혹은 저렴한 비용으로 이용할 수 있다. 혈압, 혈당, 빈혈, 매독, 에이즈 등 여러 항목을 꼼꼼하게 검사한다. 임산부는 일정 기간 보건소 복부 초음파가 무료이며, 태아 혈청 기형아 검사, 임신성 당뇨 검사도 무료로 진행된다. 또한 임신초기에는 엽산제를, 그 이후 분만까지 철분제를 무료 제공한다.

금연 클리닉도 운영하는데 맞춤형 금연 상담 및 교육을 진행하며 일산화탄소 측정 검사를 실시하고 니코틴 패치 등 금연보조제를 무료로 제공한다.

치매 조기검사는 60세 이상 무료이며, 골다공증 검사는 65세 이상 무료로 진행된다. 더불어 치매가 걱정된다면 보건소에서 운영하는 치매지원센터를 이용해 볼 수 있다.

단, 지역마다 보건소에서 제공하는 혜택이 조금씩 차이가 날 수 있기 때문에 이용하기 전 미리 확인하고 이용하는 것이 좋다.

[출처] G-health 공공보건포털, https://www.g-health.kr

## 2. 1339 질병관리본부 콜센터

질병정보가 궁금할 때, 감염병이 의심될 때 질병관리본부 콜센터 ☎1339로 문의하는 것이 좋다.

365일 24시간 언제 어디서나, 발신자 부담 없이 누구나 이용 가능하며 전화뿐만 아니라 카톡 문자상담도 가능하다. 국내 체류 외국인도 한국관광공사 관광안내센터(☎1330)와 법무부 외국인 종합 안내센터(☎1345)와의 3자통화를 통해 상담이 가능하다.

주요 감염병(코로나19, 메르스, 지카바이러스 등)조치사항, 해외여행 입·출국자에 대한 감염병 및 예방법 등에 대한 상담을 받을 수 있다.

[출처] 질병관리본부, 2019

**재난관련 외국인 서비스**

행정안전부에서는 Emergency ready 앱을 통해 국내 외국인 및 관광객에게 재난안전 정보를 제공하고 있고(영어, 중국어), 2020년부터는 8개 언어로 한국관광공사 '1330 Korea Travel Hotline'을 통해 긴급재단문자 외국어 번역서비스를 제공하고 있다.

## 3. 영상통화 응급처치

긴급한 상황 시 119에 신고하면 119대원이 도착하기 전까지 영상통화를 하면서 안내를 받는 서비스가 전국으로 확대된다. 이 서비스는 화재·구조·구급 상황에 처한 국민이 119에 신고하면 소방대 도착 전까지 119상황실에서 신고자에게 영상통화를 걸어 초기 현장 상황을 파악하고 대처 요령 및 응급처치를 알려준다. 예를 들어 심정지환자의 경우 심폐소생술(CPR) 처치 방법 및 가장 가까운 곳에 설치된 자동심장충격기(AED) 위치를 알려주고, 화재·구조 현장은 모니터링을 통해 상황에 즉시 대응 가능한 소방력을 투입하는 식이다.

[출처] 뉴시스, 2019-06-19 기사

## 4. 외국인 근로자의 산업재해보상보험

「산업재해보상보험법」은 원칙적으로 근로자를 사용하는 모든 사업 또는 사업장에 적용된다. 여기에서 근로자의 국적은 불문한다. 외국인 근로자의 경우에도 업무상 재해를 당한 경우 원칙적으로 산업재해보상 보험급여를 받을 수 있다. 그러나 「산업재해보상 보험법」 제6조 및 「산업재해보상 보험법 시행령」 제 2조에 해당하는 사업에는 적용되지 않으니 확인이 필요하다.

정식 비자 및 취업 허가를 받은 외국인 근로자뿐 아니라 국내 불법 거주자 및 허가되지 않은 분야에서 취업 중 발생한 사고도 산재보험으로 적용 및 보상이 가능하다. 이 경우 인도적인 차원에서 산재 치료 및 산재보험이 적용되는 것이므로 치료 종결 시에 출입국 관리법에 따라 형사처벌이나 강제 출국 등의 조치가 이뤄질 수 있다.

[출처] 법제처- 찾기쉬운생활법령정보

**참고자료**

국민재난안전포털 https://www.safekorea.go.kr

안전신문고 https://www.safepeople.go.kr

# 제 2 편

# 교육

# 9 보육제도

교재 54-57쪽

이 차시의 목표는 한국의 임신과 출산 및 보육을 지원해주는 다양한 제도를 이해하는 것이다. 이를 위해 출산과 보육을 지원하는 제도, 영유아 교육기관의 종류(어린이집, 유치원)와 특징 및 이용 방법에 대해 학습한다.

| 단계 | | 교수학습활동 | 교수 자료 | 시간 |
|---|---|---|---|---|
| 도입 | 생각해 보기 | ● **한국에서의 보육 관련 경험 이야기하기**<br>한국에서 자신이나 주변의 가족이 이와 같은 상황과 관련하여 지원받은 적이 있나요? 자신의 고향 나라의 보육기관에는 어떤 것이 있나요? 자신의 고향 나라에서 임신, 출산, 보육과 관련하여 잘 되어 있는 제도를 소개해 봅시다. | (PPT #1-3) | 4분 |
| | 학습목표 | ● **학습목표 제시**<br>1. 한국의 임신·출산 및 보육 제도에 대하여 알 수 있다.<br>2. 한국의 영유아 보육·교육기관에 대하여 알 수 있다.<br>● **이번 차시와 관련된 교재의 단원 확인하기** | (PPT #4) | 1분 |
| 전개 | 주제1 (강의) | ● **출산을 지원하는 제도 설명하기**<br>한국은 출산을 장려하고 양육에 대한 경제적 부담을 줄여주기 위해 임신, 출산, 양육에 필요한 비용을 지원하고 있습니다. 임신을 하게 되면 어떤 지원을 받을 수 있을까요?<br>● **보육과 유아 교육을 지원하는 제도 설명하기**<br>초등학교에 입학하기 전 어린이집이나 유치원을 다니는 한국 국적 영·유아(0~5세 이하)를 대상으로 보육비나 유아 학비를 지원하고 있습니다. 어떻게 신청하여 지원받을 수 있을까요? 어린이집 및 유치원을 이용하지 않고 집에서 양육하는 경우에는 어떻게 지원받을 수 있을까요? | (PPT #5-7) | 10분 |
| | 알아두면 좋아요 1 | ● **돌봄 서비스 알아보기**<br>정부에서는 부모의 맞벌이 등으로 양육 공백이 발생하는 가정의 만 12세 이하의 아동(대한민국 국적)을 대상으로 아이 돌보미가 찾아가는 돌봄 서비스를 제공하고 있습니다. 돌봄 서비스는 어떻게 신청할 수 있을까요? | (PPT #8) | 5분 |
| | 주제2 (강의) | ● **어린이집에 대해 설명하기**<br>어린이집은 0세부터 5세까지 아이들의 보육과 교육을 담당하며 보건복지부에서 지정한 보육기관입니다. 어린이집의 종류에는 무엇이 있을까요?<br>● **유치원에 대해 설명하기**<br>어린이집과 유치원의 차이는 무엇일까요? 유치원은 3세부터 초등학교 입학 전(5세)까지의 유아들이 다니는 교육부 관할 교육기관입니다. 유치원에서는 어떤 교육활동이 이루어질까요? | (PPT #9-11) | 10분 |
| | 알아두면 좋아요 2 | ● **24시간 어린이집과 거점형 야간보육 어린이집 소개하기**<br>부모의 야간 경제 활동 등 불가피한 경우 24시간동안 보육서비스를 제공하는 24시간 어린이집이 있습니다. 이외 야간 돌봄이 필요한 영유아들을 권역별로 지정된 거점형 야간보육 어린이집에서 전담 보육교사가 함께 돌봐주는 어린이집도 있습니다. | (PPT #12) | 5분 |
| 정리 | 정리하기 | **주요 내용 정리** | (PPT #13-14) | 5분 |
| | 이야기 나누기 | ● **<태교와 산후조리 문화> 글을 읽고, 생각 정리하기**<br>● **자신의 생각 발표하기**<br>● **다음 차시 예고** | (PPT #15) | 10분 |

## 학습 내용 정리

### 01 출산 및 보육 지원 제도

**1** 출산을 지원하는 제도

1) 산모의 건강 관리와 출산에 필요한 비용의 일부 지원(국민행복카드)

2) 보건소에서 무료 산전 검사, 임신 기간별 필요한 영양제 지원

3) 지방자치단체별로 출산 지원금이나 출산 축하금을 지원하기도 함

**2** 보육과 유아 교육을 지원하는 제도

1) 초등학교에 입학하기 전 어린이집이나 유치원을 다니는 한국 국적 영·유아(만 0~5세 이하)를 대상으로 보육비나 유아 학비 지원(기존 아이행복카드가 국민행복카드로 통합됨)

2) 어린이집이나 유치원에 보내지 않고 집에서 양육하는 경우 양육 수당 지급

3) 아동의 권리·복지 증진을 위해 만 7세 미만 아동이 있는 가정에 아동 수당 지급

### 02 영·유아 교육기관의 종류

**1** 어린이집

1) 0세부터 만 5세까지 아이들의 보육과 교육을 담당하며 보건복지부에서 지정한 보육기관

2) 종류: 국·공립 어린이집, 사립 어린이집, 직장 어린이집, 가정 어린이집 등

**2** 유치원

1) 만 3세부터 초등학교 입학 전(만 5세)까지의 유아들이 다니는 교육부 관할 교육기관

2) 종류: 국·공립유치원, 사립유치원

## 이야기 나누기 예시 답안

- 임신했을 때 사진을 찍으면 아기의 혼이 나간다고 생각하는 관습이 있어 임신했을 때 사진을 찍지 않아요.
- 아이를 낳으면 한 달 동안 외출을 하지 않고 귀에 바람이 들어가지 않게 귀에 솜을 끼워요. 또 모유량을 늘려주는 까잉이라는 음식을 먹는데 까잉은 돼지족발에 감자와 당근을 넣고 푹 삶은 음식이에요.

## 본문 용어 해설

**임산부** 아이를 임신한 여성을 임부라 하고, 아이를 갓 출산한 여성을 산부(산모)라고 함. 임산부는 임부와 산부를 아울러 이르는 말이다.

**산전 검사** 임신 중에 태아나 산모의 상태를 살피는 검사이다. 기형아 검사(산전 선별 검사), 양수 검사, 정밀 초음파 검사, 임신성 당뇨병 선별 검사 등이 있다.

**보건복지부** 국민 보건에 관한 사무와 사회 복지 증진에 관한 사무를 관장하는 중앙행정기관. 보건산업, 건강보험, 기초생활 보장, 자활 지원, 사회보장 및 사회서비스 정책, 저출산·고령화에 대처하는 인구 정책, 영유아 및 아동 보육, 노인 및 장애인 보건복지 등 국민 보건과 사회복지 증진에 관한 사무를 관장한다.

**교육부** 대한민국의 인적 자원 개발 정책과 학교교육, 평생교육 및 학술에 관한 사무를 관장하는 중앙행정기관이다. 교육에 관한 중장기 발전계획의 수립, 초·중등학교 교육제도 및 입학제도의 개선, 고등교육 기본 정책의 수립 및 시행, 공교육 정상화 정책의 수립 및 시행, 지방교육 자치제도 기본 정책의 수립 및 제도 개선, 인재 개발 정책의 기획 및 총괄 등을 비롯한 학교교육과 평생교육, 인적 자원 개발정책 및 학술에 관한 사무를 관장한다.

**전인발달** 지식 교육과 신체적 발달뿐만 아니라 학생의 정서, 성격, 행동, 가치관, 흥미, 대인관계 등의 능력을 발달시키는 데 초점을 둔다.

# 임신·출산·양육 문화 비교하기

※ 임신, 출산, 영·유아 양육 방식과 관련하여 한국과 자신의 고향 나라를 비교해 봅시다.

| 시기구분 | 한국 | 자신의 고향 나라 |
|---|---|---|
| 임신 | • 임신하면 모든 일에 대해서 조심하고 나쁜 생각이나 거친 행동을 하지 않으며, 편안한 마음으로 말이나 행동을 하려고 노력한다. | |
| 출산 | • 출산 후에는 신체의 모든 기능이 온전치 않기 때문에 자궁 등 여성의 몸이 본래의 건강 상태를 회복할 수 있도록 특별한 영양 섭취와 관리를 한다. 보통 산후 몸조리 기간을 '삼칠일(3주)'로 본다.<br>• 산후조리를 할 때는 미역국을 먹는다. 영양분이 풍부한 미역은 산모의 피를 맑게 해 주고 모유가 잘 나오도록 하기 때문이다. | |
| 영·유아 양육 | • 아이가 태어난 지 1년이 되는 첫 생일을 돌이라 하며 가족이나 지인들을 초대하여 특별히 축하하는 자리를 마련하기도 한다.<br>돌잔치에서는 돌잡이 행사가 진행되는데 여러 물건을 상 위에 올려놓고, 아이가 골라잡은 물건으로 아이의 미래를 예상해 보는 것이다. 실이나 국수를 잡으면 오래 사는 것을, 대추를 잡으면 자식을 많이 낳는 것을, 붓이나 연필을 잡으면 공부를 잘하는 것 등 다양한 의미가 있다. | |

**도움 자료**

- 태교: 뱃속의 태아에게 좋은 영향을 주기 위하여 말, 행동, 마음가짐을 조심하는 것
- 태몽: 임신 사실이나 태아의 성별을 암시해 준다고 해석하는 꿈
- 산후조리: 아이를 낳은 여성이 본래의 건강 상태를 회복하기 위해 특별한 영양 섭취와 관리를 행하는 것
- 삼칠일: 출산일로부터 21일째까지의 기간이다. 전통적으로는 외부인의 출입을 금하고, 가족이라 하더라도 부정한 곳에 다녀온 경우에는 산모 및 아기와 만나지 못하도록 하는 풍습이 있었다.
- 돌: 만 1세가 되는 첫 번째 생일을 돌이라 하여 특별히 축하한다. 기념사진을 찍거나 가족끼리 식사를 하기도 하고, 성대하게 잔치를 벌이는 경우도 있다. '돌잡이'라 하여 아이가 돌 때 선택한 특별한 물건을 가지고 아이의 재능이나 장래 직업, 건강을 점쳐 보기도 한다.

# 심화자료

### 1. 국민행복카드란 무엇인가요?

임신·출산 진료비 등 17종의 다양한 국가 지원을 한 장의 카드로 이용할 수 있는 카드이다.

### 2. 어떻게 신청하나요?

국민행복카드로 국가 지원을 받기 위해서는 국민행복카드를 발급받은 후, 바우처 서비스 신청을 별도로 하여야 한다.

국민행복카드는 3개의 카드사를 통하여 발급받을 수 있으며 국가 바우처는 혜택과 운영기관이 다양하여 신청 방법도 다르다.

임신·출산 진료비의 경우 ① 산부인과에 방문하여 임신확인서를 받는다. ② 가까운 국민건강보험공단지사 또는 카드 영업점을 방문하여 임신확인서를 제출한다.

[출처] 보건복지부 한국사회보장정보원

### 3. 국민행복카드로 통합된 아이행복카드

- 보육 정책의 체감도를 높이고 수요자 중심 보육정책을 실현하기 위하여, 보육료를 어린이집에 지급하는 대신에 전자카드 형태로 부모에게 직접 지급하여 어린이집을 이용하면서 결제하도록 함 (구. 아이사랑카드)
- 어린이집 ↔ 유치원 시설 간 이동시 카드를 교체해야 하는 부모의 불편을 개선하고자 2015년부터 보건복지부의 보육료 지원카드인 아이사랑카드와 교육부의 유아학비지원카드인 아이즐거운카드를 아이행복카드로 통합함
- 이후 국민행복카드로 통합되어 국민행복카드로도 보육로와 유아학비 지원을 이용할 수 있음
- 어린이집(유치원)에 다니면서 정부로부터 보육료(유아학비)를 지원받고 있는 모든 아동의 부모는 신청 가능함
- 아동의 주민등록 주소지의 읍면동 주민 센터 및 온라인 복지로(www.bokjiro.go.kr)에서 보육료 지원 및 국민행복카드 발급 신청

[출처] 국민행복카드, http://www.voucher.go.kr/common/main.do/

### 3. 행복출산 원스톱 서비스

행복출산 원스톱 서비스란 출생신고부터 각종 출산지원 서비스를 한 번의 통합신청으로 처리하는 서비스를 말한다.

행복출산 원스톱 서비스가 생기기 전에는 아이가 태어나면 출생신고를 하거나 양육수당 신청 등과 같은 혜택을 받기 위해 각종 서류를 챙겨 주민센터에 방문해야 했다. 그러나 이제는 주민센터 또는 '정부24' 누리집에서 출산 지원 서비스를 한 번에 신청할 수 있다.

**행복출산 원스톱 서비스 혜택**

① 온라인 출생신고
② 양육수당
③ 출산 가구 전기료 경감
④ 해산급여
⑤ 여성 장애인 출신 비용 지원
⑥ 다자녀 전기료 경감
⑦ 다자녀 도시가스료 경감
⑧ 다자녀 지역 난방비 경감
⑨ 아동수당

[출처] 정부 24, 임신·출산 관련 서비스 통합처리 신청

### 4. 어린이 국가예방접종 지원 사업

영유아의 건강한 성장을 위해 신생아부터 만 12세까지 국가예방접종(17종 백신) 비용을 지원한다. 주민등록번호 또는 외국인 등록번호(면제자 포함)가 있는 경우 보건소 또는 가까운 지정 의료기관에서 무료로 접종이 가능하다. 외국인 등록을 하지 않은 외국인은 본인(또는 보호자)을 확인할 수 있는 증빙서류(여권 등)를 가지고 보건소를 방문하여 예방접종을 위한 관리번호를 부여받은 경우 보건소에서 무료접종이 가능하다.

※ 지정 의료기관은 인터넷 예방접종 도우미(http://nip.cdc.go.kr) → 우리아이예방접종관리 → 의료기관에서 확인

[출처] 질병관리본부 예방접종 도우미

참고자료
아이사랑보육포털 http://www.childcare.go.kr/
복지로 http://www.bokjiro.go.kr

# 10 초·중등교육

교재 58-61쪽

이 차시의 목표는 한국 학교교육의 특징을 이해하는 것이다. 이를 위해 한국의 교육제도와 주요 교육 일정, 교육과정, 주요 교육 활동에 대해 살펴본다. 아울러 초등교육기관, 중등교육기관 입학 방법과 교육 내용 등에 대해 학습한다.

<table>
<tr><th>단계</th><th colspan="2">교수학습활동</th><th>교수 자료</th><th>시간</th></tr>
<tr><td rowspan="2">도입</td><td>생각해 보기</td><td>● 한국의 학교교육과 관련된 학습자의 경험 발표해보기<br>사진의 각 장면은 무엇을 하는 모습일까요? 각 교실의 모습에서 다른 점은 무엇인가요? 한국 학교의 모습과 자신의 고향 나라 학교 모습과의 다른 점은 무엇인가요? 한국의 학교교육과 관련하여 가장 인상적인 것은 무엇이었나요?</td><td>(PPT #1-3)</td><td>4분</td></tr>
<tr><td>학습목표</td><td>● 학습목표 제시<br>1. 한국 교육제도의 특징을 설명할 수 있다.<br>2. 한국 초·중등 교육기관의 종류와 특징을 설명할 수 있다.<br>● 이번 차시와 관련된 교재의 단원 확인하기</td><td>(PPT #4)</td><td>1분</td></tr>
<tr><td rowspan="4">전개</td><td>주제1<br>(강의)</td><td>● 한국의 교육제도와 주요 교육 일정(학사 일정) 설명하기<br>한국의 초등교육 기관으로는 초등학교가 있고 중등교육 기관으로는 중학교와 고등학교가 있습니다. 한국의 초·중·고등학교는 각각 몇 년 과정인가요? 이 중 의무교육에 해당하는 기간은 언제인가요? 표를 보고 초·중등 교육기관의 행사 일정을 살펴봅시다.<br>● 한국 학교의 교육활동 설명하기<br>초·중등 교육과정은 국어, 수학 등의 교과와 자율 활동, 동아리 활동, 봉사 활동, 진로 활동 등의 창의적 체험활동으로 구성됩니다. 각 학교의 수업시간은 어떻게 되고 어떤 교육 활동이 이루어지나요? 정규 교육과정 이외에 학생들의 소질 및 적성을 개발하면서도 사교육비 부담은 줄일 수 있도록 다양한 형태의 방과 후 프로그램이 운영되고 있습니다.</td><td>(PPT #5-7)</td><td>10분</td></tr>
<tr><td>알아두면 좋아요 1</td><td>● 외국인 자녀의 학교 입학 알아보기<br>외국인 학생 누구나 한국 학교에 다닐 수 있나요? 학교에 입학하려면 어떤 서류를 준비해야 하나요?</td><td>(PPT #8)</td><td>5분</td></tr>
<tr><td>주제2<br>(강의)</td><td>● 초등학교 입학과 교육과정에 대해 설명하기<br>초등학교는 6세부터 다닐 수 있습니다. 취학통지서는 입학하기 전 해의 12월에 지역의 행정복지센터에서 집으로 보내줍니다. 취학통지서에 담긴 내용은 무엇인가요? 조기 입학 및 입학 연기도 가능할까요? 초등교육 내용은 무엇일까요?<br>● 중·고등학교 입학과 교육 내용 설명하기<br>초등학교 졸업 후 입학하게 되는 중학교는 초등학교와 마찬가지로 의무교육이며 보통 집에서 가까운 학교로 배정됩니다. 일반 중학교 외에 특정 분야의 재능이 있는 학생을 교육하는 특성화 중학교는 별도의 과정을 거쳐 선발하기도 합니다. 중학교와 고등학교 교육 내용의 특징은 무엇인가요?</td><td>(PPT #9-11)</td><td>10분</td></tr>
<tr><td>알아두면 좋아요 2</td><td>● 개인맞춤형 학습을 지원하는 온라인 학교<br>온라인 학교는 시간제 수업을 개설하여 제공하는 새로운 형태의 학교로 현재 일부 교육청에서 설립 중에 있으며, 앞으로 점차 확대될 예정입니다. 소속 학교에 개설되지 않아 학생들이 들을 수 없는 과목들을 개설하여 운영함으로써, 자신의 적성과 진로에 맞는 다양한 수업을 들을 수 있도록 합니다. 온라인 학교가 도입되면 어떤 점이 좋을까요?</td><td>(PPT #12)</td><td>5분</td></tr>
<tr><td rowspan="2">정리</td><td>정리하기</td><td>주요 내용 정리</td><td>(PPT #13-14)</td><td>5분</td></tr>
<tr><td>이야기 나누기</td><td>● <홈스쿨링> 글을 읽고, 생각 정리하기<br>● 자신의 생각 발표하기<br>● 다음 차시 예고</td><td>(PPT #15)</td><td>10분</td></tr>
</table>

## 학습 내용 정리

### 01 한국 교육제도의 특징

**1** 한국의 교육제도와 주요 교육일정

1) 초등학교 6년, 중학교 3년, 고등학교 3년
2) 의무교육 기간: 초등학교와 중학교
3) 학년·학기제도: 1학기(3월 시작) → 여름방학 → 2학기(9월 시작) → 겨울방학
4) 설립과 운영 주체에 따라 국립(국가), 공립(지방자치단체), 사립(법인 또는 개인)

**2** 학교 교육활동

1) 초·중등 교육과정: 교과와 창의적 체험활동(자율 활동, 동아리 활동, 봉사 활동, 진로 활동)
2) 수업시간: 1개 차시 수업이 초등학교는 40분, 중학교 45분, 고등학교 50분 원칙, 탄력적 운영 가능
3) 정규 교육과정 이외에(방과 후에) 학생들의 소질 및 적성을 개발하면서 사교육비 부담도 줄일 수 있도록 다양한 형태의 방과 후 프로그램 운영

### 02 초중등 교육기관

**1** 초·중·고등학교 입학과 교육과정

| | |
|---|---|
| **초등학교** | • 6년 과정, 의무교육<br>• 대개 만 6세에 입학<br>• 조기 입학 및 입학 연기를 원할 경우 행정복지 센터 방문 신청<br>• 학습과 일상생활에 필요한 기초 능력, 기본 생활습관, 바른 인성의 함양에 중점을 둠 |
| **중학교** | • 3년 과정, 의무교육<br>• 구분: 일반 중학교, 특수 목적 중학교<br>• 학생의 학습과 일상생활에 필요한 기본 능력 및 민주시민으로서 갖추어야 할 자질 함양<br>• 중학교 3년 과정 중 한 학기는 자유학기제로 운영되며 다양한 체험 수업이 이루어 짐 |
| **고등학교** | • 3년 과정, 무상 교육<br>• 구분: 일반 고등학교, 특수 목적 고등학교, 특성화 고등학교, 자율형 고등학교 등<br>• 학생의 적성과 소질에 맞는 진로 개척 능력과 세계 시민으로서의 자질 함양 |

## 이야기 나누기 예시 답안

친구들과 사이좋게 어울리고 함께 공부하는 것이 중요하다고 생각해서 홈스쿨링을 반대해요. 그러나 학교에 적응하기 어려울 때는 상담을 받거나 대안학교를 알아보는 게 좋을 것 같아요.

## 본문 용어 해설

**의무교육** 국가가 국민에게 취학 의무를 과하고 국가의 책임 아래 시행하는 교육으로 한국에서는 초등학교 6년, 중학교 3년, 총 9년이 의무교육 기간이다. OECD국가들의 의무교육 연한은 독일(12년), 영국(11년), 미국(10년), 프랑스(10년), 일본(9년) 등 9~12년이 보통이다.

**가정통신문** 유치원이나 어린이 집, 학교 등에서 아이들의 부모님에게 각 기관에서 하는 행사나 알림 등이 있다는 사실을 알리기 위해서 작성하는 서신이다.

**검정고시** 고등학교 입학자격 검정고시와 대학 입학자격 검정고시인 고등학교 졸업학력 검정고시, 그 밖에 특정한 자격의 유무를 가르기 위한 여러 종류의 검정고시 제도가 있다. 고등학교 입학자격 검정고시는 중학교의 정규적인 수업연한을 이수하지 않고 고등학교에 입학하고자 할 때 치러야 하는데, 이에 합격하면 중학교를 졸업한 자와 동등한 자격을 부여받게 되고, 고등학교 졸업학력 검정고시에 합격한 자는 고등학교를 졸업한 자와 동등한 자격을 인정받는다.

# 내 인생의 멘토, 그가 나의 이름을 불러주었을 때

**1. 다음은 소설 〈완득이〉의 줄거리입니다.**

완득이는 가난하고 불우한 가정환경에 공부도 못하는 문제아지만 싸움만큼은 누구에게도 지지 않는다.
가진 것도, 꿈도, 희망도 없는 완득이 간절히 바라는 것이 딱 하나 있었으니, 바로 담임 '똥주'가 없어지는 것!
사사건건 자신의 일에 간섭하는 데다 급기야 옆집 옥탑방에 살면서 밤낮없이 자신을 불러대는 '똥주'.
완득은 더 이상 참지 못하고 가출을 계획해보지만, 완득을 향한 동주의 관심은 식을 줄을 모르는데…
세상에 등 돌린 소심한 반항아 '완득'
세상에 반항하는 오지랖 선생 '똥주'
그들의 유쾌하고 특별한 멘토링이 시작된다!
▶ 어려운 환경 때문에 세상에 등을 돌리고 반항하던 완득이가 사회 부조리와 짓밟힌 인권을 위해 세상에 반항하는 담임선생 똥주를 만나 방황의 실타래를 해결해 가는 과정을 그린 소설이다.

**2. 본인의 고향 나라 학교나 한국 학교(이민자 적응 프로그램, 한국어, 한국사회 이해 등)에서 만났던 선생님 중 기억에 남거나 고마웠던 경험에 대해 이야기해 봅시다.**

**도움 자료**

**● 스승 관련 명언**

- 최고의 선생님은 무엇을 봐야 할지 알려주지 않고, 어디를 봐야 할지 알려주는 사람이다.
  - Alexandra K. Trenfor(알렉산더 K. 트랜포어)
- 나는 내 아버지에게 생명을 빚졌지만, 스승님에겐 잘 사는 법을 빚졌다.
  -Alexandros the Great(알렉산더 대왕)
- 좋은 스승이란 촛불과 같다. 자기 스스로를 소비해서 남들을 위해 불을 밝힌다.
  -Mustafa Kemal Ataturk(무스타파 케말 아타튀르크)

# 심화자료

## 1. 한국의 초·중등 교육과정과 수업 운영

한국은 초·중등 학교에서 배워야 될 내용영역과 각 영역별 시수를 국가에서 규정하고 있다. 교육과정은 크게 교과 학습과 창의적 체험 활동으로 구성된다.

초등학교는 학급 담임교사가 교과의 지도도 겸한다. 중학교와 고등학교에서는 학급담임교사는 생활지도 및 진로지도 등을 주로하며 교과지도는 교과 담임교사가 맡는다. 점심 식사 시간은 50분 내외이며, 대부분의 학교에서 급식을 실시하고 있다.

| | 교과학습 | 창의적 체험활동 |
|---|---|---|
| 초등학교 | ① 국어 ② 사회/도덕<br>③ 수학 ④ 과학/실과<br>⑤ 체육 ⑥ 예술(음악/미술)<br>⑦ 영어 *중학교는 '⑧ 선택(한문, 정보, 환경과 녹색성장, 생활 외국어, 보건, 진로와 직업 등)' 추가 | 자율 활동<br>동아리 활동<br>봉사 활동<br>진로 활동 |
| 중학교 | | |
| 고등학교 | ① 국어 ② 수학 ③ 영어<br>④ 사회/역사/도덕 ⑤ 과학<br>⑥ 체육 ⑦ 예술(음악/미술)<br>⑧ 기술·가정/제2외국어/한문/교양 | |

[출처] 교육부, 2015 개정 교육과정

## 2. 외국 국적 학생이 초등학교에 입학할 때 필요한 서류

- 입학원서(시·도별 정해진 양식)
- 여권사본 또는 출생 연월일을 확인할 수 있는 공문서
- 출입국 사실 증명 또는 외국인등록 사실 증명 서류
  - 외국인등록 사실증명서 또는 국내거주신고 사실증명서
  - 만약 위 서류의 제출이 어려운 경우(미등록외국인 등) '임대차계약서', '거주사실에 대한 인우보증서' 등 거주 사실을 확인할 수 있는 서류를 대신 제출할 수 있다.
- 예방 접종 증명 서류

## 3. 이주 배경 청소년 지원재단

이주 배경 청소년 지원재단(무지개 청소년센터)은 청소년복지지원법 제18조에 명시된 이주 배경 청소년(북한이탈·중도 입국·다문화 청소년)을 지원하는 전문기관이며, 동법 제30조에 따른 이주 배경 청소년 지원센터로서 이주 배경 청소년의 한국사회 정착과 학습능력 및 직업역량 향상 등을 위한 업무를 수행하는 비영리 재단법인이다. 이주 배경 청소년은 부모 중 1인 이상 또는 본인이 한국 외 지역 출생이거나, 한국 출생 후 국외에서 성장한 청소년으로 한국사회의 다양한 이주 경험이 있는 청소년들을 포괄하는 개념이다.

- 맞춤형 정보서비스, 입국 초기 지원교육, 진로 지원 프로그램, 통합 상담 및 가족 연계 프로그램, 역량 강화 프로그램, 다문화 인식 개선, 상담 및 심리 치유 프로젝트, 친친무지개프로젝트(교육비 지원)
- 전화 또는 온라인 상담 신청을 통해 자세한 내용을 안내받을 수 있음
- 맞춤형 정보서비스: 02-722-2585
- 온라인 상담 신청:
- 누리집 http://rainbowyouth.or.kr

[출처] 이주배경청소년지원재단

## 4. 학교안전공제제도

학교 안에서 교육활동 중에 벌어진 모든 사건, 사고로 아이가 다쳤을 경우, 보상을 받을 수 있는 학교 보험 제도이다. 신청은 학교에서만 가능하며 학교에서 발생한 안전사고의 경우, 학교안전공제제도를 통해 보상받을 수 있는지 담임선생님과 상의하도록 한다. 담임선생님이나 보건 선생님이 신청을 해주시면 치료를 마친 뒤에 필요한 서류를 제출하고 치료비를 청구할 수 있다.

[출처] 다문화가정 학부모를 위한 초등학교 첫걸음 수첩, 교육부, 2019

참고자료
교육부 http://www.moe.go.kr/

# 11 입시와 고등교육

교재 62-65쪽

이 차시의 목표는 한국 고등 교육기관의 종류와 특징을 이해하는 것이다. 이를 위해 한국의 교육열과 고등 교육기관 입학 방법, 고등 교육기관의 유형에 대해 학습한다.

| 단계 | | 교수학습활동 | 교수 자료 | 시간 |
|---|---|---|---|---|
| 도입 | 생각해 보기 | ● **한국의 입시 관련 경험나누기**<br>한국에서는 수능이나 중요한 시험을 보는 사람들에게 시험을 잘 보라는 의미로 보통 엿이나 찹쌀떡 등의 선물을 건넵니다. 각 선물의 의미는 무엇일까요? 자신의 고향 나라에서 중요시 여기는 시험은 무엇인가요? 자신의 고향 나라에서는 시험을 잘 보라는 의미로 어떤 선물을 주나요? | (PPT #1-3) | 4분 |
| | 학습목표 | ● **학습목표 제시**<br>1. 한국 입시제도의 특징을 설명할 수 있다.<br>2. 한국 고등 교육기관의 종류와 특징을 설명할 수 있다.<br>● **이번 차시와 관련된 교재의 단원 확인하기** | (PPT #4) | 1분 |
| 전개 | 주제1 (강의) | ● **한국의 교육열 이해하기**<br>한국은 전 세계 국가들 중에서도 교육열이 매우 높은 나라에 속합니다. 한국사회의 대학 진학률이 높은 이유는 무엇일까요? 자신의 고향 나라의 학생들은 어떤 목적으로 대학에 진학하나요? 한국의 높은 교육열은 한국에 어떤 영향을 미쳤나요?<br>● **대학 입학 방법 설명하기**<br>대학에 진학하고자 할 때는 학교생활기록부, 논술이나 실기를 중심으로 하는 수시 모집에 지원하거나 대학수학능력시험에 응시하여 나온 결과인 수능성적으로 정시 모집에 지원할 수 있습니다. | (PPT #5-7) | 10분 |
| | 알아두면 좋아요 1 | ● **대학생 멘토링, 이중 언어 학습 지원**<br>각 시·도 교육청에서는 대학생과 학생을 연결하여 학생의 학교적응과 기초학습을 지원하는 대학생 멘토링 제도를 운영하고 있습니다. 또한 이중 언어 학습을 장려하기 위하여 다문화 가족 지원센터에서 관련 프로그램 및 이중 언어 교재를 개발하여 보급하고 있습니다. | (PPT #8) | 5분 |
| | 주제2 (강의) | ● **고등 교육기관 유형 설명하기**<br>한국의 고등 교육기관으로는 대학교와 대학원이 있는데 대학교는 4년제 종합대학교, 교육대학교, 전문대학교, 방송통신대학교, 사이버대학교, 기술대학교 등이 있습니다. 각 대학의 특징은 무엇인가요?<br>● **대학원 설명하기**<br>대학교를 졸업 후 취업을 하는 경우도 많으나 대학에서 배운 지식을 토대로 전문적인 학문이나 기술을 더 연구하고 싶은 경우 대학원에 입학하기도 합니다. 대학원 유형별 특징은 무엇인가요? | (PPT #9-11) | 10분 |
| | 알아두면 좋아요 2 | ● **국내 대학에 재학 중인 외국인 유학생의 비율**<br>최근 몇 년간 국내 대학의 외국인 유학생 비율은 점점 늘어나고 있는 추세입니다. 교육통계 서비스에 의하면 국내에 재학 중인 외국인 유학생 숫자는 15만 명을 훌쩍 넘었다고 합니다. | (PPT #12) | 5분 |
| 정리 | 정리하기 | **주요 내용 정리** | (PPT #13-14) | 5분 |
| | 이야기 나누기 | ● **〈한국 수능 날의 풍경〉 글을 읽고, 생각 정리하기**<br>● **자신의 생각 발표하기**<br>● **다음 차시 예고** | (PPT #15) | 10분 |

## 학습 내용 정리

### 01 한국 입시제도의 특징

**1** 한국의 교육열

1) 한국의 교육열은 매우 높은 수준
2) 학력이 사회적 지위를 상승시킬 수 있는 중요한 방법 중 하나로 인식되기 때문임
3) 순기능: 훌륭한 인재를 길러 내어 국가 발전에 이바지
4) 역기능: 치열한 경쟁으로 인한 입시 스트레스, 과도한 사교육비 지출

**2** 대학 입학 방법

1) 입학 방법
   - 수시 모집: 학교생활기록부, 논술이나 실기 중심
   - 정시 모집: 대학수학능력시험에 응시하여 나온 결과인 수능성적으로 지원
2) 대학수학능력시험(수능시험, 수능 등으로 불림)
   - 대학 진학을 위해 치러야 하는 가장 중요한 시험
   - 응시 자격: 고등학교 졸업 예정자나 졸업자 및 이에 해당하는 학력을 가진 사람
   - 실시 시기: 매년 11월
3) 일부 대학에서는 '다문화 가정 자녀'를 지원 조건으로 하여 선발하는 경우도 있으며 재외국민, 외국인, 결혼이주민인 경우에는 '재외국민 및 외국인 특별전형'에 응시할 수 있음

### 02 한국의 고등 교육기관

**1** 고등 교육기관 유형

1) 구분: 4년제 종합대학교, 교육대학교, 전문대학교, 방송통신대학교, 사이버대학교, 기술대학교 등
2) 방송이나 인터넷을 이용한 방송통신대학교나 사이버대학교 등의 선호 증가

**2** 대학원

1) 대학교 졸업자가 전문분야 연구를 위해 진학
2) 구분: 석사과정, 박사과정

## 이야기 나누기 예시 답안

- 고향 나라도 교육열이 높아요. 비싸고 좋은 유치원에 입학시키기 위해 전날 새벽부터 줄 서는 경우도 있고 가정형편이 넉넉하지 않아도 대학 공부까지 시키려고 노력해요.
- 1,000만 명 가까이 '가오카오' 라는 대학 입학시험을 봐요. 그 점수로 대학에 진학하는데 대학 입시 경쟁은 한국만큼이나 치열해서 사교육을 시키는 경우도 많아요.

## 본문 용어 해설

| | |
|---|---|
| 학교생활기록부 | 학교에서 학생들의 생활에 대한 전반적인 내용을 기재한 양식으로 학생의 인적 사항, 학적 사항, 출결 사항, 신체 발달 사항, 수상 경력 등을 기록한다. 학생이 상급학교로 진학을 하거나 취업을 하는 경우 참고 자료로 제출하여야 하므로, 학생 생활기록부는 정확한 내용만을 기재하여야 한다. |
| 논술 시험 | 일정한 주제에 대하여 자신의 견해를 완성된 글로 작성하게 함으로써 수험생의 사고력과 표현력을 평가하기 위한 시험이다. |
| 모집 요강 | 입학생을 선발하기 위해 입학 지원자에게 기준이나 자격 등 일정한 조건을 널리 알려 선발하는 것을 말한다. |
| 인력 양성 | 한 분야에 대해 깊이 있는 지식과 풍부한 경험을 가지고, 그 일만을 하는 사람을 가르쳐 키워 내는 일을 말한다. |

# 한국의 학교 이해하기

※ 각 교육 수준별로 관계 깊은 단어들을 정리해 봅시다. 중복 응답도 가능합니다. 제시된 단어 외에 더 생각나는 것이 있으면 추가로 적어 봅시다.

| | |
|---|---|
| 영·유아 교육 | |
| 초등교육 | |
| 중등교육 | |
| 고등교육 | |

| | | | |
|---|---|---|---|
| 중학교 | 담임선생님 | 초등학교 | 전문대학 |
| 대학원 | 의무교육 | 취학 통지서 | 유치원 |
| 청소년 | 대학수학능력시험 | 창의적 체험활동 | 자유학년제 |
| 어린이집 | 대학교 | 통합 교과 | 고등학교 |

**도움 자료**

- 담임선생님: 초·중·고등학교에서 한 학급을 책임지고 맡아 지도하는 교사를 담임교사라 한다.
- 통합 교과: 초등학교 1-2학년에서 배우는 교과로 바른생활, 슬기로운 생활, 즐거운 생활 (봄, 여름, 가을, 겨울)이 있다.

# 심화자료

## 1. 한국의 교육단계별 진학률

한국의 상급 학교 진학률은 매우 높은 편이다. 고등학교는 의무교육이 아님에도 불구하고 대부분의 학생들이 진학한다. 대학교에 진학하는 비율도 매우 높다. 2023년의 경우 전국 고등학교 졸업자 중 대학 진학률이 72.8%였다(비고: 2011년부터는 대학 진학자의 기준이 합격자가 아니라 실제 대학등록자로 변경됨).

(단위: %)

| | 2015 | 2018 | 2020 | 2022 | 2023 |
|---|---|---|---|---|---|
| 초 → 중 | 100.0 | 100.0 | 100.0 | 100.0 | 100.0 |
| 중 → 고 | 99.7 | 99.7 | 99.7 | 99.7 | 99.6 |
| 고 → 고등 | 70.8 | 69.7 | 72.5 | 73.3 | 72.8 |

[출처] 한국교육개발원, 교육통계분석자료집

## 2. 우리나라 초·중고 학생의 사교육 현황(2022 기준)

| | 총사교육비 (억 원) | 전체학생 1인당 월평균 사교육비 (만원) | 사교육 참여율(%) | 사교육참여시간 (주당평균) |
|---|---|---|---|---|
| 전체 | 259,538 | 41.0 | 78.3 | 7.2 |
| 초등학교 | 119,055 | 37.2 | 85.2 | 7.4 |
| 중학교 | 70,832 | 43.8 | 76.2 | 7.5 |
| 고등학교 전체 | 69,651 | 46.0 | 66.0 | 6.6 |
| 일반계 고등학교 | 66,886 | 52.5 | 72.5 | 7.4 |

[출처] 통계청, 2023

## 3. 취학·편입학에 필요한 서류

- ① 취학 또는 편입학 원서, ② 출입국에 관한 사실이나 외국인등록 사실을 증명할 수 있는 서류, ③ 학력증빙관련 서류(재학증명서, 성적증명서)가 필요하다.
- 그 밖에 예방접종증명서, 관할 교육청 지침에 따른 서류 등이 있다. 관련 서류에 대해서는 관할 시·도교육청에 문의해야 한다.

[출처] 교육부, 2019

## 4. 검정고시

학교의 입학자격 또는 특정한 자격에 필요한 지식·학력·기술의 유무를 검정하기 위하여 실시하는 시험. 입학자격 검정과 직업자격 검정의 두 종류로 나눌 수 있다.

- 입학자격 검정에는 중학교·고등학교·대학입학자격 검정고시가 있으며, 이 고시에 합격하면 각 학교에 입학할 자격을 인정받게 된다.
- 직업자격 검정으로는 일반직 국가공무원, 교사, 판·검사, 변리사, 의·약사, 간호사, 영양사, 이·미용사, 공인노무사, 공인중개사, 손해사정인 등 각종의 면허 또는 자격시험이 있다.

[출처] 한국교육과정평가원, 2019

## 5. 대학수학능력시험일의 풍경

- 주요 기관 및 회사의 출퇴근 시간이 1시간씩 늦춰진다. 평소 9시에 개장하는 주식시장도 10시에 개장한다.
- 듣기 평가가 이루어지는 시간에는 시험장 주변의 대형 공사장의 공사를 일시 중단하고 운송 수단도 서행하도록 안내한다.
- 수험생이 제 시간에 도착할 수 있도록 대중교통의 배차 간격을 줄이고, 비상시에는 경찰차의 도움을 받을 수 있도록 한다.

[출처] 뉴시스, 2018-11-15 기사

## 6. 장학금

대학의 등록금은 국·공·사립에 따라 차이가 있으며 개인 부담이 원칙이다. 정부 및 대학에서는 경제적인 이유로 학업에 어려움을 겪는 학생을 지원하기 위해 다양한 장학금 제도를 운영하고 있다. 정부에서 지원하는 주요 장학금은 국가 장학금, 국가 교육근로 장학금 등이 있으며, 지급 대상은 국내 대학에 재학 중인 대한민국 국적을 가진 학생으로 자세한 내용은 한국 장학재단(www.kosaf.go.kr)에서 확인할 수 있다.

참고자료
대학교육연구소 https://khei-khei.tistory.com

# 12 평생교육

교재 66-69쪽

이 차시의 목표는 평생교육의 의미와 이용 방법을 이해하는 것이다. 이를 위해 지역사회에서 접할 수 있는 다양한 평생교육 프로그램들을 살펴보고, 이민자들의 한국사회 적응과 구직을 지원하는 교육 기관과 프로그램에 대해 알아본다.

| 단계 | 교수학습활동 | | 교수 자료 | 시간 |
|---|---|---|---|---|
| 도입 | 생각해 보기 | ● **다양한 교육 프로그램 관련 경험 물어보기**<br>제시된 교육 프로그램 중 배워본 것이 있나요?<br>혹은 주변에서 배우는 사람을 본 적이 있나요? 제시된 프로그램 외에 앞으로 배워보고 싶은 내용은 무엇인가요? | (PPT #1-3) | 4분 |
| | 학습목표 | ● **학습목표 제시**<br>1. 평생교육과 평생교육기관에 대해 설명할 수 있다.<br>2. 이주민을 위한 교육기관과 프로그램을 설명할 수 있다.<br>● **이번 차시와 관련된 교재의 단원 확인하기** | (PPT #4) | 1분 |
| 전개 | 주제1 (강의) | ● **평생교육의 의미와 영역 설명하기**<br>나이나 상황에 관계없이 본인이 관심을 가지거나 필요로 하는 분야에 대해 배울 수 있는 것을 평생교육이라고 합니다. 평생교육은 특정 내용에 한정되지 않고 모든 연령대, 모든 주제를 대상으로 사회 전반에서 이루어집니다. 평생교육의 영역에는 무엇이 있나요?<br>● **평생교육기관과 지원 제도 살펴보기**<br>지역사회에는 평생교육 프로그램을 제공하는 다양한 기관들이 있습니다. 구체적으로 평생교육기관에는 무엇이 있을까요? 최근에는 어떤 형태의 프로그램이 늘어나고 있나요? 평생교육 지원과 활성화를 위한 제도에는 무엇이 있나요? | (PPT #5-7) | 10분 |
| | 알아두면 좋아요 1 | ● **평생교육 종합정보시스템 설명하기**<br>국가평생학습포털 늘배움(www.lifelongedu.go.kr)은 누구나, 언제, 어디서나 원하는 평생학습 정보를 이용할 수 있는 평생교육 종합정보시스템입니다. | (PPT #8) | 5분 |
| | 주제2 (강의) | ● **이주민 적응과 정착을 지원하는 교육 살펴보기**<br>이주민의 한국사회 적응을 돕기 위한 대표적인 프로그램으로는 이민자 조기적응 프로그램과 사회통합 프로그램(KIIP)이 있습니다. 교육 프로그램의 내용은 무엇입니까? 이 외 중도입국 청소년과 외국인 학생을 위해 어떤 교육이 지원되고 있을까요?<br>● **이주민 직업 관련 교육 살펴보기**<br>고용노동부에서는 취업이나 창업을 희망하는 사람에게 직업에 필요한 기술과 기능을 익힐 수 있는 교육을 받을 수 있도록 지원하고 있습니다. 취업을 위해 운영되고 있는 교육 내용에는 무엇이 있나요? | (PPT #9-11) | 10분 |
| | 알아두면 좋아요 2 | ● **학점 은행제와 독학 학위제 설명하기**<br>학점 은행제는 학교 밖에서 이루어지는 다양한 형태의 학습 및 자격을 학점으로 인정받고, 학점이 누적되어 일정 기준을 충족하면 학위취득이 가능한 제도입니다. 독학 학위제는 국가에서 실시하는 학위 취득시험에 합격한 사람에게 학사학위를 수여하는 제도입니다. | (PPT #12) | 5분 |
| 정리 | 정리하기 | **주요 내용 정리** | (PPT #13-14) | 5분 |
| | 이야기 나누기 | ● **〈대학의 우수한 강좌를 집에서〉 글을 읽고, 생각 정리하기**<br>● **자신의 생각 발표하기**<br>● **다음 차시 예고** | (PPT #15) | 10분 |

## 학습 내용 정리

### 01 평생교육과 평생교육기관

**1** 평생교육의 의미와 영역

1) 의미: 연령에 구애받지 않고 원하는 때에 본인이 관심을 가지거나 필요로 하는 분야에 대해 배울 수 있는 것

2) 영역

| 영역 | 내용 |
|---|---|
| 기초문해교육 | 문자를 읽고, 쓰고 셈하는 기초능력 |
| 학력보완교육 | 경제적인 사정 등으로 정규학교에 진학하지 못한 성인이나 소외계층에게 학습기회 제공 |
| 직업능력교육 | 근로자의 직무능력을 향상시키거나 실업자의 취업이나 창업 지원 |
| 문화예술교육 | 음악, 미술, 스포츠 등 |
| 인문교양교육 | 경제, 경영, 외국어, 컴퓨터 등 |
| 시민참여교육 | 시민성 함양 |

**2** 평생교육기관과 지원 제도

1) 평생교육 프로그램을 제공하는 기관

- 국가평생교육진흥원 및 시·도 평생교육진흥원, 시·군·구 평생 학습관, 대학의 평생교육원, 지역의 구민회관, 행정 복지 센터, 도서관, 사이버대학, 원격평생교육원 등

2) 평생교육 활성화를 위한 제도

- 평생학습 계좌제, 평생교육 바우처 제도, 평생학습포털 운영

### 02 이주민을 위한 교육기관과 프로그램

**1** 이주민 적응과 정착을 지원하는 교육

1) 이민자 조기적응 프로그램

2) 사회통합 프로그램(KIIP)

**2** 이주민 직업 관련 교육

1) 고용노동부의 직업 교육

2) 한국 산업인력공단 외국인고용지원센터의 직업 훈련 프로그램, 각종 민간단체에서 다양한 교육 프로그램 운영

## 이야기 나누기 예시 답안

저는 부동산과 재산관리 분야를 공부해 보고 싶어요. 그리고 동영상 편집하는 프로그램에 대해서도 강의를 들어보고 싶어요.

## 본문 용어 해설

사회통합 프로그램 — 법무부가 외국인을 대상으로 운영하는 교육 프로그램으로 이수를 하면 영주권 획득이나 귀화를 하고자 할 때 여러 가지 혜택을 받을 수 있다.

다문화 가족 지원센터 — 여성가족부가 다문화 가족의 한국사회 적응과 안정적인 가족생활을 지원하기 위해 운영하는 기관. 지역의 다문화 가족 지원센터에서는 가족 교육, 상담, 문화 프로그램 등을 제공한다.

# 내가 배우고 싶은, 가르치고 싶은 평생교육 프로그램

1. 다음 주제 중에 배우고 싶은 주제를 2-3개 선정하여 교육 프로그램을 조사해 봅시다.

| | |
|---|---|
| 한국어 관련 | |
| 한국역사 관련 | |
| 한국문화 관련 | |
| 취미활동 관련 | |
| 직업 관련 | |
| 기타 | |

2. 평생교육기관에서 한국인들을 대상으로 '자신의 고향'을 주제로 교육을 실시한다고 상상해봅시다. 어떤 강좌를 개설하고 싶은가요? 그 이유는 무엇인가요?

**도움 자료**

● 각 강좌의 사례

| | |
|---|---|
| 한국어 관련 | 드라마로 보는 한국어, 한국의 시와 소설, 최신 유행 한국어, 노래로 배우는 한국어 등 |
| 한국역사 관련 | 조선의 주요 왕들, 한국사의 위대한 여성들, 한국의 독립운동사, 역사박물관 견학, 유적지 견학 등 |
| 한국문화 관련 | 대중문화-한류 탐구, 한국의 명배우, 한국의 명감독 등<br>전통문화-서예, 자수공예, 한국의 명절 음식 등 |
| 취미활동 관련 | 꽃꽂이, 요가, 헬스, 클래식 음악 감상, 소설 쓰기 등 |
| 전문직업 관련 | 피부관리사, 바리스타, 컴퓨터 프로그램 다루기, 외국어 강좌 등 |

# 심화자료

## 1. 평생학습 참여율

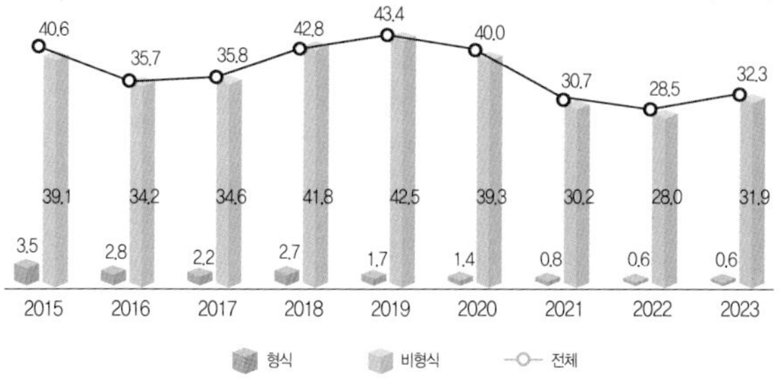


[출처] 한국교육개발원, 평생학습개인실태조사, 2024

## 2. 평생학습 계좌제

개인의 평생학습 결과를 학습계좌에 체계적으로 등록하고 관리할 수 있도록 국가 학습이력관리시스템을 운영하고 있다. 평생학습 계좌제 학습이력관리시스템(www.all.go.kr)에는 학력, 경력, 자격, 평가인정 학습과정의 자동 연계를 포함한 평생학습 이수 경험, 기타활동 사항 등과 같은 평생학습 이력이 누적되고 관리된다. 학습이력관리시스템의 평생학습 이력은 평생학습 이력 증명서로 발급되어 학습자의 필요에 따라 초·중등 학력연계 및 각종 이력·경력 증명 등에 활용될 수 있다.

[출처] 교육부, 평생교육 백서, 2018

## 3. 한국형 온라인 공개강좌(K-MOOC)

교육부는 MOOC(Massive Open Online Course)의 국제적 확산과 고등교육 패러다임 변화에 적극적으로 대응하기 위하여 '대학의 우수한 강좌를 인터넷을 통해 일반 국민에게 공개'하는 한국형 온라인 공개강좌(이하 K-MOOC, Korean Massive Open Online Course)를 운영하고 있다. MOOC는 수강 인원에 제한 없이(Massive), 모든 사람이 수강 가능하며(Open), 웹 기반으로(Online) 미리 정의된 학습목표를 위해 구성된 강좌(Course)를 의미한다.

인문, 사회, 공학, 자연, 의약, 예체능, 융·복합 등 분야별로 교양, 전공기초, 전공심화 수준에 따라 총 1,800여개 이상의 강의를 제공하고 있다.

[출처] 온라인 공개강좌 서비스 k-mooc

## 4. 학점은행제

학점은행제는 정규 대학에 재학하지 않은 사람이라 하더라도 다양한 형태의 학습과 자격을 학점으로 인정하여, 일정 기준을 충족시킨 사람에게 학위를 수여하는 것을 말한다. 한국방송통신대학이나 대학의 평생교육원 등에서는 학점은행제에 따라 학점을 인정받을 수 있는 강좌를 제공하고 있다. 이들 강좌의 수료 내역이 누적되어 기준을 충족시키는 경우 관련 전공의 학위를 받을 수 있다.

[출처] 국가평생교육진흥원, 학점은행제, http://www.cb.or.kr

## 5. 독학 학위제

고등학교 이상의 졸업 학력을 가진 사람이 총 4단계의 시험을 통과하면 학사 학위를 부여하는 제도이다. 국어국문학, 영어영문학, 심리학, 경영학, 법학, 행정학, 유아교육학, 가정학, 컴퓨터과학, 정보통신학, 간호학 등의 전공학위를 취득할 수 있다. 총 4단계의 시험으로 구성되지만 일정 자격을 갖춘 경우 중간 단계의 시험을 면제받는 것도 가능하다. 예를 들어, 학점은행제를 통해 35학점 이상을 취득했다면 바로 2단계 시험을 응시할 수 있다.

[출처] 국가평생교육진흥원, 독학 학위제, https://bdes.nile.or.kr

참고자료
국가평생교육진흥원 http://www.nile.or.kr/

제 3 편

# 문화

# 13 전통 가치

교재 76-79쪽

이 차시의 목표는 한국인들이 전통적으로 중요하게 생각해 온 가치를 이해하는 것이다. 이를 위해 한국인들의 삶에 담겨 있는 전통 가치인 효, 예절, 공동체 및 연고 의식에 대한 내용을 학습한다.

| 단계 | | 교수학습활동 | 교수 자료 | 시간 |
|---|---|---|---|---|
| 도입 | 생각해 보기 | ● **일상생활에서 높임말 사용과 관련된 학습자의 경험 물어보기**<br>일상생활에서 종종 실수하는 높임말은 무엇이 있나요? 한국에서 높임말을 배울 때 어떤 점이 어려웠는지 이야기해 봅시다. | (PPT #1-3) | 4분 |
| | 학습목표 | ● **학습목표 제시**<br>1. 한국의 전통 가치인 효와 예절의 특징을 설명할 수 있다.<br>2. 한국에서 공동체와 연고를 중시하는 이유를 설명할 수 있다.<br>● **이번 차시와 관련된 교재의 단원 확인하기** | (PPT #4) | 1분 |
| 전개 | 주제1 (강의) | ● **효의 의미 설명하기**<br>사람들의 정서, 행동이나 언어에는 그 나라만의 가치와 문화가 담겨있습니다. 한국의 대표적인 전통가치로는 효와 예절이 있습니다. 웃어른을 공손히 모시는 유교 문화의 영향이 지금까지 이어져 오고 있으며, 효는 그 중심에 있습니다. 효는 자식이 부모에게 대하는 공경의 마음입니다. 효는 한국인들의 일상생활에서 어떻게 지켜지고 있을까요?<br>● **예절의 의미 설명하기**<br>한국에서는 다른 사람을 소중하게 생각하는 마음을 나타내는 행동인 예절도 중요하게 생각합니다. 웃어른에 대한 예절에는 어떤 것이 있을까요? 높임말은 어떤 상황에서 사용하나요? | (PPT #5-7) | 10분 |
| | 알아두면 좋아요 1 | ● **65세 이상 노인을 위한 복지 혜택 알아보기**<br>한국은 고령화 사회가 되면서 노인 공경뿐 아니라 실질적인 노인의 삶의 질 향상에도 많은 노력을 기울이고 있습니다. 65세 이상의 노인들에게 지원하고 있는 복지 혜택에는 무엇이 있습니까? | (PPT #8) | 5분 |
| | 주제2 (강의) | ● **공동체를 중요하게 생각하는 한국인의 모습 설명하기**<br>한국인들은 자신과 관련된 이야기를 할 때 '나의~'와 '우리~' 중 어떤 표현을 더 많이 사용합니까? 한국은 예로부터 농경 사회였기 때문에 서로 힘을 합쳐 도우며 살아 왔습니다. 한국사회에서 공동체 의식이 긍정적으로 나타난 사례에는 무엇이 있습니까?<br>● **연고를 중시하는 한국인의 모습 설명하기**<br>한국인과의 대화에서 개인 신상 정보에 대한 질문을 많이 받은 적이 있습니까? 공통점이나 비슷한 점을 찾아 가까워지는 관계를 연고라고 합니다. 한국에서는 같은 고향이나 출신 지역, 출신 학교의 인연을 중시하는 문화가 있습니다. | (PPT #9-11) | 10분 |
| | 알아두면 좋아요 2 | ● **생활협동조합(생협) 알아보기**<br>혹시 주변에서 '한살림', '두레생협', 'ICOOP생협'을 본 적이 있나요? '생활협동조합'이란 조합원들 간에 일상적인 식품과 공산품 등을 서로 나누는 형태를 말하며, 생산자를 통해 안전하고 저렴한 가격으로 물품을 구매할 수 있습니다. 즉, 상부상조 정신을 실천하고 있습니다. | (PPT #12) | 5분 |
| 정리 | 정리하기 | **주요 내용 정리** | (PPT #13-14) | 5분 |
| | 이야기 나누기 | ● **공동체 의식을 담고 있는 속담 알아보기**<br>공동체 의식을 담고 있는 한국의 속담을 알아봅시다. 그리고 자신의 고향 나라에서 전해 내려오는 속담을 소개해 봅시다.<br>● **다음 차시 예고** | (PPT #15) | 10분 |

## 학습 내용 정리

### 01 효와 예절

**1** 효의 의미

1) 유교 문화의 중심 가치인 효는 지금도 한국인의 일상생활에 많은 영향을 끼치고 있음

2) 효는 부모를 공경하며 기쁘게 해드리려고 노력하는 마음과 태도임

**2** 예절의 의미

1) 예절이란 다른 사람을 존중하는 마음을 담은 말투나 행동이라 할 수 있음

2) 웃어른을 대하는 태도 및 인사법, 높임말 등을 중요시 여김

### 02 공동체와 연고

**1** 공동체 중시

1) 한국은 농경 사회에서 형성된 공동체 의식이 현재까지 이어져 오고 있음

2) 공동체 의식은 나라의 어려움이 있을 때 함께 힘을 모으는 지혜로 발휘되기도 함

**2** 연고 중시

1) 서로의 공통점, 비슷한 점 등을 연결고리로 하여 맺어지는 연고를 중시함

2) 연고의 예: 혈연(같은 핏줄 또는 성씨), 지연(같은 고향이나 출신 지역), 학연(같은 학교 출신)

## 이야기 나누기 예시 답안

•(○○국) 높은 산에 올라가 보지 않은 자는 평야를 알지 못한다.
천천히 가는 것을 두려워 말고 가다가 멈추게 될까를 두려워하라.

•(□□국) 친구는 서로 신뢰하고 한결같이 배려해야 한다.
하루의 여행은 한 바구니의 지혜를 준다.

•(△△국) 책의 겉표지만 보고 판단하지 마라.
요리사가 너무 많으면 수프를 망친다.

## 본문 용어 해설

**전통** 어떤 집단이나 공동체에서 과거로부터 이어져 내려오는 사상이나 관습, 행동 따위가 꾸준히 현재까지 전해진 것

**가치** 좋음과 나쁨, 옳음과 그름, 아름다움과 추함 등에 대한 사람들의 신념과 감정의 체계. 가치는 어떤 선택이나 행동이 바람직한지 그렇지 않은지에 대한 판단 기준을 제공함. 또한 사회 구성원의 판단과 행동의 방향을 결정하는 데 매우 큰 영향을 주며 동일한 가치를 공유하는 사회 구성원들은 비슷한 상황에서 대체로 유사한 의사 결정을 하는 경우가 많음

**본관** 성씨 조상, 즉 시조가 태어난 거주지를 나타내어 혈연을 구분하는 관습적 제도. 성과 본관이 동일해야 같은 혈연으로 봄. 본관제도는 중국제도를 모방한 것인데, 신라 말에서 고려 초에 정착한 것으로 여겨짐

# 자신의 고향 나라와 한국의 전래 동화 비교하기

※ 다음은 한국의 대표적인 전래 동화입니다. 이 동화의 내용을 인터넷이나 책을 통해 살펴보고, 이 동화에 담긴 한국의 전통 가치는 무엇인지 생각해봅시다.

| 한국의 전래 동화 | 심청전 | 흥부전 |
|---|---|---|
| 줄거리 | 시각장애인의 딸로 태어나 어머니 없이 자란 심청은 지극한 정성으로 아버지를 돌보고, 아버지의 눈을 띄우기 위해 공양미 300석을 얻고자 자신의 몸을 희생한다. 하늘의 도움으로 심청은 살아나고 왕비가 된 심청과 만난 심청의 아버지는 눈을 뜨게 된다. | 심술궂은 놀부는 부모의 유산을 독차지하고 동생 흥부를 내쫓았다. 힘든 생활을 하던 흥부는 새끼 제비를 구해 주고받은 박씨로 부자가 되고, 놀부는 반대로 제비를 괴롭히다 망하게 된다. 하지만 흥부는 놀부를 구해 주면서 결국 형제가 화목하게 지내게 된다. |
| 이 동화에서 중시하는 한국의 전통 가치 | | |
| 비슷한 가치를 담고 있는 자신의 고향 나라의 전래 동화 소개하기 | 1. 동화 이름:<br>2. 동화 줄거리:<br>3. 동화에서 중시하는 자신의 고향 나라의 전통 가치: | 1. 동화 이름:<br>2. 동화 줄거리:<br>3. 동화에서 중시하는 자신의 고향 나라의 전통 가치: |

**도움 자료**

- **인터넷에서 한국의 전래 동화 감상하는 방법**
  - 유튜브(www.youtube.com)에서 전래 동화 제목을 입력하고 시청함
  - 쥬니버(www.jr.naver.com) - 동화 - 전래 동화에서 검색하고 시청함
- **올리볼리 그림 동화 누리집 안내**

- 누리집: www.ollybolly.org
- 올리볼리 그림 동화 누리집에서는 중국, 베트남, 몽골, 필리핀, 레바논, 르완다, 우즈베키스탄, 이란, 인도네시아, 캄보디아, 태국, 티베트, 팔레스타인 등의 세계 여러 나라의 동화를 감상할 수 있으며, 이를 통해 문화 다양성 및 상호문화이해를 함양할 수 있음

# 심화자료

## 1. '말씀'은 높임말도 되지만 낮춤말도 된다

'말씀'은 나보다 어른인 사람의 말을 높여 부르는 말이다. 그래서 '아버지께서 말씀하셨다'가 바른 표현이다. 하지만 '말씀'은 이와 달리 자신의 '말'을 지칭할 때 사용되기도 한다. 예를 들면 할아버지나 할머니, 또는 아버지나 어머니 등 웃어른에게 말할 때에는 "제 말씀은..."이라고 표현한다. 이때의 '말씀'은 여러 사람이나 어른들에게 자신을 낮추는 표현이다. 자신을 낮춤으로써 상대방을 높이는 것도 바로 한국의 높임법인 것이다.

## 2. 삼강오륜(三綱五倫)

- 유교 도덕에서 기본 덕목인 세 가지 강령(삼강)과 다섯 가지의 도리(오륜)를 아울러 이르는 말이다.
- 중국 전한(前漢)때의 유학자 동중서를 통해 유래되었으며 중국뿐만 아니라 한국에서도 사회의 기본적인 윤리로 인식되어 이어져 왔다.

· 삼강(三綱)

| | |
|---|---|
| **군위신강** 君爲臣綱 | 임금과 신하 사이에서 마땅히 지켜야 할 도리 |
| **부위자강** 父爲子綱 | 부모와 자식 사이에 마땅히 지켜야 할 도리 |
| **부위부강** 夫爲婦綱 | 남편과 아내 사이에 마땅히 지켜야 할 도리 |

· 오륜(五倫)

| | |
|---|---|
| **군신유의** 君臣有義 | 임금과 신하 사이에는 의리가 있어야 함 |
| **부자유친** 父子有親 | 어버이와 자식 사이에는 친애가 있어야 함 |
| **부부유별** 夫婦有別 | 남편과 아내 사이에는 분별이 있어야 함 |
| **장유유서** 長幼有序 | 어른과 아이 사이에는 차례와 질서가 있어야 함 |
| **붕우유신** 朋友有信 | 친구와 친구 사이에는 믿음이 있어야 함 |

## 3. 한국인의 의식·가치관 조사 결과(2022년)

- 문화체육관광부는 ㈜한국갤럽조사연구소에 의뢰해 전국 성인 남녀 5,100명을 대상으로 '2022 한국인의 의식 · 가치관 조사'에 대해 실시함

· 한국의 정신문화(충, 효, 예, 정 등)에 대한 자부심

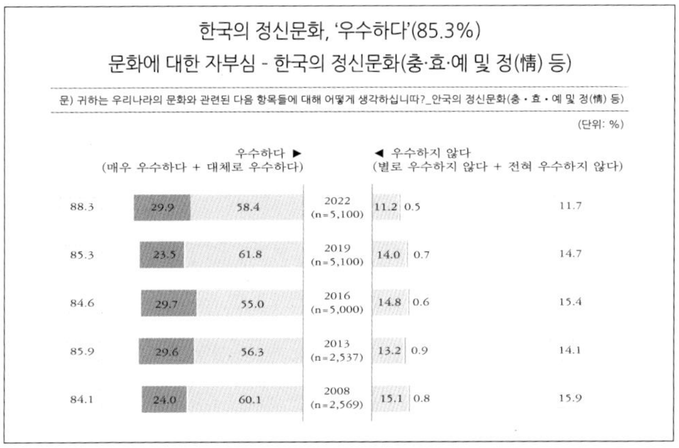


· 한국인이라는 것에 대한 자부심

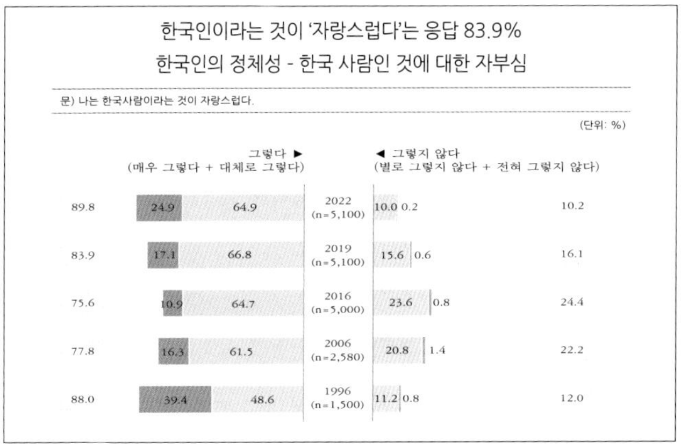


· 한민족의 가장 큰 장점

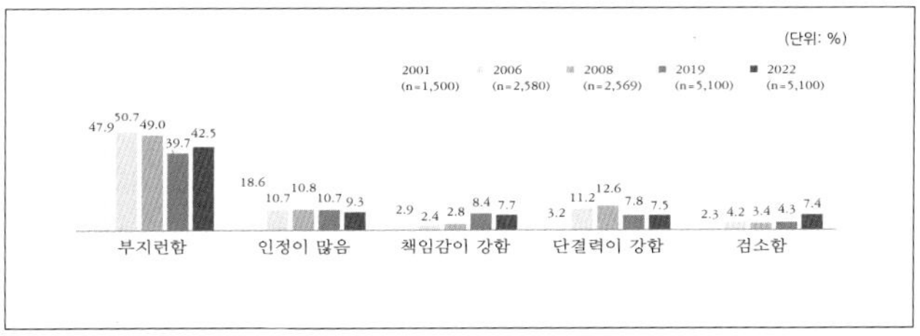


참고자료
문화체육관광부 www.mcst.go.kr
전통문화연구회 www.juntong.or.kr

# 14 전통 의식주

교재 80-83쪽

이 차시의 목표는 한국의 전통 의식주를 이해하는 것이다. 이를 위해 한국 음식의 종류와 특징, 한국의 전통 의상인 한복과 조상들의 삶의 양식이 반영된 한옥의 특징에 대한 내용을 학습한다.

| 단계 | | 교수학습활동 | 교수 자료 | 시간 |
|---|---|---|---|---|
| 도입 | 생각해 보기 | **● 한국 음식과 관련된 학습자의 경험 물어보기**<br>자신의 고향 나라에 있는 한식당에서 먹어본 한국 음식은 무엇이 있나요? 자신의 고향 나라 음식과 한국 음식의 공통점과 차이점은 무엇이 있는지 이야기해 봅시다. | (PPT #1-3) | 4분 |
| | 학습목표 | **● 학습목표 제시**<br>1. 한국의 음식 종류와 특징을 설명할 수 있다.<br>2. 한복과 한옥의 특징을 설명할 수 있다.<br>**● 이번 차시와 관련된 교재의 단원 확인하기** | (PPT #4) | 1분 |
| 전개 | 주제1 (강의) | **● 한국 음식의 종류와 특징 설명하기**<br>한국 음식은 기본적으로 밥, 국, 반찬으로 이루어지며, 숟가락과 젓가락을 사용하여 먹습니다. 한국에서는 왜 밥이 주식일까요? 국은 재료에 따라 특유의 맛이 납니다. 반찬에는 어떤 종류가 있을까요? 반찬으로는 김치가 대표적이며 장류, 젓갈류도 많이 먹습니다. 그 외에 나물, 채소류, 고기류, 해산물 등을 재료로 해서 반찬을 만듭니다.<br>**● 그 밖의 한국 음식 알아보기**<br>밥, 국, 반찬으로 이루어진 기본 식단 이외에 특별히 요리하여 먹는 한국 음식에는 무엇이 있습니까? 여러분이 좋아하는 한국 음식에는 무엇이 있습니까? 최근에는 한국 음식이 외국인과 세계 여러 나라에서 인기를 얻으면서 K-Food란 이름으로 '한식의 세계화'도 추진되고 있습니다. | (PPT #5-7) | 10분 |
| | 알아두면 좋아요 1 | **● 한국의 전통 음식인 떡에 대해서 알아보기**<br>한국인들은 예로부터 쌀 등의 곡식류를 이용해서 떡을 만들어 먹었습니다. 떡은 언제 먹을까요? 대표적인 떡의 종류에는 무엇이 있을까요? | (PPT #8) | 5분 |
| | 주제2 (강의) | **● 한복의 특징 설명하기**<br>한국의 전통 의상을 무엇이라고 합니까? 한복은 기본적으로 여자는 치마와 저고리, 남자는 바지와 저고리를 입습니다. 계절에 따른 한복의 옷감(소재)은 무엇입니까? 오늘날 한복은 주로 언제 입습니까?<br>**● 한옥의 특징 설명하기**<br>한국의 전통 집을 무엇이라고 합니까? 한옥은 지붕을 만드는 재료에 따라 기와집과 초가집으로 나눕니다. 기와집과 초가집의 특징은 무엇입니까? 온돌과 대청마루의 장점은 무엇입니까? | (PPT #9-11) | 10분 |
| | 알아두면 좋아요 2 | **● 한국의 조상들이 선호했던 집의 위치 알아보기**<br>예로부터 한국에서는 어느 쪽을 향하게 집을 지었습니까? 집 앞에는 물이 흐르고, 뒤에는 산이 있는 곳을 선호했던 이유는 무엇입니까? | (PPT #12) | 5분 |
| 정리 | 정리하기 | **주요 내용 정리** | (PPT #13-14) | 5분 |
| | 이야기 나누기 | **● 한국의 식사예절 알아보기**<br>한국에서 식사할 때 지켜야 할 예절에 대해 살펴봅시다. 한국과 자신의 고향 나라의 식사예절을 비교하면서 공통점과 차이점에 대해 이야기해 봅시다.<br>**● 다음 차시 예고** | (PPT #15) | 10분 |

## 학습 내용 정리

### 01 한국 음식(한식)의 종류와 특징

**1** 한국 음식의 종류와 특징

1) 한국 음식의 기본 식단은 밥, 국, 반찬으로 이루어지며 숟가락과 젓가락을 사용함

2) 반찬으로는 김치가 대표적이며, 각종 장류, 젓갈류, 채소류, 고기류, 해산물 등이 있음

**2** 그 밖의 한국 음식

1) 비빔밥, 삼계탕, 불고기, 삼겹살, 떡국 등과 같이 특별히 요리하여 먹는 한식도 있음

2) 최근 한국 음식이 외국인들과 세계 여러 나라에서 인기를 얻고 있음

### 02 한복과 한옥의 특징

**1** 한복의 특징

1) 한복은 한국의 고유 의상으로 기본적으로 여자는 치마와 저고리, 남자는 바지와 저고리를 입음

2) 최근에는 명절, 돌잔치, 결혼식 등 특별하고 중요한 날에 주로 입음

**2** 한옥의 특징

1) 한옥은 전통적인 삶의 양식이 반영된 집으로 지붕을 만드는 재료에 따라 기와집과 초가집으로 나뉨

2) 한옥의 중요한 특징은 난방 장치라고 볼 수 있는 온돌과 바람이 잘 통하는 대청마루임

## 이야기 나누기 예시 답안

- (○○국) 젓가락이 상대방을 향하지 않게 내려놓고, 젓가락 끝을 왼쪽으로 하여 '二'모양으로 놓아요.
- (□□국) 밥그릇을 들고 먹는다. 한국과 비슷하게 윗사람에게 음식을 먼저 권해야 해요.
- (△△국) 식사 후, 트림을 하는 것은 음식이 아주 맛있었음을 의미해요.
- (◇◇국) 와인이나 물을 마시기 전에 냅킨으로 입을 닦아요.
- (☆☆국) 한국은 상대방의 잔에 술이 비워있으면 채워 주는 것이 예의이지만, ☆☆국에서는 대신 채워주는 것을 불쾌하게 생각해요.

## 본문 용어 해설

**김장** 겨울 동안 먹을 김치를 담그는 것을 말함. 주로 늦가을과 초겨울 사이에 김장을 많이 함. 과거에는 김칫독을 많이 이용했으나 오늘날에는 김치냉장고에 김장한 김치를 신선하게 보관함

**발효** 미생물 등을 이용해서 인간에게 유용한 물질을 얻어내는 것을 말함. 한국의 된장, 간장, 고추장 등이 대표적인 발효 음식이며 그 외에 각종 술, 식초, 치즈, 요구르트 등이 있음

**비단** 한국에서는 명주라고도 하며, 누에의 고치로부터 얻은 실로 짠 천. 비단은 왕이나 귀족 등만 사용했던 귀한 옷감으로 오늘날에도 전 세계적으로 많이 사용되고 있음

**신분** 출신, 직업, 민족, 재산 등에 따라 나뉘게 된 개인의 사회적 지위나 위치

# 자신이 좋아하는 한국 음식 소개하기

※ 자신의 고향 나라로부터 가족이나 친구가 한국에 놀러왔을 경우, 대접하고 싶은 한국 음식 세 가지를 정해 봅시다.

| 한국 음식 이름 | 음식 사진이나 그림 | 이 음식을 고른 이유 | 이 음식을 먹고 싶은 장소 또는 식당 |
|---|---|---|---|
| | | | |
| | | | |
| | | | |

도움 자료

- **한식포털 누리집(www.hansik.or.kr) 안내**
  - 한식세계화 공식 누리집, 한식재단, 한식세계화 사업 소개, 요리법, 외식기업 해외진출 정보, 콘텐츠 제공
  - 주요 제공 정보

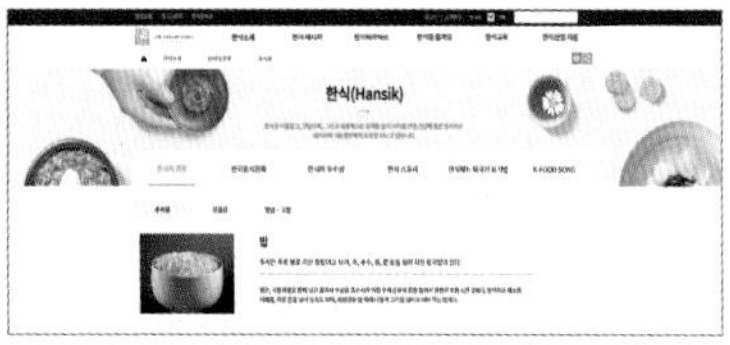


| | |
|---|---|
| 한식 소개 | 한식의 종류, 한국음식문화, 한식의 우수성, 한식 스토리, 한식메뉴 외국어 표기법 |
| 한식 레시피 | 한식 레시피, 북한의 전통음식, 레시피 동영상, 고조리서를 재해석한 한식 |
| 한식을 즐겨요 | 한식당 정보: 코리안 레스토랑 가이드, 역사성 있는 한식당, 팔도음식지리지 |

# 심화자료

## 1. 우주가 담긴 한식 상차림

- 우리 조상들은 밥과 국, 반찬을 한 상에 차려내는 전통적인 한식 상차림에 '우주를 담는다'고 생각했다. 우주와 인간 질서를 상징하는 오방색(五方色), 즉 동·서·남·북·중앙의 다섯 방위를 가리키는 색인 청·적·황·백·흑 각각을 의미하는 음식을 한 상 위에 조화롭게 펼쳐놓았기 때문이다.
- 한식 상차림에는 오방색을 고려한 규율이 엄격하게 적용됐다. 첫째는 계절의 기운을 담은 제철 재료를 골라 불과 물을 적절하게 활용한 조리법으로 음식을 만들고, 둘째는 색과 맛, 영양이 어우러져 오감을 만족시키는 차림새를 갖춰야 하며, 셋째는 몸에 균형 있게 흡수되어 먹는 사람을 이롭게 해야 한다는 것이다.
- 이처럼 엄격한 규율 속에서도 사람에 대한 존중을 잊지 않는 '마음 씀씀이'가 또한 한식 상차림의 멋이다. 먹는 사람을 가운데 두고 왼쪽에는 밥, 오른쪽에는 국, 그리고 국 옆에는 수저를 두었다. 국물이 있는 음식은 수저와 가까운 오른쪽에 두고, 마른반찬은 왼쪽에 두어 상에 국물을 흘리지 않고 먹을 수 있도록 먹는 사람의 편리를 배려한 것이다.

## 2. 한국의 음식 관련 속담

| 속담 | 의미 |
|---|---|
| "다 된 밥에 코 빠뜨린다." | 다 된 일을 마지막에 망치게 되었다는 뜻 |
| "맛있는 음식도 늘 먹으면 싫다." | 아무리 좋은 일이라도 계속하면 싫증이 나기 마련이라는 뜻 |
| "밥 한술에 배부르랴?" | 처음부터 만족스러운 결과를 얻기는 어렵다는 뜻 |
| "급히 먹는 밥이 목이 멘다." | 너무 급히 서둘러 일을 하면 잘못하고 실패하게 된다는 뜻 |

## 3. 한복의 우수성

- 한복은 흔히 미적 측면에서 많이 알려져 있다. 특히 다양한 색채를 사용하고 있으며, 한복의 깃 등에 나타난 선은 한복의 아름다움을 잘 보여준다.
- 한복은 실용적인 면에서도 우수하다. 몸에 꽉 끼는 요즘 옷과 달리 몸에 여유를 주어 건강에도 좋고 계절에 따른 통풍이나 보온 효과도 상당히 우수하다.
- 이런 한복은 키만 비슷하다면 누구나 함께 입을 수 있는 옷이며, 대님을 묶고 푸는 행위를 통해 하루를 돌아보게 한다는 철학을 담고 있기도 하다.

## 4. 한옥마을 소개

한옥마을은 한국의 전통 한옥을 볼 수 있는 곳이다. 대표적인 곳으로 서울특별시에 있는 '남산골한옥마을'과 전라북도 전주시에 있는 '전주한옥마을'을 꼽을 수 있다. '남산골한옥마을'은 조선시대 한옥을 그대로 복원해 놓아 전통적인 주거 모습을 살펴볼 수 있으며, '전주한옥마을'에서는 한옥생활체험관에서 하루를 지내며 한옥생활을 경험해 볼 수 있다.

| 한옥마을 | 주소 | 누리집 |
|---|---|---|
| 남산골 한옥마을 | 서울특별시 중구 퇴계로 34길 28 | www.hanokmaeul.or.kr |
| 전주 한옥마을 | 전라북도 전주시 완산구 풍남동3가 64-1 | www.tour.jeonju.go.kr |

**참고자료**
남산골한옥마을 www.hanokmaeul.or.kr
전주시문화관광 www.tour.jeonju.go.kr
전통문화포털 www.kculture.or.kr
한식포털 www.hansik.or.kr

# 15 의례

교재 84-87쪽

이 차시의 목표는 한국의 대표적인 의례 문화를 이해하는 것이다. 이를 위해 출생, 성장, 결혼, 사망 등 인생의 특별한 순간에 치러지는 의식인 결혼식, 돌잔치, 성년식, 장례식, 제사에 대한 내용을 학습한다.

| 단계 | | 교수학습활동 | 교수 자료 | 시간 |
|---|---|---|---|---|
| 도입 | 생각해 보기 | ● **한국의 대표적인 의례와 관련된 학습자의 경험 물어보기**<br>한국에서 결혼식, 돌잔치, 장례식, 제사 등의 의례를 경험해 본 적이 있나요? 자신의 고향 나라와 한국의 의례 중에 공통점과 차이점은 무엇이 있는지 이야기해 봅시다. | (PPT #1-3) | 4분 |
| | 학습목표 | ● **학습목표 제시**<br>1. 한국의 결혼식, 돌잔치, 성년식 문화를 설명할 수 있다.<br>2. 한국의 장례식, 제사 문화를 설명할 수 있다.<br>● **이번 차시와 관련된 교재의 단원 확인하기** | (PPT #4) | 1분 |
| 전개 | 주제1 (강의) | ● **한국의 결혼식 설명하기**<br>결혼이란 무엇을 의미할까요? 한국에서는 몇 살부터 결혼할 수 있을까요? 법적으로 부부가 되기 위해서는 어떻게 해야 할까요? 결혼식에는 주로 누가 초대를 받습니까? 결혼식에 초대 받은 사람들은 축의금을 준비해 가며, 새로운 가정의 탄생을 축하해 줍니다.<br>● **한국의 돌잔치 설명하기**<br>돌잔치란 무엇을 의미할까요? 돌잔치에는 가족이나 가까운 사람들이 모여 같이 음식을 먹으며 아이의 첫 생일을 축하합니다. 돌잡이 행사란 무엇일까요?<br>● **한국의 성년식 설명하기**<br>성년이 되었다는 것은 무엇을 의미할까요? 한국에서는 매년 5월 셋째 월요일을 '성년의 날'로 지정하고 있습니다. 성년이 되면 할 수 있는 것에는 무엇이 있을까요? | (PPT #5-7) | 10분 |
| | 알아두면 좋아요 1 | ● **백일에 대해서 알아보기**<br>한국에서는 아이가 태어난 지 백(100)일 되는 날에 건강히 잘 자란 것을 기념하는 잔치가 지금까지 이어져 오고 있습니다. 백일잔치 모습은 어떨까요? | (PPT #8) | 5분 |
| | 주제2 (강의) | ● **장례식의 특징 설명하기**<br>장례란 무엇을 의미할까요? 한국에서 장례식은 주로 며칠 동안 진행 될까요? 장례식에서 지켜야 할 예절은 무엇이 있을까요? 문상객들은 조의금을 준비해 가며, 유족의 슬픈 마음을 위로합니다. 장례식을 거친 후에는 묘지에 매장하거나 화장을 하기도 합니다.<br>● **제사의 특징 설명하기**<br>제사란 무엇을 의미할까요? 예로부터 한국에서는 왜 제사를 중요시 여길까요? 제사는 어떻게 진행 될까요? | (PPT #9-11) | 10분 |
| | 알아두면 좋아요 2 | ● **변화하는 장례 문화 알아보기**<br>한국의 장례 문화는 매장 보다는 화장을 원하는 비율이 꾸준히 늘고 있습니다. 화장을 선호하는 이유는 무엇일까요? 최근에 주목 받고 있는 자연장은 어떤 장점이 있을까요? | (PPT #12) | 5분 |
| 정리 | 정리하기 | **주요 내용 정리** | (PPT #13-14) | 5분 |
| | 이야기 나누기 | ● **부모님의 장수를 기원하는 의식 알아보기**<br>한국에서는 부모의 장수를 기원하기 위해 최근에는 70번째 생일에 칠순(고희연) 잔치를 엽니다. 자신의 고향 나라에서 부모의 장수를 기원하는 의식에는 무엇이 있는지 이야기해 봅시다.<br>● **다음 차시 예고** | (PPT #15) | 10분 |

## 학습 내용 정리

### 01 한국의 주요 의례: 결혼식, 돌잔치, 성년식

**1** 결혼식
- 남자와 여자가 정식으로 부부가 되는 의례
- 한국에서는 남녀 모두 18세 이상이면 결혼 가능(단, 19세가 안 된 미성년자의 경우는 부모의 동의가 필요함)

**2** 돌잔치
- 아이가 태어난 지 1년이 되는 첫 번째 생일과 관련된 의례

**3** 성년식
- 19세가 된 젊은이들에게 성인이 되었음을 축하하는 의례

### 02 한국의 주요 의례: 장례식, 제사

**1** 장례식
- 사람이 죽었을 때 치르는 의례
- 병원 내 또는 단독 장례식장에서 일반적으로 3일 동안 장례 절차를 진행함

**2** 제사
- 이미 돌아가신 조상을 생각하며 추모하는 의례
- 조상이 돌아가신 날(기일)에는 기제사, 명절에는 차례를 지냄

## 이야기 나누기 예시 답안

(○○국) 환갑, 칠순, 팔순 등 한국과 비슷하게 장수를 기념해요. 하지만 ○○국에서는 세는 나이로 하여 칠순, 팔순 잔치를 1, 2년 앞당겨 하는 경우가 많아요. 숫자 9의 ○○어 발음이 오랠 구(久)의 발음과 같고, 한 자릿수에서 가장 큰 숫자이기 때문에 장수를 기원하는 의미에서 69세에 칠순, 79세에 팔순 잔치를 해요.

## 본문 용어 해설

**의례** 세계 어디에서나 사람들은 살아가면서 중요한 순간을 맞을 때마다 특별한 의식을 치름. 이것을 의례라고 부름. 의례 중에서도 한국에서는 예로부터 관혼상제를 중요하게 생각했음. 관혼상제는 관례, 혼례, 상례, 제례를 말함. 관례는 어른이 되는 성년식, 혼례는 부부가 되는 결혼식, 상례는 죽은 사람을 정성껏 보내드리는 장례식, 제례는 조상을 추모하는 제사를 의미함

**돌잡이** 돌잔치에서 쌀, 붓, 활, 돈, 실 등을 펼쳐 놓고 아이가 마음에 드는 물건을 골라잡게 하여 이때의 물건을 통해 아이의 미래를 예측해 보는 의식

**성년의 날** 성년의 날은 성인으로서 책임을 일깨우고, 자부심을 고양하기 위한 날로 1973년 법정기념일로 제정되었다가 1984년 5월 셋째 주 월요일로 기념 일자가 최종 변경되었음. 성년이 되면 대통령 선거, 국회의원 선거에 참여할 수 있고 부모 또는 후견인 의사와 관계없이 혼인할 수 있음. 또한 경제 활동 및 재산 관리도 가능해지고 근로 제한도 완화됨. 한편으로는 소년법에 의한 보호를 받을 수 없어 민·형사 책임이 가중되고 남자의 경우 병역의 의무도 생김

# 자신의 고향 나라와 한국의 의례 비교하기

※ 자신의 고향 나라에서 생일, 결혼식, 장례식에 가게 되었을 때, 어떤 준비를 하는지 한국과 비교해서 발표해 봅시다.

| | 한국 | 자신의 고향 나라 |
|---|---|---|
| 생일에 초대받았을 때 | • 생일 선물을 준비해 간다.<br>• 케이크를 준비해서 나이만큼 초를 꽂고 생일 축하 노래를 불러준다. | |
| 결혼식에 초대받았을 때 | • 보통 정장을 입고 간다.<br>• 축의금을 준비한다.<br>• 결혼식 시작보다 일찍 가서 신랑 또는 신부를 만나 축하의 말을 전한다. | |
| 장례식에 조문을 갈 때 | • 검은색 계열의 옷을 입고 간다.<br>• 조의금을 준비한다.<br>• 슬픈 자리이기 때문에 너무 큰 소리를 내거나 웃지 않는다. | |

**도움 자료**

▲ 생일 사진

▲ 결혼식 사진

▲ 장례식 사진

# 심화자료

## 1. 결혼식장에서의 예절

- 결혼식에 갈 때는 보통 예식이 시작하기 30분 전에 도착해서 결혼 당사자(신랑 또는 신부)와 인사를 나눈다.
- 축의금은 너무 과하지 않되, 친한 사람이라면 일반적으로 더 많이 하기도 한다. 축의금 봉투에는 간단히 자신의 소속과 이름을 쓴다.
- 복장은 정장 혹은 단정한 옷을 입는다.
- 결혼식을 마친 후, 사진 촬영을 한다. 보통 다음과 같은 순서대로 진행되므로 자신과 관련된 차례에 함께 사진을 찍는다.

① 신랑과 신부(+주례 선생님)→② 신랑과 신부→③ 신랑과 신부+양가 부모님→④ 신랑과 신부+친척→⑤ 신랑과 신부+신랑 직계→⑥ 신랑과 신부+신부 직계→⑦ 신랑과 신부+친구 및 지인

## 2. 장례식장에서의 예절

- 장례식장에 도착하면 문 밖에서 외투나 모자를 벗고 조문 준비를 한다. 상주와 가볍게 목례를 한 후, 영정 앞에서 분향이나 헌화를 한다.
- 분향의 경우, 촛불을 이용해서 향에 불을 붙이는데, 이때 향에 불이 붙었다고 입으로 불어서 끄면 안 되고 가볍게 손부채를 해서 끈다. 헌화를 할 경우, 꽃 봉우리가 영정 쪽으로 향하게 해야 한다.
- 분향이나 헌화를 한 이후에는 영정을 향해 두 번 절을 하고, 그 이후에 상주와 맞절을 한다. 상주에게는 낮은 목소리로 짧게 위로의 말을 전한다(※기독교의 경우 절을 하는 대신 손을 모으고 조용히 기도를 하기도 한다).
- 문상이 끝나고 두세 걸음 뒷걸음질한 뒤, 몸을 돌려 나온다.
- 문상을 갈 때는 일반적으로 검정색 계열의 옷을 입으며, 화려한 색깔은 피하도록 한다.

## 3. 돌잡이 물건의 의미

아이가 태어난 지 1년이 되는 첫 생일인 돌잔치에서는 돌잡이 행사가 진행된다. 돌잡이는 여러 물건을 상 위에 올려놓고, 아이가 골라잡은 물건으로 아이의 미래를 예상해 보는 것이다. 각각의 물건은 다음과 같은 의미를 갖고 있다.

| 물건 | 의미 |
|---|---|
| 실, 국수 | 오래 산다. |
| 대추 | 자식을 많이 낳는다. |
| 쌀, 돈 | 돈을 많이 번다. |
| 붓, 책, 종이, 연필 | 공부를 잘하거나 문장가가 된다. |
| 바늘, 자 | 손재주가 뛰어나게 된다. |
| 활, 화살 | 용감해진다. |
| 떡 | 튼튼하고, 복이 많아진다. |
| 마이크 | 말을 잘하는 직업을 갖게 된다. |
| 공 | 운동과 관련된 일을 하게 된다. |

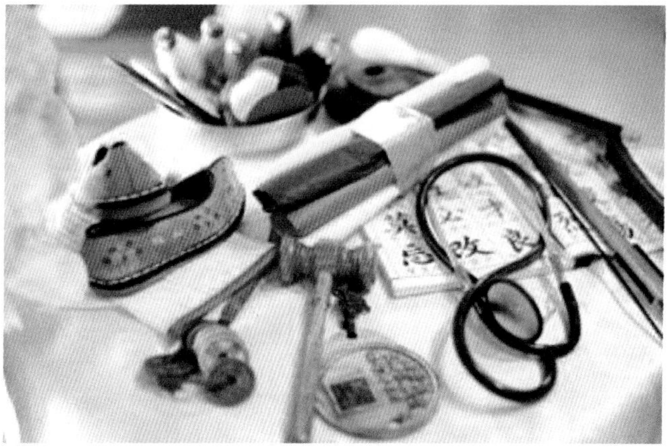

**참고자료**
주자가례전통예절 www.jkf38.co.kr
한국예절문화원 www.etiquette.or.kr

# 16 명절

교재 88-91쪽

이 차시의 목표는 한국의 대표적인 명절인 설날과 추석에 대해 이해하는 것이다. 이를 위해 설날과 추석의 의미, 지금까지 이어져 오는 풍습, 음식과 전통 놀이에 대한 내용을 학습한다.

| 단계 | | 교수학습활동 | 교수 자료 | 시간 |
|---|---|---|---|---|
| 도입 | 생각해 보기 | ● **자신의 고향 나라와 한국의 명절 모습 비교하기**<br>자신의 고향 나라의 대표적인 명절은 무엇입니까? 한국에서 설날이나 추석을 보내면서 기억에 남는 일은 무엇인지 이야기해 봅시다. | (PPT #1-3) | 4분 |
| | 학습목표 | ● **학습목표 제시**<br>1. 한국의 대표적인 명절인 설날에 대해 설명할 수 있다.<br>2. 한국의 대표적인 명절인 추석에 대해 설명할 수 있다.<br>● **이번 차시와 관련된 교재의 단원 확인하기** | (PPT #4) | 1분 |
| 전개 | 주제1 (강의) | ● **설날의 의미와 풍습 설명하기**<br>설날은 언제일까요? 설날은 한 해를 시작하면서 건강과 풍요를 기원하는 한국 최대 명절 중 하나입니다. 설날에는 "새해 복 많이 받으세요"라고 인사를 합니다. 설빔이란 무엇일까요? 설날 당일에는 무엇을 할까요?<br>● **설날의 대표적인 음식과 놀이 설명하기**<br>설날 아침에는 무엇을 먹을까요? 떡국에는 어떤 의미가 담겨 있을까요? 설날에 가족들과 함께 하는 전통놀이에는 무엇이 있을까요? | (PPT #5-7) | 10분 |
| | 알아두면 좋아요 1 | ● **윷놀이에 대해 알아보기**<br>윷놀이를 해 본 경험이 있습니까? 윷놀이는 설날부터 정월대보름까지 즐기던 한국의 전통놀이입니다. 나무로 만든 윷가락 네 개와 말 네 개, 윷판으로 이루어진 일종의 보드게임입니다. | (PPT #8) | 5분 |
| | 주제2 (강의) | ● **추석의 의미와 풍습 설명하기**<br>추석은 언제일까요? 추석은 한 해 농사에 대해 감사하는 풍습에서 유래되었습니다. 설날과 함께 한국 최대 명절 중 하나입니다. "더도 말고 덜도 말고 한가위만 같아라"라는 속담이 있듯이 먹을 것도 풍성하고 가족 및 친척들과 즐겁고 행복한 시간을 보냅니다. 추석 당일에는 무엇을 할까요?<br>● **추석의 대표적인 음식과 놀이 설명하기**<br>추석에는 무엇을 먹을까요? 송편의 특징은 무엇일까요? 추석에 즐기는 전통놀이에는 무엇이 있을까요? | (PPT #9-11) | 10분 |
| | 알아두면 좋아요 2 | ● **24절기에 대해 알아보기**<br>입춘이나 동지에 대해 들어본 적이 있습니까? 입춘이나 동지는 24절기의 하나입니다. 24절기는 계절적 구분을 하기 위해 만들어진 것입니다. 과거 날씨에 영향을 크게 받는 농경 사회에서 유용하게 활용되었으며 지금도 일상생활에서 음식이나 풍습으로 이어져 오고 있습니다. | (PPT #12) | 5분 |
| 정리 | 정리하기 | **주요 내용 정리** | (PPT #13-14) | 5분 |
| | 이야기 나누기 | ● **세계 여러 나라의 새해 음식 알아보기**<br>한국은 설날에 떡국을 먹으며 건강과 장수를 기원합니다. 세계 여러 나라의 새해 음식에는 무엇이 있습니까? 그 음식에는 어떤 의미가 담겨 있습니까? 자신의 고향 나라에서 새해 첫 날 먹는 음식에 대해 이야기해 봅시다.<br>● **다음 차시 예고** | (PPT #15) | 10분 |

## 학습 내용 정리

### 01 설날

**1** 설날의 의미

1) 음력 1월 1일이며, 한 해를 시작하면서 건강과 풍요를 기원하는 한국의 가장 큰 명절

2) 설날 당일 아침에는 차례를 지내고, 웃어른께 세배를 함

**2** 설날의 대표적인 음식과 놀이

1) 설날에는 떡국을 먹는데, 흰 가래떡은 건강과 장수를 상징함

2) 가족과 친척들이 모여 함께 윷놀이를 하거나 연날리기, 제기차기, 널뛰기 등의 전통놀이를 즐김

### 02 추석

**1** 추석의 의미

1) 음력 8월 15일이며, 한 해 농사에 감사하는 풍습에서 유래됨. '한가위', '가배'라고도 불림

2) 추석 당일 아침에는 차례를 지내고, 성묘를 감

**2** 추석의 대표적인 음식과 놀이

1) 추석에는 멥쌀가루로 반죽을 하고 녹두, 콩 등을 넣어 반달 모양으로 빚어낸 떡인 송편을 먹음

2) 추석의 전통놀이로는 씨름, 강강술래가 있으며, 보름달을 보며 소원을 비는 달맞이를 함

## 이야기 나누기 예시 답안

- (중국) 자오쯔: 중국 전통 만두이며, 이 음식을 먹으면 귀와 입이 열려 복이 몸속으로 들어온다고 믿어요.
- (베트남) 바인쯩: 찹쌀떡 안에 돼지고기와 녹두를 넣고 쪄서 만든 음식이며, 한 해의 안녕과 복을 기원해요.
- (미국) 호핑존: 검은콩, 쌀, 돼지고기에 채소를 끓여 만든 음식이며, 부와 행운의 의미가 담겨있어요.
- (스페인) 포도: 신년 종소리에 맞춰 포도 12알을 먹으며, 1년 12달을 무사히 보내기를 기원해요.

## 본문 용어 해설

**명절** 명절이란 '전통적으로 한 사회 내 대부분의 사람들이 해마다 일정하게 즐기고 기념하는 날'을 말함. 세계 여러 나라에는 다양한 명절이 있으며 각 나라의 명절을 살펴보면 공통점도 찾을 수 있음. 예를 들어, 새로운 해의 시작을 축하하는 명절이 대부분의 나라에 존재하며 또한 가을 시기에 온 가족이 함께 모여 추수한 곡식과 햇과일 등 수확에 감사하는 시간을 보내기도 함. 한국에서는 설날과 추석이 이에 해당하며 오랫동안 전해 내려오는 세시풍속이 지금까지 이어져 오고 있음

**차례** 일반적으로 명절에 지내는 제사를 말함. 한국에서는 전통적으로 조상에 대해 감사하는 마음을 중요시해서 설이나 추석에 주로 차례를 지냄

**산소** 죽은 사람들을 묻는 곳을 묘 또는 무덤이라고 하는데 이를 높여서 부르는 말이 산소임

# 명절 계획 세우기

※ 다가오는 명절에 무슨 일을 할지 미리 계획을 세워 봅시다.

1. [명절 일정 확인] 다가오는 명절의 날짜와 며칠 동안 연휴인지 확인해 봅시다.

2. [명절 기간에 해야 할 일] 이번 명절 기간 동안 자신이 해야 할 일은 어떤 것이 있는지 적어 봅시다.

3. [명절 기간에 하고 싶은 일] 이번 명절 기간 동안 자신이 정말 하고 싶은 일은 어떤 것인지 자세히 적고, 이야기 해 봅시다.

**도움 자료**

- **명절 증후군을 알고 있나요?**
  - 명절 증후군이란 명절이 되면 받는 정신적, 육체적 스트레스를 말함
- **명절 증후군 극복하기**
  - 가족 간 건강한 대화와 배려하기
  - 건강한 대화란 인정과 감사를 표현하는 것
  - 명절동안 가족이 겪었을 어려움과 수고를 인정하고, 감사하는 표현을 하면 상대의 정신적 스트레스 감소에 큰 도움이 됨

# 심화자료

## 1. 새해 첫 날, 세계 여러 언어 인사말

| 언어권 | 새해 인사 표현 | 의미 |
|---|---|---|
| 영어 | HAPPY NEW YEAR | 행복한 새해 되세요 |
| 중국어 | 新年快乐 | 즐겁고 유쾌한 새해 되세요 |
| 일본어 | 新年、明けましておめでとうございます | 새해가 밝아 진심으로 기쁘다 |
| 프랑스어 | Bonne année | 좋은 한 해 |
| 이탈리아어 | Felice anno nuovo | 새해 복 많이 받아 |

## 2. 명절을 지내는 이유

- 조상에게 차례를 지내고 덕을 기리기 위해서다. 설이나 추석 같은 대표적인 명절에는 조상에게 차례도 지내고 성묘도 한다.
- 가족의 화목과 건강을 기원하기 위해서이다. 명절이 되면 가족들이 모여 명절 음식을 해 먹으면서 즐거운 시간을 보낸다.
- 이웃과 정을 나누며 살기 위해서이다. 음식을 나누어 먹고 씨름이나 그네뛰기 등 민속놀이를 이웃들과 모여 즐기다 보면 돈독한 정이 쌓인다. 또 서로 덕담을 하며 행운을 빌어주기도 한다.
- 풍년을 기원하기 위해서이다. 농업이 나라의 중심이던 옛날에는 풍년을 기원하는 행사나 의식이 많았다. 달집태우기, 줄다리기 등 민속놀이에도 풍년을 기원하거나 축하하는 의미가 담겨 있다.
- 한 민족으로서 단결심을 기르고 나라의 평안을 빌기 위해서이다. 명절에 같은 음식을 먹고, 같은 민속놀이를 즐기다 보면 공동체 의식이 생긴다. 이것이 나라를 사랑하는 마음과 나라의 평안을 비는 마음으로 이어졌다.

## 3. 한국의 여러 명절

| | |
|---|---|
| 설날 | 음력 1월 1일 / 새해의 첫 날 |
| 정월 대보름 | 음력 1월 15일 / 새해의 첫 보름 |
| 한식 | 보통 양력 4월 5일 무렵 / 차가운 음식을 먹는 날 |
| 단오 | 음력 5월 5일 / 초여름 모내기를 끝내고 풍년을 기원함 |
| 추석 | 음력 8월 15일 / 가을 무렵 햇곡식과 햇과일이 풍성한 시기 |
| 동지 | 양력 12월 22일 무렵 / 밤이 가장 긴 날이며, 팥죽을 먹는데 한 해의 액을 쫓는 의미를 지님 |

## 4. 추석과 비슷한 세계의 명절

- 추석과 비슷한 명절은 세계 여러 나라에서 살펴볼 수 있다. 미국은 11월 네 번째 목요일을 '추수감사절(Thanksgiving Day)'로 지키고 있다. 온 가족이 함께 모여 칠면조 요리, 옥수수, 빵 등을 나눠 먹는다.
- 중국은 한국과 마찬가지로 음력 8월 15일을 '중추절'로 기념하고 있다. 예전에는 달에 제사를 지내는 문화가 있었으며, 보름달 모양의 동그란 과자인 '월병'을 서로 나눠 먹는다.
- 필리핀에서는 11월 1일, '만성절(All Saint's Day)'에 고향을 방문하거나 조상의 묘지를 찾아 꽃으로 장식을 하고 초를 켜놓고 성묘를 한다.


참고자료

양태석(2013),『명절은 어떤 날일까요?』, 김영사.

# 17 종교

교재 92-95쪽

이 차시의 목표는 한국의 다양한 종교의 특징을 이해하고, 타종교에 대해 존중하는 태도를 함양하는 것이다. 이를 위해 불교와 유교, 개신교와 천주교, 그 밖의 종교에 대해 알아보고, 한국의 종교 현황과 종교 간의 상호 배려와 존중에 대한 내용을 학습한다.

| 단계 | | 교수학습활동 | 교수 자료 | 시간 |
|---|---|---|---|---|
| 도입 | 생각해 보기 | ● **종교와 관련된 학습자의 경험 물어보기**<br>한국에서 절, 교회, 성당, 모스크 등 종교단체에 가본 경험이 있습니까? 자신의 고향 나라와 한국 종교생활의 공통점과 차이점은 무엇이 있는지 이야기해 봅시다. | (PPT #1-3) | 4분 |
| | 학습목표 | ● **학습목표 제시**<br>1. 한국의 다양한 종교의 특징을 설명할 수 있다.<br>2. 다양한 종교를 존중하는 태도를 함양할 수 있다.<br>● **이번 차시와 관련된 교재의 단원 확인하기** | (PPT #4) | 1분 |
| 전개 | 주제1 (강의) | ● **전통 신앙 설명하기**<br>옛날 사람들은 자연을 신성하게 여기거나 천지신명을 숭배하는 경우가 많았습니다. 이와 같은 전통 신앙은 지금도 일부 남아있습니다.<br>● **불교와 유교 설명하기**<br>불교는 자비를 강조하며 한국에는 불교와 관련된 문화유산이 많이 남아있습니다. 유교는 효도, 예의 등을 강조하며 지금도 한국인의 일상생활에 많은 영향을 끼치고 있습니다.<br>● **천주교와 개신교 설명하기**<br>기독교는 천주교와 개신교로 나뉘며 예수의 가르침을 따르고 사랑 실천을 강조하는 종교입니다. 천주교 미사는 성당에서, 개신교 예배는 교회에서 드립니다.<br>● **그 밖의 종교 설명하기**<br>국제 교류가 활발해 지면서 한국에서도 이슬람교, 힌두교 등 다양한 종교를 가진 사람도 조금씩 늘어나고 있습니다. 한국에서 만들어진 고유의 종교는 무엇이 있을까요? | (PPT #5-7) | 10분 |
| | 알아두면 좋아요 1 | ● **한국에서 만들어진 종교에 대해 알아보기**<br>천도교, 대종교, 원불교는 각각 누가 만들었으며, 어떤 내용을 강조하는 종교입니까? | (PPT #8) | 5분 |
| | 주제2 (강의) | ● **한국의 종교 현황과 기능 살펴보기**<br>한국은 종교를 가진 사람과 무교인 사람 중 어느 쪽이 더 많을까요? 한국사회에서 종교는 어떤 기능을 하고 있을까요?<br>● **종교 간의 상호 배려와 존중하는 모습 살펴보기**<br>매년 음력 4월 8일은 무슨 날일까요? 12월 25일은 무슨 날일까요? 한국에서 종교 간의 상호 배려와 존중은 어떻게 실천하고 있습니까? | (PPT #9-11) | 10분 |
| | 알아두면 좋아요 2 | ● **헌법으로 보장된 종교의 자유에 대해 알아보기**<br>한국의 헌법에는 종교의 자유에 대한 내용이 명시되어 있습니다. 헌법 11조에는 어떤 내용이 담겨 있습니까? 헌법 20조에는 어떤 내용이 담겨 있는지 함께 살펴봅시다. | (PPT #12) | 5분 |
| 정리 | 정리하기 | **주요 내용 정리** | (PPT #13-14) | 5분 |
| | 이야기 나누기 | ● **장승과 솟대에 대해 알아보기**<br>장승과 솟대는 어떤 의미를 갖고 있습니까? 이와 같이 자신의 고향 나라에서 마을을 지키는 형상들로는 무엇이 있는지 이야기해 봅시다.<br>● **다음 차시 예고** | (PPT #15) | 10분 |

## 학습 내용 정리

### 01 한국의 종교

**1** 전통 신앙

1) 옛날 사람들은 자연을 신성하게 여기거나 천지신명을 숭배하는 경우가 많았음

2) 전통 신앙은 오랜 기간 이어졌고 지금도 일부 남아 있음

**2** 불교와 유교

1) 불교는 자비를 강조하는 종교로 인도의 석가모니에 의해 창시되었으며 4세기 무렵 삼국시대에 들어옴

2) 유교는 삼국시대에 들어왔지만 조선시대에 생활 전반에 자리 잡게 되었으며, 효도, 예의 등을 강조하고 지금도 한국사회 곳곳에서 유교의 영향을 찾아볼 수 있음

**2** 천주교와 개신교

1) 기독교는 사랑의 실천을 강조하는 종교로 천주교와 개신교로 나뉨

2) 천주교는 17세기, 개신교는 19세기에 전파되었음

**3** 그 밖의 종교

1) 국제 교류가 활발해 지면서 이슬람교, 힌두교 등 다양한 종교를 가진 사람들이 조금씩 증가함

2) 한국에서 탄생한 종교: 천도교, 대종교, 원불교

### 02 종교 간의 상호 배려와 존중

**1** 한국의 종교 현황

1) 한국 국민들 중, '종교 있음' 43.9%, '무교' 56.1%라고 응답함(2015년 기준)

2) 한국에서 종교는 개인적 차원에서 안전감과 행복감을 주고 있으며, 사회적으로 공동체의 유지와 발전에 도움을 줌

**2** 종교 간의 상호 배려와 존중

1) 한국사회는 다양한 종교가 공존하고 있음

2) 종교는 개인이 선택한 다양한 삶의 방식 가운데 하나임을 인식하는 태도가 필요함

## 이야기 나누기 예시 답안

(○○국) "□"은 ○○국에 불교가 전파되기 전에 원주민들이 믿던 신앙이에요. 가정과 마을마다 □을 모시는 사당을 짓고 믿고 있어요.

## 본문 용어 해설

**종교** 종교란 '신이나 절대적인 힘을 통하여 인간의 고민을 해결하는 삶의 근본 문화 체계'를 말함. 종교는 오랜 역사와 다양한 모습을 가지고 있으며, 오늘날에도 개인 생활 및 사회의 각 영역과 제도에 영향을 끼치고 있음

**부처님 오신 날** 음력 4월 8일, 석가모니가 태어난 날을 기념하는 법정공휴일. 석가탄신일 또는 초파일이라고도 불림

**성탄절** 양력 12월 25일, 예수그리스도의 태어난 날을 기념하는 법정공휴일. 영어로 그리스도(Christ)의 미사(mass)를 의미하는 크리스마스라고도 불림

# 종교 생활 알아보기

※ 자신의 종교 또는 관심 있는 종교를 한 가지 선택하여 그 종교의 사회 활동에 대해 알아봅시다.

| | |
|---|---|
| 선택한 종교 | |
| 해당 종교에서 강조하는 생활 규범 | |
| 해당 종교가 사회적으로 기여한 사례 | |

도움 자료

● 개신교, 천주교, 불교의 사회적 기여 사례

| 개신교 | 천주교 | 불교 |
|---|---|---|
| [구세군] 구세군은 개신교의 한 교파로 연말이 되면 '구세군 자선냄비'를 통해 불우이웃을 돕는 모금 운동을 펼치고 있음. 자선냄비는 1891년 미국에서 시작되었으며 이후 전 세계로 확대됨 | [이태석 신부] 신부 겸 의사로 아프리카 남수단의 톤즈 마을에서 교육 및 의료 활동을 펼치며 원주민들을 위해 헌신하는 삶을 살아 많은 사람들에게 깊은 감동을 주었음 | [법정 스님] 무소유의 청빈한 삶을 실천한 한국의 대표적인 승려로서 순수 시민운동 단체를 이끌기도 했고, '무소유', '오두막편지' 등의 수필을 써서 많은 사람들에게 감동을 주었음 |

# 심화자료

## 1. 천주교(가톨릭) 박해

천주교가 전파되기 시작한 조선시대에는 유교사상과 신분 질서에 따라 나라를 다스리고 있었기 때문에 만민 평등사상을 강조하는 천주교를 심하게 탄압하였다. 특히 흥선대원군 때는 여러 가지 정치적 이유로 인해 급속하게 늘어난 천주교 신도들에 대한 대대적인 탄압이 이뤄졌는데 이를 병인박해라고 한다. 기록에 따라 차이는 있지만 천주교를 믿는 많은 사람들이 죽었으며, 프랑스와 외교적 분쟁이 생기고 결국 병인양요까지 일어나게 되었다.

## 2. 십계명

기독교의 성경에서 하나님이 이스라엘 백성에게 주었다는 열 가지 계명으로 오늘날까지도 기독교를 믿는 사람들의 기본적인 생활 규범으로 지켜지고 있다. 십계명의 주된 내용은 다음과 같다. ① 야훼 이외의 다른 신을 섬기지 말라 ② 우상을 섬기지 말라 ③ 하나님의 이름을 망령되게 부르지 말라 ④ 안식을 거룩히 지키라 ⑤ 너희 부모를 공경하라 ⑥ 살인하지 말라 ⑦ 간음하지 말라 ⑧ 도둑질하지 말라 ⑨ 이웃에게 불리한 거짓 증언을 하지 말라 ⑩ 네 이웃의 재물을 탐하지 말라

## 3. 석가모니

석가모니는 불교의 창시자로 원래 이름은 고타마 싯다르타라고 한다. 싯다르타는 인도에서 왕의 아들로 태어났다. 그는 풍요롭고 걱정 없이 살아갈 수 있었지만 어느 날 길에서 고통을 받고 있는 사람들을 보고서 큰 충격을 받았다. 결국 그는 궁전을 떠나 깨달음을 얻기 위해 수행에 나서게 된다. 오랜 시간의 수행 끝에 보리수나무 밑에서 결국 깨달음을 얻게 되고 그의 사상이 수많은 사람들에게 퍼져나가게 된다.

## 3. 세계 주요 국가의 종교 관련 헌법 조문

한국을 비롯한 세계 여러 나라의 헌법에는 다음과 같이 종교에 대한 자유 또는 종교에 의한 차별 금지에 대한 내용을 명시해 놓았다.

| 국가 | 조문 내용 |
|---|---|
| 한국 | [제20조] 모든 국민은 종교의 자유를 가진다. 국교는 인정되지 아니하며, 종교와 정치는 분리된다. |
| 미국 | [제1조] 연방 의회는 국교를 정하거나 또는 자유로운 신앙 행위를 금지하는 법률을 제정할 수 없다. (중략) |
| 러시아 | [제28조] 모든 국민에게는 양심의 자유와 종교의 자유가 보장된다. |
| 프랑스 | [제1조] 프랑스는 분리될 수 없고, 정치와 종교가 나누어져 있는, 민주 그리고 사회주의 공화국이다. 프랑스는 모든 시민들이 법 앞에서 출신, 인종 혹은 종교에 대한 구분 없이 평등함을 보장한다. |
| 남아프리카 공화국 | [제2장 제9조] 국가는 인종, 성별, 임신, 혼인여부, 민족적 또한 사회적 출신, 피부색, 성적 지향, 연령, 장애, 종교, 양심, 신념, 문화, 언어 및 출생을 포함한 하나 이상의 사유를 근거로 누군가로부터 직접 혹은 간접적으로 부당하게 차별해서는 안 된다. |

**참고자료**
문화체육관광부(2018),『공직자 종교차별 예방 업무편람』, 문화체육관광부.

# 18 대중문화

교재 96-99쪽

이 차시의 목표는 한국의 대중문화 종류와 특징을 이해하고, 세계인들이 좋아하는 한국 대중문화를 설명하는 것이다. 이를 위해 대중문화의 의미, 한국의 대표적인 대중문화 및 한류 현상, 세계인들이 좋아하는 한국 대중문화에 대한 내용을 학습한다.

| 단계 | | 교수학습활동 | 교수 자료 | 시간 |
|---|---|---|---|---|
| 도입 | 생각해 보기 | ● **대중문화와 관련된 학습자의 경험 물어보기**<br>자신이 좋아하는 한국의 대중문화에는 무엇이 있습니까? 자신의 고향 나라에서 인기 있는 대중문화에 대해 이야기해 봅시다. | (PPT #1-3) | 4분 |
| | 학습목표 | ● **학습목표 제시**<br>1. 한국의 대중문화 종류와 특징을 설명할 수있다.<br>2. 세계인들이 좋아하는 한국 대중문화를 설명할 수 있다.<br>● **이번 차시와 관련된 교재의 단원 확인하기** | (PPT #4) | 1분 |
| 전개 | 주제1 (강의) | ● **대중문화 의미와 대중매체와의 관계 설명하기**<br>많은 사람이 즐기고 누리는 문화를 대중문화라고 합니다. 대중문화에는 무엇이 있을까요? 대중문화는 어떻게 공유되고 전파될까요? 대중매체는 무엇이 있을까요? 대중매체의 발달로 대중문화를 쉽게 접합니다.<br>● **한국의 대중문화 설명하기**<br>한국인들은 드라마를 좋아합니다. 왜 한국에서는 드라마가 인기가 있을까요? 또한 한국인들은 음악과 노래를 좋아하며 가요를 즐겨 듣습니다. 가요에는 어떤 장르가 있을까요? 또한 영화관을 방문하여 영화를 관람하는 사람들도 많습니다. 그 밖에 한국에서는 어떤 스포츠가 인기가 있을까요? | (PPT #5-7) | 10분 |
| | 알아두면 좋아요 1 | ● **한국의 '방' 문화에 대해 알아보기**<br>노래방, PC방 등 한국의 길거리에서 어떤 '방'을 보았습니까? 노래방, PC방, 찜질방, 만화방을 비롯해 최근에는 스크린 골프장 등이 늘어나고 있습니다. 방 문화는 한국의 독특한 문화로 자리 잡고 있습니다. | (PPT #8) | 5분 |
| | 주제2 (강의) | ● **한류에 대해 설명하기**<br>'한국'하면 여러분의 머릿속에는 무엇이 떠오르나요? 한류에 대해 들어본 적이 있나요? 자신의 고향 나라 사람들은 한국 대중문화에 대해 관심을 많이 갖고 있나요?<br>● **세계인들이 좋아하는 한국 대중문화 소개하기**<br>'K-POP'이 세계에서 인기 있는 이유는 무엇일까요? 외국인들은 어떤 한식을 좋아하나요? 한국 스타들의 화장법이나 패션을 좋아하는 사람들도 늘어나고 있습니다. 그 밖에 태권도를 중심으로 한 한국의 스포츠도 꾸준한 인기를 얻고 있습니다. 한국 영화 역시 세계적으로 인기가 높으며, 드라마, 예능프로그램 형식이 해외로 수출되기도 합니다. | (PPT #9-11) | 10분 |
| | 알아두면 좋아요 2 | ● **제92회 아카데미영화제에서 4관왕을 수상한 '기생충' 소개하기**<br>한국 영화 '기생충'이 제72회 칸영화제 황금종려상에 이어 제92회 아카데미영화제에서 작품상 등 4관왕을 수상하였습니다. 영화 '기생충'의 어떤 점이 세계인들의 이목을 끌게 되었을까요? | (PPT #12) | 5분 |
| 정리 | 정리하기 | **주요 내용 정리** | (PPT #13-14) | 5분 |
| | 이야기 나누기 | ● **한국인에게 사랑 받은 한국영화에 대해 알아보기**<br>영화 '7번 방의 선물', '신과 함께-죄와 벌', '국제시장'을 알고 있나요? 이 영화들이 한국인에게 사랑 받은 이유는 무엇일까요? 자신의 고향 나라에서 인기 있었던 영화에 대해 이야기해 봅시다.<br>● **다음 차시 예고** | (PPT #15) | 10분 |

## 학습 내용 정리

### 01 한국의 대중문화

**1** 대중문화의 의미와 대중매체와의 관계

1) 대중문화란 많은 사람이 즐기고, 누리는 문화를 말함

2) 최근에는 대중매체의 발달로 자신이 좋아하는 대중문화를 쉽게 접할 수 있음

**2** 한국의 대중문화

1) 드라마: 드라마의 줄거리 뿐 아니라 배우들의 대사나 스타일에도 관심을 많이 가짐

2) 음악과 노래: 가요를 즐겨 들으며, 특정한 시기에 인기를 끄는 '유행가'도 자주 등장함

3) 영화: 한국인의 연간 영화관 관객수는 전 세계 5위에 해당함(2018년 기준)

4) 프로 스포츠: 야구, 축구, 농구, 배구가 인기가 높음

### 02 세계인들이 좋아하는 한국의 대중문화

**1** 한류의 시작

1) 2000년 전후 한국의 영화와 드라마가 다른 나라로 수출되면서 한국의 대중문화에 대한 관심이 높아짐

2) 한국에서 제작된 드라마, 영화, 방송, 음악, 패션 등이 해외에서 인기리에 소비되는 문화적 현상

**2** 세계인들이 좋아하는 한국 대중문화

1) K-POP, 한식, 화장법이나 패션, 태권도를 중심으로 한 스포츠, 영화, 드라마, 예능 프로그램

## 이야기 나누기 예시 답안

(OO국) '청설' : 수화로 이야기 하는 '양양'과 그녀에게 첫눈에 반한 '티엔커'와의 사랑 이야기 영화이에요.
2009년에 개봉하였으며, 잔잔하면서도 아름다운 줄거리가 인상적이에요.

## 본문 용어 해설

**대중** 대량 생산, 대량 소비를 특징으로 하는 현대 사회를 구성하는 대다수의 사람

**유행** 한 사회 내에서 일정한 기간 동안 유사한 문화양식과 행동양식이 사람들에게 공유되는 사회현상. 의상과 스타일, 디자인, 특정한 라이프스타일, 스포츠, 테크놀로지, 브랜드 등 다양한 문화양식이 유행의 대상이 될 수 있음

**R&B** Rhythm and Blues, 1940년대 미국 흑인이 즐기던 대중음악 양식으로, 강한 리듬에 부드럽고 애잔한 멜로디를 특징으로 함

**트로트** 4분의 4박자 리듬에 일본 엔카 음계를 곁들인 한국의 대중가요 장르

**아이돌(idol) 스타** 우상처럼 떠받들어지며 큰 인기를 얻고 있는 연예인

# 나의 마음속 최고의 한국 영화

※ 내가 기억하는 마음속 최고의 한국 영화를 소개해 봅시다.

| | | | |
|---|---|---|---|
| 영화 제목 | | | |
| 감독 | | 주요 배우 | |
| 줄거리 | | | |
| 기억에 남는 장면 | | | |
| 인상적인 대사 | | | |
| 이 영화를 소개하는 이유 | | | |
| 나의 평점<br>(★5점 만점) | ☆ ☆ ☆ ☆ ☆ | | |

**도움 자료**

● 역대 한국 영화 순위(2024. 3. 기준)

[1위] 명량(2014)

[2위] 극한직업(2019)

[3위] 신과 함께
-죄와 벌(2017)

[4위] 국제시장(2014)

[5위] 베테랑(2015)

[6위] 서울의 봄
(2023)

[7위] 괴물(2006)

[8위] 도둑들(2012)

[9위] 7번방의 선물
(2013)

[10위] 암살(2015)

[출처] 영화관입장권통합전산망 누리집

# 심화자료

## 1. 대중 매체란 무엇일까

- 현대 사회는 대중을 기반으로 형성된 사회라는 점에서 대중 사회라고 불리기도 한다. 이러한 대중 사회의 발달과 밀접한 관계를 맺고 있는 것이 바로 대중 매체이다. 대중 매체란 많은 사람에게 대량의 정보를 전달하는 수단을 가리킨다. 변화가 빠르고 복잡한 대중 사회에서는 사람들이 필요로 하는 정보를 신속하게 전달하고 활용하는 것이 매우 중요하다. 이에 따라 현대 사회에서 대중 매체의 중요성은 점점 커지고 있다.
- 대중 매체는 크게 책, 신문, 잡지 등과 같은 인쇄 매체와 라디오, 텔레비전, 인터넷 등과 같은 전자 매체로 구분할 수 있다. 인쇄 매체는 활자와 그림, 사진 등으로 구성되어 있어 기록, 보관, 반복적 활용 등이 쉽다. 전자 매체는 더 나아가 음성, 영상 등도 활용함으로써 기록이나 저장을 쉽게 하는 것은 물론 현장감과 생동감도 높여준다.

## 2. 대중문화의 특징

- 대중 사회라 불리는 현대 사회에서는 대중문화가 발달한다. 대중문화는 대중 사회에서 다수의 사람, 즉 대중이 공통으로 누리는 문화를 가리킨다. 교육 기획의 확대, 생활 수준의 향상, 대중 매체의 발달 등은 대중문화의 형성과 확산에 영향을 주었다.
- 대중문화는 일부 특권층이 아닌 다수의 취향에 맞추어 형성되는 특징을 지닌다. 이러한 점 때문에 대중은 비교적 적은 비용으로 대중문화를 부담 없이 즐길 수 있다. 과거에는 일부 귀족만이 접할 수 있었던 고전 음악을 이제는 누구나 쉽게 들을 수 있게 된 것도 대중문화의 이러한 특징 때문이다.
- 대중문화는 다수가 누리는 문화이기 때문에 대량으로 생산되고 대량으로 소비되는 특징을 보인다. 이러한 이유로, 대중문화는 하나의 상품으로서 이윤을 만들어 내는 수단이 되기도 한다. 외국인들 사이에서 큰 인기를 얻으면서 주요 수출 상품으로 자리 잡은 한국 드라마나 가요 등이 그 예이다.
- 대중문화는 대중 매체로부터 많은 영향을 받기 때문에 확산 속도가 빠르고 공유되는 범위가 넓다는 특징을 띤다. 이러한 점 때문에 대중문화는 획일적인 측면도 나타난다. 최근에는 쌍방향 소통이 가능한 인터넷, 휴대 전화 등 새로운 대중 매체의 발달로 대중문화가 더욱더 다양해지고 있다.

## 3. 케이팝(K-POP)은 어떻게 인기를 끌게 되었을까?

- 케이팝은 대체로 2000년대 이후 한국의 대중음악 중 댄스 음악, 힙합 등을 가리키는 말이다. 특히 세계적으로 인기를 끄는 아이돌 그룹의 케이팝은 서구의 다양한 음악 장르와 아시아적 감수성에 한국적 특색이 딤겨 있는 흥미로운 가사, 멋진 춤 등을 결합한 것이다.
- 케이팝은 오랫동안 준비된 것 뿐 아니라 아시아 문화 요소와 서구 문화 요소가 두루 들어 있어 경쟁력이 높다. 또한, 유튜브 등 인터넷을 통해 전세계에서 쉽게 접할 수 있도록 홍보가 되고 있다. 이것이 바로 케이팝이 아시아뿐 아니라 서구, 남미 등에서도 인기를 끄는 비결이다.

참고자료
류재명 외(2013),『중학교 사회 ①』, 천재교육.

# 19 여가문화

교재 100-103쪽

이 차시의 목표는 한국의 여가문화 종류와 특징을 이해하고, 여가활동에 능동적으로 참여하는 것이다. 이를 위해 여가의 의미, 한국의 여가문화 및 여가활동에 참여하는 방법, 변화하는 여가문화에 대한 내용을 학습한다.

| 단계 | | 교수학습활동 | 교수 자료 | 시간 |
|---|---|---|---|---|
| 도입 | 생각해 보기 | ● **여가와 관련된 학습자의 경험 물어보기**<br>직장 업무나 학업에서 벗어나 자유로운 시간에 무엇을 합니까? 자신의 고향 나라에서는 여가활동으로 무엇을 했는지에 대해 이야기해 봅시다. | (PPT #1-3) | 4분 |
| | 학습목표 | ● **학습목표 제시**<br>1. 한국의 여가문화 종류와 특징을 설명할 수 있다.<br>2. 여가활동에 능동적으로 참여할 수 있다.<br>● **이번 차시와 관련된 교재의 단원 확인하기** | (PPT #4) | 1분 |
| 전개 | 주제1 (강의) | ● **여가의 의미 설명하기**<br>여가란 무엇일까요? 한국에서는 왜 여가의 중요성이 지속적으로 커지고 있을까요? 한국 정부는 국민들이 여가가 있는 삶을 살아갈 수 있도록 어떤 법을 제정하였나요?<br>● **한국의 여가문화 설명하기**<br>한국인의 대표적인 여가활동은 무엇인가요? 휴식을 위한 여가활동으로는 무엇이 있을까요? 사교활동으로는 무엇이 있을까요? 취미나 오락 활동으로는 무엇이 있을까요? 문화예술 관람 활동으로는 무엇이 있을까요? 코로나19 이후에는 어떤 여가문화가 나타났을까요? | (PPT #5-7) | 10분 |
| | 알아두면 좋아요 1 | ● **'대한민국 구석구석' 누리집 소개하기**<br>한국을 여행할 때 정보는 주로 어디에서 얻나요? '대한민국 구석구석' 누리집에서는 각 지역별 여행 정보와 전국의 축제 정보, 주제에 따른 관광 코스에 대해서도 자세히 안내되어 있습니다. | (PPT #8) | 5분 |
| | 주제2 (강의) | ● **여가활동 참여 방법에 대해 설명하기**<br>영화, 스포츠, 공연 등을 관람하고자 할 때 티켓은 어떻게 구입하나요? 행정복지센터나 평생학습관에서 진행하는 여가활동에는 무엇이 있으며 어떻게 참여할 수 있나요? 동호회에는 어떻게 참여할 수 있나요?<br>● **변화하는 여가문화에 대해 소개하기**<br>여가문화가 변화하는 요인에는 무엇이 있나요? 최근 변화하는 여가문화의 구체적인 사례로는 무엇이 있나요? | (PPT #9-11) | 10분 |
| | 알아두면 좋아요 2 | ● **'문화가 있는 날' 소개하기**<br>'문화가 있는 날'은 2014년 1월 29일 처음 시행되었습니다. 매달 마지막 수요일에 시행되며, '문화가 있는 날'에는 영화관, 공연장, 박물관 등을 할인 또는 무료 혜택으로 즐길 수 있습니다. | (PPT #12) | 5분 |
| 정리 | 정리하기 | **주요 내용 정리** | (PPT #13-14) | 5분 |
| | 이야기 나누기 | ● **여가활동의 목적에 대해 알아보기**<br>한국인들이 여가활동을 즐기는 목적에는 무엇이 있나요? 자신이 즐겨하는 여가활동과 그 목적에 대해 이야기해 봅시다.<br>● **다음 차시 예고** | (PPT #15) | 10분 |

## 학습 내용 정리

### 01 한국의 여가문화

**1** 여가가 있는 삶

1) 일과 생활이 균형 잡힌 삶을 살아가기 위해서는 여가가 필요함

2) 한국에서도 여가에 대한 관심과 중요성이 높아지고 있으며, 국민여가활성화기본법이 제정됨

**2** 한국인이 즐겨하는 여가문화

1) TV시청, 낮잠, 사우나 등을 통한 휴식

2) 친구와의 만남, 동호회 가입, 취미·오락 활동, 영화나 스포츠 같은 문화예술 관람

### 02 여가활동 참여

**1** 여가활동 참여 방법

1) 문화예술 관람: 공연장 직접 방문 또는 인터넷이나 스마트폰 어플에서 예매

2) 기관에서 운영하는 여가 프로그램 신청, 자신이 관심 있는 동호회에 가입하여 활동

**2** 변화하는 여가문화

1) 건강 관리에 대한 관심은 지속적으로 높아지면서 이와 관련된 여가활동은 지속적으로 늘어남

2) 스마트 기기를 활용한 웹서핑, 모바일메신저, 웹툰 읽기 등의 여가활동을 즐기는 사람들도 증가함

## 이야기 나누기 예시 답안

- 주말이나 휴가 기간을 이용하여 가족들과 함께 캠핑을 자주 가요. 캠핑을 통해 마음이 안정이 되기도 하고 가족과 행복한 시간을 보내요.
- 매주 1회 독서 모임에 참여하고 있어요. 다른 사람들과 함께 책을 읽고, 느낀 점을 이야기 나누다 보면 새로운 것을 알게 되고, 이를 통해 만족감과 즐거움을 느껴요.

## 본문 용어 해설

**주52시간 근무제** 주당 법정 근로시간을 기존 68시간에서 52시간(법정근로 40시간+연장근로 12시간)으로 단축한 근로제도. 2018년 2월 28일 주당 법정 근로시간을 52시간(법정근로 40시간+연장근로 12시간)으로 단축하는 내용의 '근로기준법 개정안'이 국회에서 통과됨에 따라, 그해 7월 1일부터 우선 종업원 300인 이상의 사업장을 대상으로 시행됨

**1인 미디어** 블로그나 SNS 등을 기반으로 하여 개인이 다양한 콘텐츠를 생산하고 공유하는 커뮤니케이션 플랫폼. 기존의 미디어에 비해 쌍방향 소통과 즉각적인 상호작용이 가능하므로 파급력이 큼. 1인 미디어 운영자는 아프리카TV, 판도라TV, 유튜브 등을 통해 미용, 취미, 게임 등 소소한 일상의 활동을 콘텐츠로 제공하며, 자신만의 트렌드를 만들어 수익으로 연결시킴

**워라벨** '일과 삶의 균형'을 뜻하는 '워크 앤 라이프 밸런스(Work and Life Balance)'의 줄임말. 장시간 노동을 줄이고 일과 개인적 삶의 균형을 맞추는 문화의 필요성이 대두하면서 등장한 신조어임. 영미권에서는 1970년대부터 등장한 개념이지만 한국에서는 2018년부터 새롭게 주목받기 시작함

# 여가활동 홍보하기

※ 자신이 좋아하는 여가활동을 다른 사람들에게 소개해 봅시다.

• 자신이 좋아하는 여가활동과 관련하여 다음을 적어 봅시다.

| | |
|---|---|
| 어떤 여가활동을 즐기십니까? | |
| 주로 언제 여가활동을 하십니까? | |
| 이 여가활동을 하는 목적은 무엇입니까? | |

• 자신이 좋아하는 여가활동을 할 때의 모습을 그려 보세요.

도움 자료

● 여가활동 관련 통계

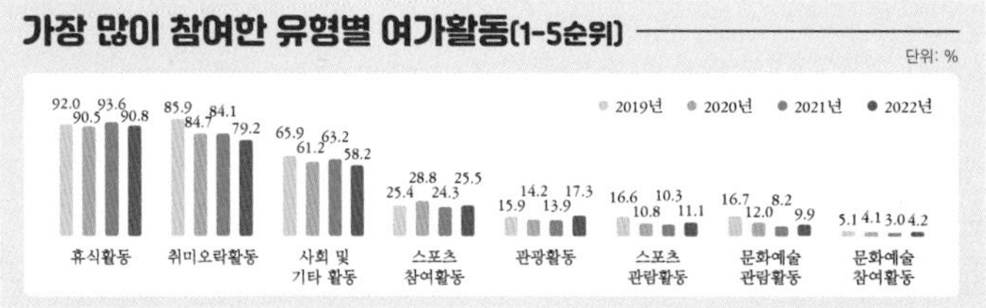


[출처] 문화체육관광부(2022). 2022 국민여가활동조사. 세종: 문화체육관광부.

# 심화자료

## 1. 다운시프트족을 아십니까?

일을 위해서라면 당연히 개인의 삶을 희생하는 '노동 중심적인 삶'을 미덕으로 여긴 시절이 있었다. 그러나 최근에는 일과 여가의 균형을 맞추고 삶의 질을 더욱 중요하게 여기는 사람들이 늘어나고 있다. 이런 사람들을 '다운시프트(downshift)족'이라고 한다. 다운시프트는 원래 자동차의 기어를 저속으로 바꾼다는 의미로, 다운시프트족들은 자동차의 속도를 늦추는 것처럼 느긋하게 살고 싶어 한다. 이들은 높은 소득보다 자신의 여가 시간이나 자신이 좋아하는 일을 더 가치 있게 여긴다. 실제로 이 같은 삶을 추구하여 귀농 또는 귀촌을 하는 젊은이들이 급증하는 추세이다.

## 2. 여가활동 유형

**A. 문화예술관람활동**

1. 전시회관람(미술, 사진, 건축, 디자인 등)
2. 박물관 관람
3. 음악연주회 관람(클래식, 오페라 등)
4. 전통예술공연 관람(국악, 민속놀이 등)
5. 연극공연 관람(뮤지컬 포함)
6. 무용공연 관람
7. 영화관람
8. 연예공연 관람(쇼, 콘서트, 미술 쇼 등)

**B. 문화예술참여활동**

9. 문학행사참여
10. 글짓기/독서토론
11. 미술활동(그림, 서예, 조각, 디자인, 도예, 만화 등)
12. 악기연주/노래교실
13. 전통예술 배우기(사물놀이, 줄타기 등)
14. 사진촬영(디지털카메라 포함)
15. 춤/무용(발레, 한국무용, 현대무용, 방송댄스, 스트릿댄스, 비보잉 등)

**C. 스포츠관람활동**

16. 스포츠 경기 직접관람-경기장 방문 관람(축구, 야구, 농구, 배구 등)
17. 스포츠 경기 간접관람-TV, DMB를 통한 관람(축구, 야구, 농구, 배구 등)
18. 격투 스포츠 경기관람(태권도, 유도, 합기도, 검도, 격투 등)
19. 온라인게임 경기 현장 관람(e-스포츠 경기 포함)

**D. 스포츠참여활동**

20. 농구, 배구, 야구, 축구, 족구
21. 테니스, 스쿼시
22. 당구, 포켓볼
23. 볼링, 탁구
24. 골프
25. 수영
26. 윈드서핑, 수상스키, 스킨스쿠버다이빙, 래프팅, 요트
27. 스노보드, 스키 등
28. 아이스스케이트, 아이스하키 등
29. 헬스(보디빌딩)/에어로빅
30. 요가/필라테스/테보
31. 배드민턴/줄넘기/맨손·스트레칭/체조/훌라후프
32. 육상/조깅/속보
33. 격투 스포츠(태권도, 유도, 합기도, 검도, 권투 등)
34. 댄스스포츠(탱고, 왈츠, 자이브, 맘보, 폴카, 차차차 등)
35. 사이클링/산악자전거
36. 인라인스케이트
37. 승마, 암벽등반, 철인삼종경기, 서바이벌

**E. 관광활동**

38. 문화유적방문(고궁, 절, 유적지 등)
39. 자연명승 및 풍경 관람
40. 삼림욕
41. 국내캠핑
42. 해외여행
43. 소풍/야유회
44. 온천/해수욕
45. 유람선 타기
46. 테마파크 가기/놀이공원/동물원/식물원 가기
47. 지역축제 참가
48. 자동차 드라이브

**F. 취미오락활동**

49. 수집활동(스크랩 포함)
50. 생활공예(십자수, 비즈공예, D.I.Y, 꽃꽂이 등)
51. 요리하기/다도
52. 반려동물 돌보기
53. 노래방 가기
54. 인테리어(집, 자동차 등)
55. 등산
56. 낚시
57. 홈페이지/블로그 관리
58. 인터넷 검색/채팅/1인미디어 제작/SNS
59. 게임(온라인/모바일/콘솔게임 등)
60. 보드게임/퍼즐/큐브 맞추기
61. 바둑/장기/체스
62. 겜블(경마, 경륜, 카지노, 카드놀이, 고스톱, 마작 등)/복권구입
63. 쇼핑/외식
64. 음주
65. 독서/만화책(웹툰) 보기
66. 미용(피부관리, 헤어관리, 네일아트, 마사지, 성형 등)
67. 어학·기술·자격증 취득 공부·학원 등 이용
68. 이색/테마카페 체험(방탈출, VR, 낚시카페 등)
69. 원예(화분, 화단가꾸기 등)

**G. 휴식활동**

70. 산책 및 걷기
71. 목욕/사우나/찜질방
72. 낮잠
73. TV시청(DMB, IPTV 포함)
74. 라디오/팟캐스트 청취
76. 음악 감상
77. 신문/잡지 보기
78. 아무 것도 안 하기

**H. 사회 및 기타 활동**

79. 사회봉사활동
80. 종교활동
81. 클럽/나이트/디스코/캬바레 가기
82. 가족 및 친지 방문
83. 잡담/통화하기/문자보내기(모바일메신저 메시지 사용 포함)
84. 계모임/동창회/사교(파티)모임
85. 이성교제(데이트)/미팅/소개팅
86. 친구만남/동호회 모임
87. 위에서 분류되지 않은 기타 여가활동

[출처] 문화체육관광부, 국민여가활동조사, 2018.

## 3. '국민여가활성화기본법'이란?

문화체육관광부는 여가를 통한 '일과 삶의 혁신적 균형'을 실현하기 위해 2018년 '제1차 국민여가활성화 기본계획'을 확정하였으며 주요 내용은 다음과 같다.

- **[추진전략 1] 여가 참여 기반 구축**
  - 여가 인식 교육 강화 및 '일과 여가의 균형' 캠페인, 여가친화기업인증제를 법정인증제로 전환
  - 초과근무 저축연가제와 휴식성과제 도입, 대체공휴일 확대, 장기휴가 활성화
  - 문화예술, 체육 등 지역의 생활밀착형 여가 공간 확대
- **[추진전략 2] 여가 접근성 개선**
  - 수요창출형 여가프로그램 개발 지원, 순수예술의 대중화와 예술 체험 확대
  - 장애인, 임산부, 육아계층 등 여가취약계층과 소외계층의 여가 참여 확대를 위한 맞춤형 서비스 제공
  - 어린이, 청소년, 여성, 직장인 등 모두가 여가를 향유할 수 있도록 여가 환경 조성
- **[추진전략 3] 여가생태계 다양성**
  - 여가서비스 전문 인력 체계적 관리
  - 여가산업 다양성 확대, 체험형 여가산업 플랫폼 구축


**참고자료**

구정화(2014),『청소년을 위한 사회문화 에세이』, 해냄.

문화체육관광부(2018),『2018 국민여가활동조사』, 문화체육관광부.

문화체육관광부 www.mcst.go.kr

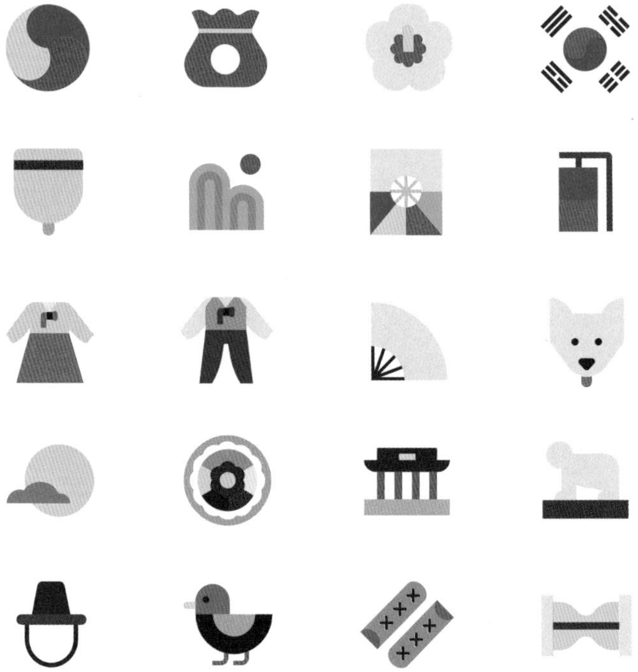

# 제 4 편

# 정치

# 20 한국의 민주 정치

교재 110-113쪽

이 차시의 목표는 정치와 민주주의의 의미를 알아보고 국가의 권력분립의 필요성을 배움으로써 한국의 민주 정치를 이해하는 것이다. 이를 위해 민주주의와 주권, 권력분립에 대해 학습한다.

| 단계 | | 교수학습활동 | 교수 자료 | 시간 |
|---|---|---|---|---|
| 도입 | 생각해 보기 | ● **교실에서 스마트폰 사용 규칙 결정 방법에 대해 물어보기**<br>교실에서 스마트폰 사용 규칙을 누가 정하면 좋을까요?<br>일상생활에서 함께하는 사람들과 갈등이 생겼을 때, 여러분은 민주적으로 해결하기 위해서 어떻게 하나요? | (PPT #1-3) | 4분 |
| | 학습목표 | ● **학습목표 제시**<br>1. 민주주의와 주권의 의미를 설명할 수 있다.<br>2. 권력분립의 필요성과 방식을 설명할 수 있다.<br>● **이번 차시와 관련된 교재의 단원 확인하기** | (PPT #4) | 1분 |
| 전개 | 주제1 (강의) | ● **정치의 의미 설명하기**<br>정치란 사람들 사이의 서로 다른 이해관계를 조정하는 것을 말합니다. 여러분이 생각하는 정치는 어떤 것인가요?<br>● **민주주의 의미 설명하기**<br>민주주의는 무엇인가요? 중요한 결정을 할 때, 과거와 오늘날은 어떻게 달라졌나요?<br>● **국민주권 설명하기**<br>대한민국 헌법 제1조의 내용을 살펴보고 국민주권과 민주주의에 대해 알아봅시다. | (PPT #5-7) | 10분 |
| | 알아두면 좋아요 1 | ● **민주주의 발전에 영향을 준 사건 알아보기**<br>- 4·19 혁명<br>- 5·18 민주화 운동<br>- 6월 민주항쟁 | (PPT #8) | 5분 |
| | 주제2 (강의) | ● **권력분립의 의미와 필요성 설명하기**<br>한 기관만이 권력을 갖고 있다면 잘못된 결정을 할 수 있을 뿐만 아니라 권한을 마음대로 사용할 수도 있습니다. 그러면 국민의 자유와 권리는 보장되기 어렵겠지요. 그래서 국가 권력을 여러 기관이 나누어 갖는다는 원칙을 세웠는데, 이를 '권력분립의 원칙'이라고 합니다.<br>● **국가 기관의 권력분립을 통한 견제와 균형 관계 설명하기**<br>한국은 민주주의 실현을 위해 국가 권력을 입법부(국회), 행정부(정부), 사법부(법원)로 나누어 가져서 '삼권분립' 형태를 띠고 있습니다. '권력분립 관계' 그림을 보며 국가 권력의 역할을 알아봅시다. | (PPT #9-11) | 10분 |
| | 알아두면 좋아요 2 | ● **독재정치에 대해 설명하기**<br>독재는 모든 권력을 차지하여 모든 일을 처리하는 것을 말합니다. 과거 한국에서도 독재정치가 이루어진 시기가 있었어요. 독재자들은 어떤 점에서 비판을 받을까요? | (PPT #12) | 5분 |
| 정리 | 정리하기 | **주요 내용 정리** | (PPT #13-14) | 5분 |
| | 이야기 나누기 | ● **<일상생활과 민주주의>에 대해 생각 정리해보기**<br>● **다음 차시 예고** | (PPT #15) | 10분 |

## 학습 내용 정리

### 01 정치와 민주주의 의미

**1** 넓은 의미의 정치: 일상생활에서 발생하는 구성원 간의 의견 대립과 갈등을 조정하고 해결하는 활동이나, 한정된 가치를 권위적으로 분배하는 과정

**2** 좁은 의미의 정치: 정치인들이 국가와 관련된 법률이나 정책을 결정하거나, 정치권력을 획득하고 유지하며 행사하는 활동

**3** 정치의 기능

1) 사회 통합 및 사회 질서 유지

2) 사회 발전 방향 제시: 갈등과 대립을 해결하는 과정에서 사회 문제를 알리고, 공동의 의사 결정을 통해 해결책을 찾음으로써 사회의 발전 방향을 제시

3) 시민의 행복 증진: 사회 구성원들의 권리 보장 수준이 향상되면서 개개인에게 행복을 증진.

**4** 민주주의의 의미

1) 어원: 민주주의 어원은 고대 그리스어 demos와 kratos의 합성어로 demos는 민중, 국민이라는 뜻이고, kratos는 권력, 지배를 뜻함. 이것은 곧 국민에 의한 지배를 의미함

2) 의미: 국민이 권력을 가지고 스스로를 다스린다는 것을 의미하며, 인간의 존엄성, 자유, 평등과 같은 가치를 추구함

### 02 주권의 의미

국가의 의사를 최종적으로 결정하는 최고의 권력, 국민·영토와 함께 국가를 구성하는 3요소의 하나로, 국가의사를 최종적으로 결정하는 최고성, 독립성, 절대의 권력을 가리킴

### 03 권력분립의 원칙과 필요성

**1** 권력분립의 원칙: 국가 권력이 특정 개인이나 집단에게 집중되지 않도록 여러 기관에 나누어 놓아야 한다는 원칙

**2** 권력분립의 필요성: 국가 권력을 특정 개인이나 집단의 자의적 행사로부터 인한 피해를 방지하고 국민의 자유와 권리를 보장하기 위함

### 04 국가 기관의 권력분립 관계

**1** 입법부(국회): 법률 제정, 국정 감사권, 정부관료 탄핵 소추권

**2** 행정부(정부): 법률(정책) 집행, 법률안 거부권, 대법관 임명권/사면권

**3** 사법부(법원): 법을 적용(해석), 명령·규칙 심사권, 위헌법률심사제청권

## 이야기 나누기 예시 답안

- 학급에서 소풍 장소에 대한 투표로 장소를 정할 수 있어요.
- 친구와 서로 다른 의견으로 충돌할 때 충분히 대화하고 타협할 수도 있어요.

## 본문 용어 해설

**헌법** 국가통치체제와 통치기본원리 및 국민의 기본권을 보장하는 근본 규범

**대통령 직선제** 국민 전체가 투표하여 대통령을 선출하는 제도. 한국에서는 제2대, 제3대, 제5대, 제6대, 제7대 대통령을 이렇게 선출하였고, 1987년 채택된 제9차 개정 헌법에 따라 제13대 대선 때부터는 계속해서 이 제도를 실시하고 있다.

**권력분립** 국가의 권력을 나누어 각각 다른 국가기관에 분담해 서로 견제하게 함으로써 권력 균형을 맞추는 원리. 이는 국민의 자유와 권리를 보장하려는 자유주의적 목적을 띤다. 오늘날에는 국가권력을 셋으로 나누는 것이 원칙으로 입법부, 행정부, 사법부가 각각 법의 제정, 집행, 해석을 담당한다.

# 한국 민주정치의 발전 과정

※ 대한민국 민주주의에 영향을 끼친 사건들을 자신의 고향 나라 친구에게 소개해 봅시다.

| 사건 | 일어난 이유 | 끼친 영향 |
|---|---|---|
| 4·19 혁명 | | |
| 5·18 민주화 운동 | | |
| 6월 민주항쟁 | | |

도움 자료

**● 4·19 혁명**

1960년 3월 15일에 치러진 선거의 잘못을 바로잡기 위해 시위를 하던 많은 시민과 학생들이 경찰의 폭력적인 진압으로 죽거나 다치는 일이 일어났다. 특히 이 시위에 참여했다가 실종된 고등학생 김주열이 죽은 채로 발견되자 시민들과 학생의 시위는 더욱 확산되었다. 시위가 더욱 거세지자 이승만은 국민들의 요구를 더 이상 무시할 수 없었고 대통령 자리에서 물러났다.

**● 5·18 민주화 운동**

1979년 12월 12일 군사반란을 일으켜 군부를 장악한 전두환 세력을 반대하는 움직임이 계속 되었다. 1980년 5월 광주에서 대규모 민주화 시위가 일어나자 전두환은 시위를 진압할 계엄군을 광주로 보냈고 시민과 학생들을 향해 총을 쏘며 폭력적으로 시위를 진압했다. 이 과정에서 많은 사람이 다치거나 죽었고, 분노한 시민들은 시민군을 만들어 군인들에게 대항했다. 이 운동은 부당한 정권에 맞서 민주주의를 지키려는 시민들과 학생들의 의지를 보여주었고 우리나라의 민주주의 발전에 밑거름이 되었을 뿐만 아니라 세계 여러 나라의 민주화 운동에 영향을 주었다.

**● 6월 민주항쟁**

전두환은 5·18 민주화 운동을 강제로 진압한 후 간선제로 대통령이 되었다. 정부는 국민의 알 권리를 막았으며, 민주주의를 요구하는 사람들을 탄압했다. 1987년 민주화 운동에 참여했던 대학생 박종철이 강제로 경찰에 끌려가 고문을 받다가 사망하는 사건이 발생했다. 이에 시민들과 학생들은 고문 금지, 책임자 처벌, 대통령 직선제와 헌법 개정을 요구했으나 받아들여지지 않았다. 시위 과정에서 대학생 이한열이 경찰에 쏜 최루탄에 맞아 사망하였고 시위는 전국적으로 확산되었다. 결국 정부는 직선제를 포함한 민주화 요구를 받아들이겠다고 발표할 수밖에 없었다.

# 심화자료

## 1. 정치의 어원

'정치'라는 말은 그리스어 폴리티카(politika)에서 유래했다. 이 말은 '폴리스(polis)의 일', 즉 도시 혹은 나라의 일이라는 뜻을 가지고 있다. 고대 그리스의 폴리스는 도시 국가, 공동체 국가로 번역한다. 당시 폴리스는 수만 명 정도의 작은 공동체였다. 이 폴리스 안에서 일어나는 일이나 활동을 폴리티카라고 했다. 폴리스에서 일이나 활동이란 그것은 폴리스가 하나의 공동체로서 유지되고 발전하기 위해 필요한 일을 말한다. 폴리스에 필요한 규칙을 만들거나 폴리스를 위해 일할 사람을 정하는 일, 다른 나라와의 전쟁이나 외교 등이다.

## 2. 민주주의 기본정신

1) 인간의 존엄성: 모든 인간이 태어날 때부터 지니고 있는 존엄한 가치를 인정하는 것
2) 자유: 남에게 얽매이거나 간섭받지 않고 자신의 의지에 따라 결정하고 행동하는 것
3) 평등: 모든 사람이 사회적 지위나 신분, 성별, 종교 등을 이유로 차별받지 않고 동등하게 대우받을 권리

## 3. 직접민주주의와 대의민주주의

국민이 직접 의사결정에 참여하는 직접민주주의는 가장 민주적인 방법이지만, 시간이 흘러 인구가 늘어나고 사회가 복잡해짐에 따라 모든 국민이 정치에 참여하는 것은 불가능하게 되었고, 이 문제를 해결하기 위해 대표자를 선출하여 간접적으로 의사결정에 참여하는 간접민주주의(대의민주주의)가 탄생하였다. 간접민주주의 국가에서도 국민투표와 같은 직접민주주의적 요소가 나타나고 있다.

## 4. 한국 민주화 열사들

- 김주열: 1960년, 3·15 부정선거에 항의하는 시위에 참가했다가 실종, 4월 11일에 사망한 채로 발견되었다. 이 사실을 알게 된 시민들의 감정이 격해짐에 따라 4·19 혁명이 시작되었다.
- 전태일: 한국의 열악한 노동조건을 개선하기 위해 노력하였으나 국가와 자본가들의 방해로 뜻을 이루지 못하자 1970년 11월 "근로기준법을 준수하라! 우리는 기계가 아니다!"라고 외치며 목숨 바쳐 시위하였다. 그의 죽음은 노동자 문제에 대한 사회의 관심과 노동운동의 발전을 이끌어냈다.
- 박종철: 1987년, 전두환 정권이 민주화 운동 탄압과정에서 박종철을 불법체포하고 고문하여 사망하게 한 사실이 알려지면서 6월 민주항쟁의 불씨가 되었다.

## 5. 국가 기관의 권력분립 관계

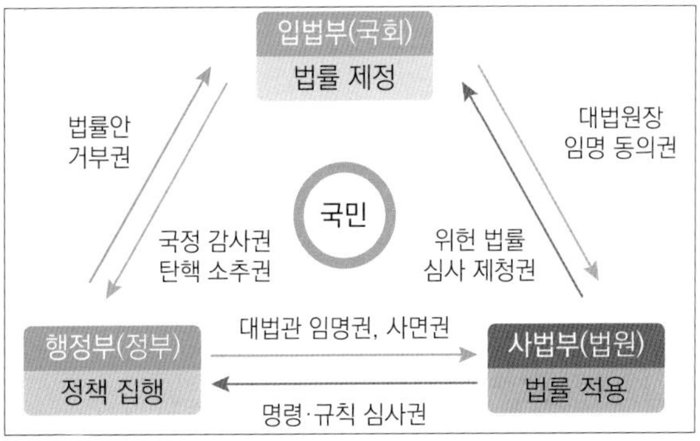


참고자료
민주화운동기념사업회 www.kdemo.or.kr
과거사정리위원회 pasthistory.go.kr
설규주(2018), 『청소년을 위한 정치학 에세이』, 해냄, 23면.

# 21 입법부

교재 114-117쪽

이 차시의 목표는 입법부의 의미와 국회의 구성을 설명하고 국회가 하는 일을 이해하는 것이다. 이를 위해 입법부의 역할과 국회의 구성, 국회의원의 특권과 의무에 대해 학습한다.

| 단계 | | 교수학습활동 | 교수 자료 | 시간 |
|---|---|---|---|---|
| 도입 | 생각해 보기 | ● **'재한외국인 처우 기본법' 알아보기**<br>재한외국인 처우 기본법에 대해 들어본 적 있나요? 재한외국인 처우 기본법의 목적과 인권옹호, 사회적응 지원에 관한 조항을 알아보고 왜 법으로 만들어 놓았을지 생각해봅시다. | (PPT #1-3) | 4분 |
| | 학습목표 | ● **학습목표 제시**<br>1. 입법부의 의미와 국회의 구성을 설명할 수 있다.<br>2. 국회가 하는 일을 설명할 수 있다.<br>● **이번 차시와 관련된 교재의 단원 확인하기** | (PPT #4) | 1분 |
| 전개 | 주제1 (강의) | ● **입법부 소개하기**<br>국민이 뽑은 대표인 국회의원들이 모이는 입법부 명칭의 의미를 설명하고 한국에서는 입법부를 '국회'라 부르는 것을 소개합니다.<br>● **국회의 구성에 대해 설명하기**<br>국회의원 선거는 몇 년 마다 있을까요? 국회의원 선거 방식을 통해 국회 구성 절차를 알아보고 지역구대표와 비례대표 당선의 차이를 알아봅니다.<br>● **국회의원의 특권과 의무에 대해 설명하기**<br>국회의원은 법을 만드는 중요한 일을 합니다. 따라서 특별한 권한도 있고 지켜야 하는 의무도 있습니다. 어떤 것들이 있는지 살펴봅시다. | (PPT #5-7) | 10분 |
| | 알아두면 좋아요 1 | ● **총선거에는 투표용지가 2장**<br>국회의원을 뽑는 총선거에는 투표용지 몇 장일까요? 2장입니다. 이는 지역구대표와 비례대표를 각각 선출하기 때문입니다. | (PPT #8) | 5분 |
| | 주제2 (강의) | ● **국회의 역할 소개하기**<br>국회에서는 어떤 일을 할까요? 국회에서 하는 일 중 가장 중요한 일은 법을 만드는 일입니다. 그 외에도 법을 고치고 없애기도 합니다. 국가 재정에 관한 일도 하는데 나라의 살림에 필요한 예산을 심의 확정합니다. 그리고 국회는 행정부의 국정활동을 감시하고 감독하는 권한도 가집니다. | (PPT #9-11) | 10분 |
| | 알아두면 좋아요 2 | ● **인사청문회**<br>인사청문회를 통해 국회의 중요한 역할 중 하나인 국정에 관한 역할을 알아봅니다. | (PPT #12) | 5분 |
| 정리 | 정리하기 | **주요 내용 정리** | (PPT #13-14) | 5분 |
| | 이야기 나누기 | ● **<이주민 근로자 '퇴직금 출국 후 수령제'> 관련 뉴스를 보고, 생각 정리해보기**<br>● **자신의 생각 발표하기**<br>● **다음 차시 예고** | (PPT #15) | 10분 |

## 학습 내용 정리

### 01 국회의 구성

**1** 국회의원 선출

| 선거권 | 피선거권 | 임기 | 의원수 |
|---|---|---|---|
| 18세 이상 | 25세 이상 | 4년 | 300인(지역구 253인, 비례대표 47인, 2020년 기준) |

**2** 지역구 국회의원: 당해 국회의원 지역구에서 유효투표의 다수를 얻은 자를 당선인으로 결정

**3** 비례대표 국회의원: 의석 할당 정당이 비례 대표 국회의원 선거에서 얻은 득표비율에 따라 비례 대표 국회의원의석을 배분

### 02 국회의원 특권과 의무

**1** 국회의원 특권

1) 불체포 특권: 헌법 제44조는 국회의원들이 행정부의 부당한 체포·구금의 위협으로부터 해방되어 자유롭게 의정활동을 할 수 있도록 보장하기 위하여 불체포 특권을 인정하고 있다. 현행범인 경우를 제외하고는 국회 회기 중에 국회의 동의 없이는 국회의원을 체포 또는 구금할 수 없다.

**2** 국회의원 의무

1) 헌법 준수의 의무: 국회의원은 헌법을 준수하고 국민의 자유와 복리의 증진 및 조국의 평화적 통일을 위하여 노력하여야 한다.

2) 청렴과 국익 우선의 의무: 국회의원은 청렴하여야 하며 국가이익을 우선으로 하여 양심에 따라 성실히 직무를 수행하여야 한다.

3) 지위남용과 영리행위 금지의 의무: 국회의원은 그 지위를 남용하여 재산상의 권리와 이익 또는 직위를 얻을 수 없으며 다른 사람이 이를 얻도록 알선할 수 없다.

4) 겸직금지 의무: 국회의원은 법률로 정해진 직을 겸할 수 없다.

### 03 국회의 역할

**1** 입법에 관한 일: 법치국가에 있어서 법률은 모든 국가작용의 근거가 되므로 법률의 제정·개정 및 폐지는 국회의 가장 중요하고 본질적인 권한임

**2** 국가 재정에 관한 일: 국회가 예산안을 심의·확정하는 것은 예산결정과정에 국민의 의사를 반영하는 것이며, 국가의 중대한 재정작용을 적절히 통제하여 그 효율성과 질을 제고하기 위한 것임

**3** 국정에 관한 일: 국회는 국정감사·조사를 통해 국정운영의 실태를 정확히 파악하고 입법과 예산심의를 위한 자료를 수집하며 국정의 잘못된 부분을 적발·시정함으로써 입법·예산심의 ·국정통제 기능의 효율적인 수행을 도모함

## 이야기 나누기 예시 답안

- 이주민 근로자도 임금 차별을 받지 않도록 하는 법이 있으면 좋겠어요.
- 외국인 부부의 자녀도 양육이나 교육에 대해 정부가 지원하는 법이 있으면 좋겠어요.

## 본문 용어 해설

**국정감사** 국회가 행정부의 국정 수행이나 예산 집행 등에 대해 벌이는 감사 활동을 말한다. 국정 감사를 받는 기관은 국가 기관, 지방자치 단체, 정부 투자 기관, 국회 본회의에서 국정 감사가 필요하다고 의결한 기관 등이다. 감사는 공개적으로 하는 것이 원칙이며 증인이나 참고인 등의 출석을 요청하고 청문회도 열 수 있다.

**인사청문회** 후보자가 해당 공직의 업무를 수행할 능력이나 성품, 교양을 갖추고 있는지 질문을 통해 검증하는 과정을 말한다.

**비례대표** 각 정당의 득표수에 비례하여 당선자를 결정하는 방식으로, 보통 단독적으로 채택되기보다 선거구 단위로 후보들이 경쟁해서 당선자를 결정하는 방식과 병행해서 실시되는 제도이다.

# 내가 만들고 싶은 법!

1. 다음은 한국에 거주하고 있는 올가씨가 제안한 법안입니다. 우리 주변에서 필요한 문제를 살펴보고, 이주민에게 필요한 법을 만들어 봅시다.

(올가씨의 제안서)

| | |
|---|---|
| 법안 이름 | 이주민 한국어 의무 공부법 |
| 제안 까닭 | 한국에서 잘 지내려면 한국어 공부가 필요해요. |
| 주요 내용 | 사회통합프로그램 의무화 |

나의 법률 제안서

| | |
|---|---|
| 법안 이름 | |
| 제안 까닭 | |
| 주요 내용 | |

도움 자료

● 국민참여 입법센터

● http://opinion.lawmaking.go.kr

# 심화자료

## 1. 국회의사당

서울특별시 영등포구 여의도동에 위치한 국회의사당은 1975년 8월에 준공되었다.

국회의사당의 회녹색 돔은 동판(구리판)으로 만들어졌기 때문에 처음 만들어졌을 때는 동판 자체의 붉은 색을 띠었지만, 시간이 지나면서 동판이 녹슬어 점점 지금과 같은 색으로 변하였다. 밑지름이 64m이고 무게가 1,000톤이나 되는 이 육중한 돔은 회백색의 처마와 파라펫, 높직한 기단과 8각 기둥의 24개 각주가 받쳐주고 있다. 건물 둘레의 높이는 32.5m인데 24개의 각주는 24절기를 상징하며, 전면의 기둥 8개는 우리나라 전국 8도를 상징한다. 또한 의사당을 둘러싸고 있는 24개의 기둥은 국민의 다양한 의견을 뜻하며, '돔' 지붕은 국민의 의견들이 찬반토론을 거쳐 하나의 결론으로 모아진다는 의회민주정치의 본질을 상징한다.

## 2. 국회의 구성

국회는 국가의 다양하면서도 중요한 많은 일들을 관장해야 하기에, 업무 처리의 효율성과 전문성을 향상시키기 위하여 위원회가 구성되어 있다. 각 위원회는 해당 위원회가 담당하는 분야와 관련한 법률과 각종 업무를 처리하며, 국회의원은 대부분 위원회에 소속되어 해당 업무를 수행한다.

위원회에는 상임위원회와 특별위원회가 있다.

상임위원회 및 상설특별위원회는 국회운영위원회, 법제사법위원회, 정무위원회, 기획재정위원회, 교육위원회, 과학기술정보방송통신위원회, 외교통일위원회, 국방위원회, 행정안전위원회, 문화체육관광위원회, 농림축산식품해양수산위원회, 산업통상자원중소벤처기업위원회, 보건복지위원회, 환경노동위원회, 국토교통위원회, 정보위원회, 여성가족위원회, 예산결산특별위원회 총 18개의 위원회가 있다(2020년 기준). 특별위원회에는 윤리특별위원회, 중앙선거관리위원회 위원 선출에 관한 인사청문특별위원회가 있다.

## 3. 국회의원

1) 국회의원의 자격조건

국회의원을 뽑을 수 있는 권리(선거권)는 만 18세 이상의 국민에게 부여되며, 국회의원에 출마할 수 있는 권리(피선거권)는 만 25세가 되어야 갖는다.

2) 국회의원의 구성

① 지역구 국회의원: 각 지역구 별로 유효한 투표 중 다수를 얻은 자가 당선

② 비례대표 국회의원: 비례대표 국회의원 선거에서 해당 정당이 획득한 득표 비율에 따라 비례대표 국회의원의 의석을 배분함

## 4. 국회의 입법 기능

국회의 핵심 기능은 국가 운영의 근간이 되는 법률의 제정, 개정, 폐지를 담당하는 입법 기능이다. 법에 따라 국가가 운영되어야 하는 법치국가인 한국에서는 모든 국가의 통치행위는 법률에 근거하여 이루어져야 한다. 따라서 입법 행위는 한국의 통치와 국민 생활에 중대한 영향을 미치는 작용이며 이에 대하여 국민들의 관심이 필요하다. 특히 국회에서 논의중인 법률의 제·개정 과정에 대한 정보는 인터넷 홈페이지 '국회 의안정보시스템'을 통해 누구나 확인 할 수 있다.

참고자료

대한민국 국회 www.assembly.go.kr

대한민국국회 편(2008), 『대한민국국회 60년사』 국회사무처.

국회의안정보시스템 likms.assembly.go.kr

# 22 행정부

교재 118-121쪽

이 차시의 목표는 행정부의 역할과 정부의 구성을 알고 대통령 제도를 설명하는 것이다. 이를 위해 법을 집행하는 곳이 행정부라는 것을 배우고 대통령의 권한과 역할에 대해 학습한다.

| 단계 | | 교수학습활동 | 교수 자료 | 시간 |
|---|---|---|---|---|
| 도입 | 생각해 보기 | ● **한국에서 생활하면서 경험할 수 있는 여러 가지 상황에 대해 이야기 나누기**<br>상황에 관련되어 도움을 받을 수 있는 정부 부처 명칭과 하는 일들을 간단히 소개한다.<br>자신의 고향 나라와 한국에서 각각 행정 기관을 이용해 본 경험을 이야기해 볼까요? | (PPT #1-3) | 4분 |
| | 학습목표 | ● **학습목표 제시**<br>1. 행정부의 의미와 정부의 구성을 설명할 수 있다.<br>2. 대통령의 권한과 정부의 역할을 설명할 수 있다.<br>● **이번 차시와 관련된 교재의 단원 확인하기** | (PPT #4) | 1분 |
| 전개 | 주제1 (강의) | ● **행정부 소개하기**<br>이전 단원에서는 법을 만드는 입법부(국회)에 대해 배웠습니다. 입법부가 만든 법을 집행하고 국가의 목적이나 공익을 실현할 목적으로 여러 가지 정책을 수립하여 실행하는 국가 일을 행정이라 합니다. 행정을 담당하는 행정부를 줄여 '정부'라고 합니다.<br>● **한국의 대통령제와 정부의 구성**<br>한국은 행정부와 입법부가 분리된 대통령제를 하고 있어요. 행정부의 최고책임자인 대통령의 권한과 임기, 국무총리의 권한과 임명, 행정부 각 부처에서 집행하는 정책들을 알아봅시다.<br>● **국무회의에 대해 설명하기**<br>행정부의 최고 정책 심의 회의를 국무회의라고 합니다. | (PPT #5-7) | 10분 |
| | 알아두면 좋아요 1 | ● **국민 모두에게 개방된 청와대**<br>과거 한국 대통령들이 근무했던 장소인 청와대에 대해 소개한다. | (PPT #8) | 5분 |
| | 주제2 (강의) | ● **대통령의 권한에 대해 설명하기**<br>대통령이 행사할 수 있는 국가 운영 권한을 알아봅시다.<br>● **정부는 어떤 일을 할까?**<br>정부는 국민의 자유와 권리 보호, 경제 발전, 복지 국가 건설 등 공익을 실현하기 위해 여러 가지 정책을 세우고 실행합니다. 정부부처 조직도를 보면서 어떤 일을 하는지 알아볼까요? | (PPT #9-11) | 10분 |
| | 알아두면 좋아요 2 | ● **대통령이 없는 국가에서는 정부를 누가 이끌까?**<br>여러분, 나라의 대표를 어떻게 부르나요? 국가마다 다양한 정부 형태를 가집니다. 한국은 투표를 통해 대통령을 뽑는 것과는 달리 영국이나 일본 등의 국가에서는 국회에서 정부 책임자를 뽑고, 이를 수상 또는 총리라고 합니다. 이처럼 정부 형태를 국가마다 다르지만, 정부 최고 책임자가 국민의 뜻에 따라 국가의 일을 해야 하며 책임을 지는 것은 같아요. | (PPT #12) | 5분 |
| 정리 | 정리하기 | **주요 내용 정리** | (PPT #13-14) | 5분 |
| | 이야기 나누기 | ● **<여러 지역에서 외국인을 위한 정책>관련 신문을 읽고, 생각 정리해보기**<br>● **자신의 생각 발표하기**<br>● **다음 차시 예고** | (PPT #15) | 10분 |

## 학습 내용 정리

### 01 행정부의 의미와 구성

**1** 행정부의 의미: 국회가 만든 법을 기반으로 하여 공익 실현 목적으로 여러 정책 실시
1) 사회 질서 유지 및 치안
2) 공공시설 생산 및 관리
3) 정책 개발 및 집행

**2** 행정부의 구성
1) 대통령: 행정부 최고 책임자이며, 국민의 직접 선거에 의해 선출됨. 행정부를 통솔하고 국무회의를 거쳐 국가의 여러 가지 중요한 일을 결정함. 대통령의 임기는 5년이며, 중임할 수 없음
2) 국무총리: 행정 각 부처를 총괄하는 행정부의 2인자로 대통령의 국정 운영을 보좌하며 대통령 자리가 공석일 경우 권한을 대행함
3) 국무회의: 대통령, 국무총리, 행정 각부 장관을 비롯한 국무 위원으로 구성된 행정부의 최고 심의 기관
4) 행정 각부: 구체적인 행정 업무를 처리하는 국가 기관으로 기획재정부, 국방부, 교육부, 외교부, 법무부 등이 있음

### 02 대통령의 지위와 권한

**1** 외교, 국방, 통일 등 국가 안전에 관한 중요 정책을 국민 투표에 부칠 수 있는 권한을 가지고 있으며, 천재지변 등 국가에 긴급한 일이 생기면 명령을 할 수 있음

**2** 행정부의 최고 지휘권을 가지며 법률을 집행하고, 국군의 최고 통수권자로 국군을 지휘하고 통솔하며, 공무원을 임명하는 권한을 가짐

**3** 국민의 생활에 필요하다고 생각하는 법률을 국회에 제출할 수 있으며, 법률을 집행하는 데 필요한 대통령령을 발표할 수 있음

### 03 정부의 역할

**1** 법무부: 법질서와 이민 정책 등에 관한 일
**2** 고용노동부: 취업과 노동 등에 관한 일
**3** 여성가족부: 여성과 청소년 및 가족 관련 일
**4** 교육부: 초·중·고, 대학 및 평생 교육 등에 관한 일

## 이야기 나누기 예시 답안

- 제가 사는 지역에는 난민 가족을 위한 초기 정착 지원 정책이 있어요.
- 제가 사는 지역에는 결혼이민자를 위해 취업지원 정책이 있어서 저도 참여한 적이 있어요. 통역도우미 양성과정 교육을 수료하고 통역사로 일하고 있어요.

## 본문 용어 해설

**대통령제** 민주국가에서 권력분립이 엄격해 권력 상호간의 간섭이 배제되며 대통령이 행정부의 수반이 되는 정부형태를 말한다.

**정책** 정부 또는 정치단체가 취하는 방향을 가리킨다. 국가나 정부 등과 같이 권력을 장악하고 있는 경우에만 정책을 행하는 것은 아니며, 정권을 담당하고 있지 않은 정당이나 협력단체 또는 개인도 정책을 가질 수 있다.

**단임제** 대통령의 임기제도 중 하나이다. 단임제는 대통령으로 단 한 번만 재직하는 것을 말한다. 단임제 외에는 연임제, 중임제와 같은 임기제도가 있다.

# 정부부처에서 하는 다양한 일

**중앙행정기관 19부 (2024. 4. 기준)**

| | | | |
|---|---|---|---|
| 고용노동부 | 과학기술정보통신부 | 교육부 | 국방부 |
| 국토교통부 | 기획재정부 | 농림축산식품부 | 문화체육관광부 |
| 법무부 | 보건복지부 | 산업통상자원부 | 여성가족부 |
| 외교부 | 중소벤처기업부 | 통일부 | 해양수산부 |
| 행정안전부 | 환경부 | 국가보훈부 | 3처 19청 |

**※ 위 표를 보고 한 곳을 정해 위치와 하는 일을 조사하여 아래 표를 채워 봅시다.**

| | |
|---|---|
| **내가 정한 곳** | |
| **위치** | |
| **하는 일** | |

도움 자료

**참고 누리집**

- 정부24 누리집 (www.gov.kr)

# 심화자료

## 1. 행정부의 조직

한국의 행정부에는 총 19부 3처 19청이 존재한다(2024년 기준). 각종 필요에 따라 관련 법률의 개정을 통하여 새로운 부를 신설하거나, 기존의 부를 없애기도 하며 부의 명칭을 고치기도 한다.

- 19부: 기획재정부, 교육부, 국가보훈부, 과학기술통신부, 외교부, 통일부, 법무부, 국방부, 행정안전부, 문화체육관광부, 농림축산식품부, 산업통상자원부, 보건복지부, 환경부, 고용노동부, 여성가족부, 국토교통부, 해양수산부, 중소벤처기업부
- 3처: 인사혁신처, 법제처, 식품의약품안전처
- 19청: 국세청, 관세청, 조달청, 통계청, 검찰청, 병무청, 방위사업청, 경찰청, 소방청, 문화재청, 농촌진흥청, 산림청, 특허청, 기상청, 행정중심복합도시건설청, 새만금개발청, 해양경찰청, 질병관리청, 재외동포청

## 2. 부(部)·처(處)·청(廳)

행정기관은 크게 부(部)·처(處)·청(廳) 단위로 나뉘며 이것은 기능상의 분류이다. '부'는 정책수립 및 집행의 기본 단위를 말하며 행정각부는 대통령 및 국무총리의 통할 하에 고유의 국가행정사무를 수행하기 위해 기능별 또는 대상별로 설치한 기관이다.

'처'는 국무총리 소속으로 설치하는 중앙행정기관으로서 여러 부에 관련되는 기능을 통할하는 참모적 업무를 수행하는 기관이며, '청'은 행정각부의 소관사무 중 업무의 독자성이 높고 집행적인 사무를 독자적으로 관장하기 위하여 행정각부 소속으로 설치되는 중앙행정기관이다.

한편 부, 처, 청의 수장은 일반적으로 장관, 차관, 1급순의 서열이 매겨진다. 그러나 구체적인 직급은 ▷업무의 비중 ▷부서 간 업무조율의 필요성 등을 고려해 임면권자인 대통령이 정책적으로 결정한다.

## 3. 한국의 대통령제 특징

헌법에 따라 한국은 대통령제 정부형태를 따르고 있다. 따라서 대통령은 행정부의 수반으로서 실질적인 권한을 가지고 있다. 보통 대통령제의 기원으로 미국식 대통령제를 말하는데, 한국은 이와 달리 상당 부분 변형된 형태를 취하고 있다.

예를 들어 한국의 대통령은 다른 나라에 비해 보다 강력한 권한을 가지고 있다. 또한 권력분립의 틀 안에서 행정부의 수반으로서 실질적인 권한을 가지고 있을 뿐 아니라 국가원수로서도 입법부와 사법부에 대해 상대적 우위를 점하고 있다.

## 4. 대통령이 없는 나라

민주주의 국가 가운데 의원내각제를 채택한 국가에서는 대통령이 아닌 총리가 나라를 다스리는 최고 지도자가 된다. 대통령과의 가장 큰 차이는 국민들이 직접 총리를 선출하는 게 아니라는 점이다. 대표적인 국가로는 독일, 그리스, 오스트리아 등이 있다. 이 외에도 국왕이 나라를 대표하는 말레이시아, 태국 등과 같은 군주제 국가도 있다.

참고자료
정부24 www.gov.kr
청와대 www.president.go.kr

# 23 사법부

교재 122-125쪽

이 차시의 목표는 사법부의 의미와 구성, 법원의 역할에 대해 설명하는 것이다. 이를 위해 법원의 구성과 역할, 재판의 종류, 공정한 재판을 위한 제도를 학습한다.

| 단계 | 교수학습활동 | | 교수 자료 | 시간 |
|---|---|---|---|---|
| 도입 | 생각해 보기 | ● **사법부(법원) 알아보기**<br>다음 그림처럼 재판에서 누가 어떤 일을 할까요?<br>사람들 사이에 다툼이 있을 때, 어디에 도움을 구할 수 있나요? | (PPT #1-3) | 4분 |
| | 학습목표 | ● **학습목표 제시**<br>1. 사법부의 의미와 구성에 대해 설명할 수 있다.<br>2. 법원의 역할과 공정한 재판을 위한 노력을 설명할 수 있다.<br>● **이번 차시와 관련된 교재의 단원 확인하기** | (PPT #4) | 1분 |
| 전개 | 주제1 (강의) | ● **사법부 소개하기**<br>국회에서 만든 법을 사람들이 잘 따랐는지 어겼는지 판단하는 기관이 필요합니다. 그 기관을 사법부라고 해요. 한국에서 사법부의 역할을 담당하는 곳이 법원임을 소개하며 법원의 역할과 법원의 구성에 대해 알아봅시다.<br>● **법원의 구성**<br>법원의 종류에는 대법원, 고등법원, 지방법원, 가정법원 등이 있습니다. 가정법원은 가족이나 친척 관계, 소년 문제 등에 관한 재판을 전문적으로 담당합니다. 대법원은 대법원장 1명과 대법관 13명으로 구성되어 있습니다. | (PPT #5-7) | 10분 |
| | 알아두면 좋아요 1 | ● **다양한 언어로 발간된 소송구조제도 소개하기**<br>다양한 언어로 발간된 소송구조제도 책자를 통해 국내 체류하는 이민자의 권리구제 기회가 확대될 수 있음을 확인한다. | (PPT #8) | 5분 |
| | 주제2 (강의) | ● **법원의 역할과 공정한 재판제도에 대해 소개하기**<br>일상생활에서 다툼이나 갈등이 있으면 어떻게 해야 할까요? 법원은 재판을 통해 분쟁을 해결하거나 형벌을 주기도 합니다. 따라서 공정한 재판을 하는 것이 중요합니다.<br>● **재판의 종류 소개하기**<br>재판에는 민사, 형사, 가사 재판 등이 있습니다. 민사 재판은 개인 간의 다툼을 해결하기 위한 재판입니다. 형사 재판은 범죄의 유무와 형벌의 정도를 결정하는 재판입니다. 가사 재판은 가정과 관련된 재판을 다루는 것입니다. | (PPT #9-11) | 10분 |
| | 알아두면 좋아요 2 | ● **대법원의 결정이 우리 생활에 미치는 영향을 소개**<br>사법부의 결정이 우리 생활에 영향을 미치는 것을 이해한다. | (PPT #12) | 5분 |
| 정리 | 정리하기 | **주요 내용 정리** | (PPT #13-14) | 5분 |
| | 이야기 나누기 | ● **<피의자 인권 보호 제도>를 알아보고, 생각 정리해보기**<br>● **자신의 생각 발표하기**<br>● **다음 차시 예고** | (PPT #15) | 10분 |

## 학습 내용 정리

### 01 법원의 역할

**1** 재판을 통한 분쟁 해결: 국가 기관 또는 개인이나 단체에 의해 권리와 이익을 침해당한 사람은 법원에 민사·형사·행정 소송 등 다양한 재판을 청구함

**2** 위법에 따른 처벌

### 02 법원의 구성

**1** 법원의 종류: 대법원, 고등법원, 지방법원, 특허법원, 가정법원, 행정법원 등이 있고, 그중 일반법원인 대법원, 고등법원, 지방법원이 기본적인 삼심 구조를 이룸

**2** 대법원의 구성: 대법원장 1명, 대법관 13명

### 03 법원을 통한 권리 구제

**1** 공정한 재판제도

1) 삼심 제도: 판결에 이의가 있을 경우 세 번까지 재판 받을 수 있음

2) 공개재판제도: 특별한 경우를 제외하고는 재판과정을 공개함

3) 사법부의 독립: 외부의 영향이나 간섭을 받지 않음

### 04 재판의 종류

**1** 민사 재판: 개인 간의 다툼을 해결하기 위한 재판

**2** 형사 재판: 범죄의 유무와 형벌의 정도를 결정하기 위한 재판

**3** 가사 재판: 결혼, 이혼, 상속, 자녀 양육 등 가정과 청소년 관련된 분쟁을 해결하기 위한 재판

## 이야기 나누기 예시 답안

- 한국에서는 죄는 미워하되 사람은 미워하지 말라는 속담이 있어요. 그래서 피의자의 인권도 보호해야 해요.
- 민주주의 국가에서는 인간의 존엄성을 중요한 가치로 여기니깐, 피의자의 인권도 보호해야 할 것 같아요.

## 본문 용어 해설

**재판** 소송 사건을 두고 법원에서 원고와 피고(또는 검사와 피고인)의 주장을 듣고 옳고 그름을 따져서 그에 대한 올바른 판단을 내리는 것을 말함. 재판의 종류에는 민사 재판, 형사 재판, 가사 재판, 소년 재판, 가정 보호 재판, 행정 재판, 선거 재판, 특허 재판, 군사 재판이 있다.

**소송** 재판에 의하여 원고와 피고 사이의 권리나 의무 따위의 법률관계를 확정하여 줄 것을 법원에 요구하는 것을 뜻한다.

**삼심 제도** 삼심 제도는 한 사건에 대하여 세 번의 심판을 받을 수 있는 제도로 법원 스스로 잘못된 판결을 바로잡을 수 있는 기회를 주고, 신중한 재판을 하게 하고, 억울한 사람에게 다시 재판받을 수 있는 기회를 줌으로써 국민의 자유와 권리를 보호하기 위해 마련되었다.

# 만약에 법이 사라진다면?

**만약에 우리 사회에 법이 없다면 어떤 일들이 일어날까요?**

| | |
|---|---|
| 가정에서는 | |
| 학교에서는 | |
| 직장에서는 | |
| 공공장소에서는 | |

※ 예시: 공공장소에서는 옷을 벗고 다니거나, 아무데나 쓰레기를 버리는 사람이 생길 수 있습니다.

● **다른 학생들과 의견을 나누어 봅시다.**

| 이름 | 고른 장소 | 법이 없어진다면 이런 일이 생길 것 같다! |
|---|---|---|
| | | |
| | | |
| | | |

**도움 자료**

● **법의 역할**

| | |
|---|---|
| 권리 보호 | 법은 개인이나 집단이 가진 권리를 보호하고 범죄로부터 국민의 안전을 지킨다. |
| 갈등 해결 | 법은 갈등을 해결하는 객관적이고 공정한 기준과 절차를 제공하며, 강제력을 가지고 있으므로 갈등을 합리적으로 해결할 수 있게 한다. |
| 분쟁 예방 | 사람들은 법을 통해 자신의 행위가 법적으로 옳은 것인지 아닌지를 알고 미리 조심하므로 분쟁이 나타날 가능성이 줄어들게 된다. |

# 심화자료

## 1. 사법제도의 변천

1) 조선시대 중앙정부의 사법기관

의금부는 국왕의 명에 의하여 왕족·관리·사족(士族)의 범죄, 국사범, 역모죄 및 반역죄 등에 대한 재판을 단심으로 담당하는 특별기관이었고, 형조는 중죄에 대한 상소심, 법령의 조사, 감옥관리와 범죄수사, 노비와 포로 관장, 법률교육, 죄인구금 등을 담당하였다. 사헌부는 문무백관의 치적을 조사·규탄하며 억울한 형벌을 밝혀주는 등 감찰기관의 역할을 하였고, 한성부는 한성 내 5부와 도성 밖 10리를 관할구역으로 하여 일반행정과 경찰사무를 관장하는 동시에, 호적 및 부동산관련 재판을 전국에 걸쳐 관장하였다.

2) 일본의 제국주의 침략과 사법제도의 변천

고종은 일제의 강압적인 요구에도 불구하고 제2차 한일협약(을사조약) 체결에 응하지 않았으나, 일본은 마치 조약이 정당하게 체결된 것처럼 통감부를 설치하고 통감부 하부기관으로 이사청(理事廳)을 두어 한국 내 일본인에 대한 재판권부터 행사하기 시작했다. 1909년 7월 12일 '한국의 사법 및 감옥사무를 일본 정부에 위탁하는 건에 관한 각서'가 이루어지고, 그에 따라 모든 한국재판소를 폐지하고 그 대신 일본재판소를 설치하며 재판사무의 취급에 있어서는 일본 법령의 적용을 원칙으로 하게 됨으로써 일제가 한국의 사법권을 장악하고 통감부재판소를 설치하게 되었다. 이후 통감부재판소는 조선총독부재판소로 바뀌어 일제의 식민지 재판기관 역할을 맡았는데, 조선총독이 입법권 및 행정권과 함께 사법권도 장악하고 있었으므로 조선총독부재판소는 조선총독부의 산하기관에 불과하였다.

## 2. 사법의 정보화

사법 업무에 전산시스템이 도입되면서 보다 효율적인 법원 업무처리가 가능해졌고, 전국 단위의 초고속 인터넷망을 기초로 종합법률정보, 사건검색정보, 인터넷 등기정보, 경매정보 등 다양한 대국민 사법정보 서비스를 제공할 수 있게 되었다. 최근에는 IT기술의 발전으로 전자문서의 생산 및 유통이 일반화되고 사법정보의 공개와 법원과의 소통에 대한 국민적 요구가 커지는 가운데, 세계 최고 수준의 사법정보화 역량을 기초로 전자소송시스템을 구축하여 국민의 높아진 기대에 부응하고 있다.

## 3. 사법부의 독립

공정한 재판을 위하여 입법부와 행정부로부터 사법부는 독립되어 있어야 한다. 국민의 기본권 보호를 위하여 재판 과정에 외부의 압력이나 간섭을 배제하며, 법관의 신분은 헌법과 법률에 의해 보장되며, 외부의 간섭 없이 헌법과 법률에 의하여 양심에 따라 독립하여 심판해야 한다고 우리나라 헌법 제103조에 규정되어 있다.

## 4. 항소, 상고, 항고, 상소

| | |
|---|---|
| 항소 | 지방법원의 제1심 판결에 대하여 제2심 법원에 하는 불복신청 |
| 상고 | '판결'에 대해 대법원에 상소하는 것을 말함 |
| 항고 | '판결'이외의 재판인 '결정'이나 '명령'에 대한 상소 |
| 상소 | 위의 내용을 포괄하는 것으로 미확정인 재판에 대하여 상급법원에 불복을 신청하는 것 |

참고자료
대한민국 법원 www.scourt.go.kr

# 24 선거와 지방자치

교재 126-129쪽

이 차시의 목표는 선거 원칙과 종류에 대해 알고 지방자치제도를 설명하는 것이다. 이를 위해 선거의 4대 원칙과 종류, 지방자치제의 의미와 구성을 학습한다.

| 단계 | | 교수학습활동 | 교수 자료 | 시간 |
|---|---|---|---|---|
| 도입 | 생각해 보기 | ● **지역사회 문제에 대해 관심 가지기**<br>다음 사진의 A도시는 어떤 문제를 가지고 있나요? 누가 해결해야 할까요?<br>우리 지역의 문제는 무엇이고, 그 해결방안을 고민해 본 적이 있나요? | (PPT #1-3) | 4분 |
| | 학습목표 | ● **학습목표 제시**<br>1. 선거 원칙과 종류를 설명할 수 있다.<br>2. 지방자치제도와 주민 생활을 설명할 수 있다.<br>● **이번 차시와 관련된 교재의 단원 확인하기** | (PPT #4) | 1분 |
| 전개 | 주제1 (강의) | ● **선거의 의미와 원칙 소개하기**<br>선거는 국민이 자신을 대표할 사람을 직접 뽑는 것을 말합니다. 선거의 원칙에는 보통선거, 평등선거, 직접선거, 비밀선거가 있습니다. 각각 어떤 원칙일까요?<br>● **선거의 종류 설명하기**<br>한국의 주요 선거에는 어떤 선거가 있을까요? 대통령 선거, 국회의원 총선거, 지방 선거에 대해 알아봅시다. | (PPT #5-7) | 10분 |
| | 알아두면 좋아요 1 | ● **사전투표에 대해 소개하기**<br>사전투표의 의미와 시행방법에 대해 소개한다. | (PPT #8) | 5분 |
| | 주제2 (강의) | ● **지방자치제의 의미에 대해 설명하기**<br>지역 주민이 스스로 자기 지역의 대표자를 뽑아서 지역의 정치는 담당하도록 하는 것을 지방자치제라고 합니다. 지방자치제는 왜 필요하며, 어떤 역할을 할까요?<br>● **지방자치제의 구성에 대해 설명하기**<br>지방의회에서 지역의 일을 결정하면 지방자치단체에서 계획을 세우고 실행합니다. 지방의회의원과 단체장은 지방선거를 통해 선출됩니다. 지방자치단체를 크게 광역자치단체와 기초자치단체로 구분합니다. | (PPT #9-11) | 10분 |
| | 알아두면 좋아요 2 | ● **외국인주민대표자 회의**<br>지자체별로 실시하는 외국인주민대표자 회의를 소개하고, 외국인도 지역의 일에 참여할 수 있어요. | (PPT #12) | 5분 |
| 정리 | 정리하기 | **주요 내용 정리** | (PPT #13-14) | 5분 |
| | 이야기 나누기 | ● **<자신의 지역을 위해 봉사하는 외국인 자율방범대>에 대한 신문 기사를 읽고, 생각 정리해보기**<br>● **자신의 생각 발표하기**<br>● **다음 차시 예고** | (PPT #15) | 10분 |

## 학습 내용 정리

### 01 선거의 4대 원칙

| 원칙 | 내용 |
|---|---|
| 보통 선거 | 성별, 신분, 학력 등의 관계없이 만 18세가 넘으면 누구나 선거에 참여 ↔ 제한 선거 |
| 평등 선거 | 모든 사람이 공평하게 한 표씩 행사하는 것 ↔ 차등 선거 |
| 직접 선거 | 투표권을 가진 사람이 대통령이나 국회의원을 직접 뽑는 것 ↔ 간접 선거 |
| 비밀 선거 | 어느 후보자를 찍었는지 비밀로 한다는 원칙 ↔ 공개 선거 |

### 02 선거의 종류

**1** 대통령 선거(대선): 5년에 한 번씩, 대통령을 선출(대통령단임제)

**2** 국회의원 총선거(총선): 4년마다 실시. 국회의원 300명 선출(지역구 국회의원 + 비례대표 국회의원)

**3** 지방 선거: 4년마다 실시, 각 지역의 지방자치 단체장, 지방의회의원, 교육감 선출

### 03 지방자치제의 의미와 모습

**1** 지방자치제의 의미: 지역 주민이 스스로 자기 지역의 대표자를 뽑아서 지역의 정치를 담당하도록 하는 것

**2** 지방자치제의 모습

1) 지방의회의 역할

① 지역 주민이 뽑은 의원을 구성원으로 하여 만들어진 지방자치단체의 의결 기관으로 시·도 의회, 시·군·구 의회가 있음

② 지역 주민들을 대표하여 지역의 중요한 일을 결정

③ 조례를 만들거나 고치고 예산을 확정하고 검토하는 일 외에도 주민을 대표하여 지방 정부를 점검하는 역할을 함

2) 지방자치단체는 광역자치단체와 기초자치단체로 구분됨

## 이야기 나누기 예시 답안

- 지역의 문제에 대해서 항상 관심을 가져요.
- 쓰레기 종량제 봉투를 모르는 외국인 친구에게 알려줘요. 분리수거 방법도 알려주면 좋을 것 같아요.
- 외국인출입국관리사무소나 공공기관에 한국어를 못하는 외국인을 위해서 통·번역을 도와줄 수 있어요.

## 본문 용어 해설

**지방자치제도** 지방적 행정사무를 지방주민 자신의 책임 하에 지방기관에서 처리하게 하는 제도를 말한다. 즉, 주민자치와 단체자치를 종합하여 지방적 행정사무를 지방단체에 맡겨 지방주민 자신의 뜻에 따라 처리하게 하는 것이라 할 수 있다.

# 우리 지역을 위해 해야 할 일

1. 우리 지역에 개선해야할 부분이 있다면 적어 봅시다.

| | 우리 지역의 문제점 |
|---|---|
| 첫 번째 | |
| 두 번째 | |
| 세 번째 | |

2. 내가 우리 지역의 대표 후보라면? 어떤 공약을 내세우고 싶나요?

| | 내가 생각한 공약 |
|---|---|
| 첫 번째 | |
| 두 번째 | |
| 세 번째 | |

**도움 자료**

● 공약의 조건

1. 정직하게 공약을 내세워야 한다. 대표가 되기 위해 거짓으로 공약을 세우면 안 된다.
2. 현실성 있는 공약을 내세워야 한다. 실현 가능성이 없는 공약을 세우면 안 된다.
3. 국민의 요구를 담아내야 한다. 특정인들의 이기적인 욕심이 아닌, 국민들의 의견을 대변해야 한다.

# 심화자료

## 1. 선거관리위원회

국민투표의 공정한 관리, 정당 및 정치자금에 관한 사무를 처리하기 위하여 설치된 국가기관으로 국회·정부·법원·헌법재판소와 같은 지위를 갖는 독립된 합의제 헌법기관이다.

- 대통령, 국회의원, 지방자치단체장, 지방의회의원 선거 관리
- 국민투표, 주민투표, 주민소환투표관리
- 시/도 교육위원선거와 교육감선거관리
- 기타 법령의 규정에 따라 공공기관, 단체 선거의 위탁관리
- 정당과 정치자금 사무관리
- 올바른 민주시민의식 함양 교육
- 선거에 대한 올바른 인식을 심어주기 위한 공명선거 홍보 활동

## 2. 재외선거인 투표

홈페이지 접속 후(ova.nec.go.kr)
홈 〉 재외선거인/국외부재자 〉 재외선거인 등록신청 메뉴로 접속

▼

전자우편(E-mail) 주소 및 자동입력방지 문자
입력 후 유효성 검증 체크

▼

유효성 검증 완료 후 신청서 작성

▼

재외선거인 등록신청 완료

재외선거인 등록신청 대상은 주민등록이 되어 있지 않은 국민이다. 인터넷으로 쉽고 빠르게 신청할 수 있으며 직전 선거의 재외선거인명부에 올라 있는 사람은 재외선거인 등록신청을 하지 않아도 재외투표에 참여할 수 있다.

## 3. 선거의 기원

서양에서 선거의 기원은 고대 그리스에서 찾을 수 있다. 고대 그리스 도시 국가에서는 성인 남자 시민들이 모여 관직자를 선출하거나 해임을 결정할 때 선거를 했다. 아테네의 경우 추첨은 신과의 협의로 간주되었고, 관직은 추첨에 의해 특별한 신성을 가진 자들에게 부여하는 것으로 생각하여 추첨에 의한 관직자 선출이 이루어지다가 후에 민회에서 선출하는 방법으로 바뀌었다. 한편으로는 위험한 인물을 공직에서 추방하기 위한 도편 추방제를 실시하기도 했다.

## 4. 지방 자치의 구성요소

① 지역: 이것은 국가의 영토와 같은 것으로서, 지방 자치단체의 지배권이 미치는 지리적 범위를 가리킨다. 이러한 지역적 범위가 설정됨으로써 특정 지방 자치단체의 인적 범위도 설정된다.

② 지방 자치단체와 주민: 지방 자치에서의 주민은 국가에서의 국민과 같은 요소이다.

③ 자치권: 이것은 국가의 주권에 해당하는 것으로서 주민의 총체인 자치단체가 일정한 지역에서 자치사무를 자체의 책임 하에 처리할 수 있는 권한을 말한다.

④ 자치기관: 지방 자치단체는 주민의 의사를 표현하고 실현할 기구를 필요로 하게 되는데, 이것이 자치기관이다.

⑤ 자치사무: 이것은 지방 자치를 통하여 주민들이 실현하고자 하는 일들을 말한다.

⑥ 자치재원: 이것은 자치사무를 처리하는 데 필요한 비용으로서 지방세가 여기에 해당된다.

**참고자료**
중앙선거관리위원회 www.nec.go.kr

제 5 편

# 경제

# 25 일상생활과 경제 활동

교재 136-139쪽

이 차시의 목표는 일상생활 경제 활동과 관련된 기본적인 개념에 대해 이해하는 것이다. 이를 위해 경제 활동과 물가의 의미, 화폐와 결제 수단의 변화, 합리적인 경제 활동에 대한 내용을 학습한다.

| 단계 | | 교수학습활동 | 교수 자료 | 시간 |
|---|---|---|---|---|
| 도입 | 생각해 보기 | ● **일상생활에서 경제 활동과 관련된 학습자의 경험 물어보기**<br>그림과 같이 제시된 상황에서 버스와 택시 중 어떤 교통편을 선택하겠습니까? 그 이유는 무엇입니까? 일상생활에서 이와 비슷한 경험에 대해 이야기해 봅시다. | (PPT #1-3) | 4분 |
| | 학습목표 | ● **학습목표 제시**<br>1. 일상생활 경제 활동의 의미와 물가의 개념에 대해 설명할 수 있다.<br>2. 한국의 화폐와 결제 수단에 대해 이해하고, 합리적인 경제 활동에 대해 설명할 수 있다.<br>● **이번 차시와 관련된 교재의 단원 확인하기** | (PPT #4) | 1분 |
| 전개 | 주제1 (강의) | ● **경제 활동의 의미 설명하기**<br>사람이 기본적인 생활을 하기 위해서는 무엇이 필요합니까? 재화에는 무엇이 있을까요? 일상생활에서 서비스의 종류에는 무엇이 있을까요? 경제 활동이란 무엇을 의미할까요?<br>● **물가의 의미 설명하기**<br>물가에 대해 들어본 적이 있나요? 한국의 물가는 다른 나라와 비교했을 때 어느 정도 수준일까요? 물가가 오르면 어떻게 될까요? | (PPT #5-7) | 10분 |
| | 알아두면 좋아요 1 | ● **공유경제 알아보기**<br>공유경제란 서로 빌려 쓰고, 나눠 쓰는 경제 활동을 의미합니다. 우리 주변에서 공유경제의 예로는 무엇이 있을까요? 공유경제를 어떻게 활용할 수 있을까요? | (PPT #8) | 5분 |
| | 주제2 (강의) | ● **한국의 화폐와 결제 수단의 변화에 대해 설명하기**<br>화폐란 무엇일까요? 한국의 화폐는 동전과 지폐로 나뉩니다. 동전의 단위는 어떻게 될까요? 지폐의 단위는 어떻게 될까요? 수표를 사용할 때는 어떻게 해야 할까요? 최근에는 어떤 결제 수단이 활용되나요?<br>● **합리적인 경제 활동에 대해 설명하기**<br>빠르게 변화하는 한국의 경제 상황에서 능동적으로 생활하려면 합리적으로 선택하는 능력이 필요합니다. 합리적인 선택을 하기 위해서는 무엇을 고려해야 할까요? | (PPT #9-11) | 10분 |
| | 알아두면 좋아요 2 | ● **간편 결제 서비스 소개하기**<br>간편 결제 서비스란 온·오프라인에서 스마트폰으로 결제할 수 있는 서비스를 말합니다. 간편 결제 서비스는 카드 정보를 한 번만 입력하면 이후에는 간단한 인증만으로 편하게 사용할 수 있습니다. | (PPT #12) | 5분 |
| 정리 | 정리하기 | **주요 내용 정리** | (PPT #13-14) | 5분 |
| | 이야기 나누기 | ● **합리적인 선택 연습하기**<br>경제 활동에서 합리적인 선택을 하기 위한 과정에 대해 알아봅시다. 이 과정을 참고하여 나에게 50,000원이 주어진다면 무엇을 하고 싶은지 이야기해 봅시다.<br>● **다음 차시 예고** | (PPT #15) | 10분 |

## 학습 내용 정리

### 01 경제 활동의 의미

**1** 경제 활동의 의미
1) 사람이 기본적인 생활을 하기 위해서는 의식주를 해결해야 하며 재화와 서비스가 필요함
2) 사람이 살아가는 데 필요한 재화와 서비스를 만들어 사고 팔며 사용하는 모든 활동을 경제 활동이라고 함

**2** 물가의 의미
1) 물가란 여러 가지 재화나 서비스의 가치를 종합하여 계산한 평균적인 가격을 뜻함
2) 한국은 다른 나라에 비해 공공요금은 싼 편이나 식재료 가격은 비싼 편임

### 02 합리적인 경제 활동의 필요성

**1** 한국의 화폐
1) 동전: 1원, 5원, 10원, 50원, 100원, 500원
2) 지폐: 1,000원, 5,000원, 10,000원, 50,000원, 100,000원(수표)
3) 그 외의 결제 수단: 신용카드, 체크카드, 모바일 간편 결제 서비스

**2** 합리적인 경제 활동의 필요성
1) 빠르게 변화하는 한국의 경제 상황에서 능동적으로 생활하려면 합리적으로 선택하는 능력이 필요함
2) 합리적인 경제 활동을 하기 위해서는 다양한 기준과 대안을 살펴보면서 더 가치있고 필요한 것을 선택해야 함

## 이야기 나누기 예시 답안

- 나는 은행에 저금을 할 거예요. 왜냐하면 집을 구입하는데 대출을 받아서 돈을 아껴야 하기 때문이에요.
- 나는 이번 주말에 가족과 외식을 하는데 쓸 거예요. 왜냐하면 조금 더 맛있고, 양이 풍부한 메뉴를 선택할 수 있기 때문이에요.

## 본문 용어 해설

**의식주** 사람이 생활하는 데 기본적인 요소인 '입는 것/옷=의(衣)', '먹는 것/음식=식(食)', '사는 곳/집=주(住)'을 이르는 말

**급여** 고용 계약에 따라 회사에서 노동에 대한 대가 또는 보상으로 지급되는 것을 말함. 보통 정기적인 시기에 지급되며, 보수, 임금 등이라고도 불림. 급여는 근로자의 사기와 근무 의욕을 높이는데 중요한 요인이 될 수 있음

**수표** 발행인이 지급인(금융 기관)에 대하여, 수취인 기타 정당한 소지인에게 일정한 금액의 지급을 위탁하는 유가증권. 수표의 종류에는 자기앞수표, 당좌수표, 가계수표, 여행자수표 등이 있음

# 소득 내에서의 합리적인 선택하기

※ 자신 또는 가정의 1년 동안 벌어들일 수 있는 소득을 예상해 보고, 합리적인 선택을 위한 우선순위를 정해 봅시다.

1. 1년 예상 소득

- 급여: ____________________원
- 기타(　　　　): ____________원

합계: ______________원

2. 내가 하고 싶거나 가지고 싶은 것에 대한 예상 비용

| 하고 싶거나 가지고 싶은 것 | 비용 | 하고 싶거나 가지고 싶은 것 | 비용 |
|---|---|---|---|
| | | | |
| | | | |
| | | | |
| | | | |

합계: ______________원

3. 선택의 우선순위와 그 이유

| 선택의 우선순위 | 선택을 한 이유 |
|---|---|
| • | • |
| • | • |
| • | • |
| • | • |

**도움 자료**

- **합리적인 선택**: 선택을 합리적으로 하려면 선택에 따른 비용(어떤 것을 얻기 위해 치르는 대가)과 편익(어떤 일로부터 얻게 되는 만족이나 이득)을 잘 따져 보는 것이 필요하다. 같은 비용을 들인다면 편익이 더 큰 선택을 하는 것이 합리적이고, 같은 편익이라면 비용이 더 적게 드는 것이 합리적이다.
- **기회비용**: 희소한 자원을 가지고 인간의 모든 욕구를 충족시킬 수 없기 때문에 인간은 누구든지 부족한 자원을 어느 곳에 우선으로 활용할 것인가를 결정하는 선택을 해야 한다. 즉 다양한 욕구의 대상들 가운데서 하나를 고를 수밖에 없다는 뜻이다. 이때 포기해 버린 선택의 욕구들로부터 예상되는 유·무형의 이익 중 최선의 이익을 기회비용(opportunity cost)이라고 한다.

# 심화자료

## 1. e-나라지표 누리집 소개

- e-나라지표란, 국가정책 수립, 점검 및 성과측정 등을 목적으로 중앙행정기관이 선정하고 관리하는 주요 지표인 나라지표를 제공하는 웹기반의 통계정보시스템이다.
- 누리집: www.index.go.kr
- e-나라지표에서는 변화를 한눈에 알아볼 수 있는 그래프 및 다양한 통계자료, 지표 의미분석, 분석자료 등을 제공하여 이해를 돕고 있다.
- 특히, 경제 활동과 관련된 소비자물가지수, 국내총생산 및 경제성장률, 환율, 외환보유액 등에 대한 구체적이고 실제적인 정보를 확인할 수 있다.
- 소비자물가 동향의 경우, 재정경제부 또는 통계청 누리집-보도자료에 매월 업데이트 되고 있다.

**2024년 3월 소비자물가 동향(요약)**

□ **3월 소비자물가지수는 전월대비 0.1%, 전년동월대비 3.1% 각각 상승**
- ○ 전월비는 전기·가스·수도는 변동 없으며, 공업제품, 농축수산물, 서비스가 상승하여 전체 0.1% 상승
- ○ 전년동월비는 서비스, 농축수산물, 공업제품 및 전기·가스·수도가 모두 상승하여 전체 3.1% 상승

□ **식료품및에너지제외지수는 전월대비 0.1%, 전년동월대비 2.4% 각각 상승**
**농산물및석유류제외지수는 전월대비 변동 없으며, 전년동월대비 2.4% 상승**

□ **생활물가지수는 전월대비 0.3%, 전년동월대비 3.8% 각각 상승**
- ○ 전년동월대비 식품은 5.2%, 식품이외는 2.9% 각각 상승

□ **신선식품지수는 전월대비 1.3%, 전년동월대비 19.5% 각각 상승**
- ○ 전년동월대비 신선과실 40.9%, 신선채소 11.0%, 신선어개 1.1% 각각 상승

**< 주요부문 소비자물가지수 전년동월비 >**

(%)

| | '23.3월 | 4월 | 5월 | 6월 | 7월 | 8월 | 9월 | 10월 | 11월 | 12월 | '24.1월 | 2월 | 3월 |
|---|---|---|---|---|---|---|---|---|---|---|---|---|---|
| 총지수 | 4.2 | 3.7 | 3.4 | 2.7 | 2.4 | 3.4 | 3.7 | 3.8 | 3.3 | 3.2 | 2.8 | 3.1 | **3.1** |
| 식료품및에너지제외지수 | 4.0 | 3.9 | 3.8 | 3.3 | 3.2 | 3.1 | 3.1 | 3.1 | 2.9 | 2.8 | 2.5 | 2.5 | **2.4** |
| 농산물및석유류제외지수 | 4.7 | 4.5 | 4.3 | 4.0 | 3.8 | 3.7 | 3.7 | 3.5 | 3.2 | 3.1 | 2.6 | 2.6 | **2.4** |
| 생활물가지수 | 4.3 | 3.7 | 3.3 | 2.5 | 2.0 | 3.9 | 4.4 | 4.5 | 3.9 | 3.7 | 3.4 | 3.7 | **3.8** |
| 신선식품지수 | 7.2 | 3.4 | 3.8 | 4.2 | 2.2 | 6.6 | 7.6 | 13.3 | 13.7 | 14.5 | 14.4 | 20.0 | **19.5** |

**< 소비자물가지수 등락률 추이 >**

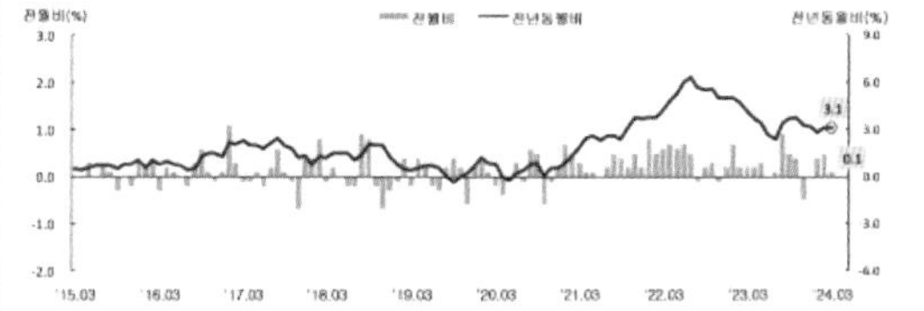


## 2. 시대에 따라 달라지는 희소성: 물의 예

물은 옛날에는 매우 흔하여 돈을 내고 사용하는 것이 오히려 이상한 자원이었다. 물 한 바가지를 공짜로 얻어 마시는 것이 당연하고, 대동강 물을 돈을 받고 판 봉이 김선달의 행동이 말도 안 되는 우스개로 여겨질 정도였다. 그러나 오늘날 환경 오염으로 맑은 물을 구하기가 어려워지면서 맑은 물은 사용료를 지급해야 하는 자원이 되었다. 일부 생수의 값은 우리나라에서 나지 않는 휘발유 가격과 맞먹을 정도로 물은 점점 희소한 자원이 되고 있다.

## 3. 화폐 관련 법령

- [형법207조] 돈으로 쓰기 위해 화폐를 위·변조하면 무기 또는 2년 이상의 징역에 처해진다.
- [형법208조] 돈으로 쓰기 위해 위·변조된 화폐를 취득하면 5년 이하의 징역 또는 1500만원 이하의 벌금에 처해진다.
- [형법210조] 위·변조된 화폐인 줄 알면서도 사용하면 2년 이하의 징역 또는 500만원 이하의 벌금에 처해진다.
- [형법211조] 판매할 목적으로 국내외 화폐와 유사한 물건을 제조·수입·수출하면 3년 이하의 징역 또는 700만원 이하의 벌금에 처해진다.

**참고자료**
류재명 외(2013), 『중학교 사회』, 천재교육.
국가지표체계 www.index.go.kr
통계청 www.kostat.go.kr

# 26 경제 성장

교재 140-143쪽

이 차시의 목표는 한국의 경제 성장과 다른 나라와의 경제 교류에 대해 이해하는 것이다. 이를 위해 6·25전쟁 이후의 경제 성장 과정, 다른 나라와의 경제 교류 현황 및 해외 원조에 대한 내용을 학습한다.

| 단계 | | 교수학습활동 | 교수 자료 | 시간 |
|---|---|---|---|---|
| 도입 | 생각해 보기 | ● **한국 생산 물품 사용과 관련한 학습자의 경험 물어보기**<br>한국에서 생산한 물건 중 어떤 것을 사용해 봤습니까? 사용해 본 한국 제품의 특징(장·단점)은 무엇입니까? | (PPT #1-3) | 4분 |
| | 학습목표 | ● **학습목표 제시**<br>1. 한국 경제의 성장 과정을 설명할 수 있다.<br>2. 한국과 다른 나라와의 경제 교류에 대해 설명할 수 있다.<br>● **이번 차시와 관련된 교재의 단원 확인하기** | (PPT #4) | 1분 |
| 전개 | 주제1 (강의) | ● **한국의 경제 성장 과정에 대해 설명하기**<br>한국은 1950년대에 6·25전쟁을 겪으면서 대부분의 산업 시설이 파괴되었습니다. 그러나 다른 나라의 도움과 국민들의 자발적인 노력으로 경제 성장을 이룩하였습니다. 1960년대 이후 한국의 경제 성장 과정은 어떠했습니까? 한국의 대표적인 산업에는 무엇이 있습니까? '한강의 기적'이란 무엇을 의미할까요?<br>● **경제 성장 과정에서의 사람의 중요성에 대해 설명하기**<br>기술이나 자원, 돈이 많지 않았던 한국은 풍부한 노동력을 활용한 경공업 중심으로 경제 성장을 하였습니다. 또한 가난을 극복하겠다는 의지와 교육열 역시 경제 성장의 중요한 요인이 되었습니다. | (PPT #5-7) | 10분 |
| | 알아두면 좋아요 1 | ● **독일로 간 광부와 간호사에 대해 알아보기**<br>1960~70년대 사이 한국에서는 많은 사람들이 독일로 떠났습니다. 이 사람들은 왜 독일로 갔을까요? 독일에서 어떤 생활을 하였을까요? 이들이 독일에서 광부와 간호사로 일하면서 한국 경제에는 어떤 도움이 되었을까요? | (PPT #8) | 5분 |
| | 주제2 (강의) | ● **한국과 다른 나라와의 경제 교류에 대해 설명하기**<br>한국의 수출과 수입을 합친 무역 규모는 세계 여러 나라와 비교해서 어느 정도 수준일까요? 최근 한국이 무역 강국이 될 수 있었던 요인은 무엇일까요? 한국은 왜 여러 나라와 자유무역협정을 맺으려고 할까요?<br>● **수혜국에서 공여국이 된 한국에 대해 설명하기**<br>한국은 경제적 도움을 받던 나라에서 이제는 세계 여러 나라에 도움울 주는 나라로 성장하였습니다. 한국은 어떤 분야에서 경제가 어려운 나라를 돕고 있을까요? | (PPT #9-11) | 10분 |
| | 알아두면 좋아요 2 | ● **전 세계의 코로나19 극복을 위한 한국의 지원 사례 소개하기**<br>코로나19가 전 세계로 확산되고 있을 때, 한국은 진단검사부터 치료까지의 과정으로 큰 주목을 받았습니다. 한국은 이러한 경험을 바탕으로 다른 나라의 코로나19 극복을 위해 어떠한 지원을 하였습니까? | (PPT #12) | 5분 |
| 정리 | 정리하기 | **주요 내용 정리** | (PPT #13-14) | 5분 |
| | 이야기 나누기 | ● **한국의 세계 수출 1위 품목 알아보기**<br>자신의 고향 나라에서 한국 제품을 본 적이 있나요? 한국의 세계 수출 1위 품목에는 무엇이 있을까요? 자신의 고향 나라에서 다른 나라로 수출하는 제품 중에 유명한 것에는 무엇이 있는지 이야기해 봅시다.<br>● **다음 차시 예고** | (PPT #15) | 10분 |

## 학습 내용 정리

### 01 한국 경제의 성장 과정

**1** 한강의 기적이라 불리는 이유

1) 1950년대 6·25전쟁으로 대부분의 산업 시설이 파괴되었으나 1960~70년대에 걸쳐 빠르게 경제 성장이 이루어짐

2) 현재 조선 산업, 자동차 산업, 반도체 산업 뿐 아니라 서비스 산업 등이 경제 성장을 이끌고 있음

3) 과거에 가난했던 한국이 지금처럼 눈부신 성장을 한 것을 가리켜 '한강의 기적'이라 부름

**2** 경제 성장의 원동력

1) 풍부한 노동력

2) 뜨거운 교육열

3) 경제적 위기를 극복하겠다는 의지

### 02 한국과 다른 나라와의 경제 교류

**1** 다른 나라와의 경제 교류 현황

1) 한국의 수출과 수입을 합친 무역 규모는 꾸준히 상위권을 유지하고 있음

2) 안정적인 해외 시장을 확보하고, 경제 경쟁력을 강화하기 위해 자유무역협정(FTA)을 적극 추진함

**2** 수혜국에서 공여국이 된 한국

1) 6·25전쟁 후, 국제사회의 원조를 통해 경제 성장의 기틀을 마련한 한국이 이제는 경제가 어려운 나라들을 한국국제협력단(KOICA)과 대외경제협력기금(EDCF)을 중심으로 지원하고 있음

## 이야기 나누기 예시 답안

OO국에서 생산되는 커피는 세계 여러 나라로 수출되고 있어요.

## 본문 용어 해설

**반도체** 전기가 통하는 도체와 전혀 통하지 않는 부도체와 달리 일정한 조건에서 전기가 통하는 정도가 달라지는 물질. 오늘날 전자제품 등에 많이 활용되고 있음

**한국국제협력단(KOICA)** 한국국제협력단(Korea International Cooperation Agency)은 1991년 4월 설립된 정부 차원의 대외 무상원조 전담 기관으로 개발도상국가의 빈곤퇴치와 경제·사회 발전을 지원함. 이를 통해 국제개발협력 및 한국과 개발도상국가 간 우호협력관계를 증진하는 것을 목적으로 여러 사업을 실시하고 있음

**대외경제협력기금(EDCF)** 대외경제협력기금(Economic Development Cooperation Fund)은 개발도상국의 산업화 및 경제발전을 지원하고 한국과 이들 국가와의 경제 교류를 증진하기 위하여 1987년 설립된 정책기금. 2017년 말까지 세계 54개 개발도상국의 359개 개발사업에 대해 약 15조 9,008억 원의 원조자금을 지원함

# 세계적인 한국 상품 홍보 포스터 만들기

※ 세계적으로 유명하고 인기 있는 한국 상품의 사례를 찾아 정리해 보고, 그 중에 한 가지를 선정하여 자신의 고향 나라에 이 상품을 홍보하는 포스터를 만들어 봅시다.

| 1. 내가 선택한 한국 상품 | 2.상품을 선택한 이유 또는 좋은점 |
|---|---|
| | |

도움 자료

● 케이몰24(Kmall24/한국무역협회가 운영하는 해외직판 플랫폼) 이용 외국인 설문조사 결과

**[한국 방문 시 가장 구매하고픈 품목]**

| 품목 | 비중 |
|---|---|
| K-Beauty(화장품, 향수 등) | 26% |
| K-Pop 관련 상품(앨범, DVD, 포토북, 응원봉 등) | 24% |
| 식음료 | 16% |
| 패션 아이템(의류, 악세서리) | 12% |
| 헤어&바디 | 9% |
| 생활용품 | 4% |
| 책 및 잡지 | 3% |
| 전자제품 | 2% |
| 기타(기념품, 완구, 문구 등) | 1% |
| 계 | 100% |

**[(자국 상품에 비해)한국 상품을 선호하는 이유]**

| 이유 | 비중 |
|---|---|
| 품질 | 32% |
| 한국 제품의 명성/이미지 | 23% |
| 한국에서만 생산하는 제품/브랜드 | 16% |
| 디자인 | 14% |
| 가격 경쟁력 | 8% |
| 지인의 추천 | 2% |
| 기타 | 5% |
| 계 | 100% |

**[한국 제품에 관심을 갖게 된 계기]**

| 이유 | 비중 |
|---|---|
| 드라마, K-Pop 뮤직비디오 등 한류 문화콘텐츠 | 62% |
| 인터넷 검색 | 19% |
| 지인의 소개 | 9% |
| 온라인 쇼핑몰에서 발견 | 5% |
| 온라인 광고 | 3% |
| 기타(오프라인 광고, 한국 방문, 블로그 등) | 2% |
| 계 | 100% |

[출처] 한국무역협회(2019). Kmall24 이용 해외 소비자 인식조사. 서울: 한국무역협회.

# 심화자료

## 1. 경제 성장이 우리 생활에 어떤 영향을 줄까?

- 국가가 생산하는 재화와 서비스의 양은 일반적으로 시간이 흐르면서 많아지는데, 이것을 경제 성장이라고 말한다. 이는 경제 활동이 이전보다 활발해졌다는 뜻으로서, 경제가 성장하면 일자리가 많이 생길 뿐 아니라 생산 활동에 참가한 사람들의 소득도 늘어난다. 국가 전체의 생산량이 많아지므로 사람들이 소비할 수 있는 재화와 서비스의 양도 증가하여 전반에 걸쳐 생활 수준이 향상된다.
- 경제가 성장하면 이전보다 양질의 교육과 의료 서비스를 받을 수 있고, 여가 및 문화생활 등도 더 많이 누릴 수 있게 되어 삶의 질이 좋아질 수 있다. 실제로 1인당 소득이 높은 나라일수록 평균 수명이 길고, 의식주나 복지 시설 등 기본적인 삶의 조건이 잘 갖춰져 있다. 이처럼 경제 성장은 행복한 삶을 실현하는 데 필요한 여건을 마련해 주므로 우리는 지속적인 경제 성장을 위해 노력해야 한다.

## 2. 라인강의 기적과 한강의 기적

- 제2차 세계대전에서 패한 독일은 한때 전체 가옥의 40%가 파괴되고, 난민도 무려 1,000만 명이나 되었다. 국민의 60%가 영양실조라고 알려질 만큼 매우 끔찍한 상황이었다. 하지만 독일은 우수한 노동력으로 높은 품질의 제품을 생산하였고, 특히 독일의 수로 역할을 하는 라인강을 통해 물건을 실어 날랐다. 그 결과 독일은 엄청난 경제 성장을 이룩했고 유럽 최고의 강국으로 다시 발돋움할 수 있었다.
- 라인강은 독일의 남부 지방을 흘러가는 강을 말하는데 2차 대전 이후 이같은 독일의 눈부신 경제 부흥을 '라인강의 기적'이라 불러왔고, 이와 비교해서 한국의 경제 발전을 '한강의 기적'이라고 부르게 되었다.

## 3. 한국의 무역 현황(2023년 기준)

- 한국의 10대 무역국

| | 수출국 | 수입국 |
|---|---|---|
| 1위 | 미국 | 중국 |
| 2위 | 중국 | 미국 |
| 3위 | 베트남 | 일본 |
| 4위 | 홍콩 | 호주 |
| 5위 | 일본 | 사우디아라비아 |
| 6위 | 대만 | 베트남 |
| 7위 | 싱가포르 | 대만 |
| 8위 | 마샬 제도 | 독일 |
| 9위 | 인도 | 아랍에미리트 |
| 10위 | 호주 | 말레이시아 |

- 한국의 10대 교역상품

| | 수출상품 | 수입상품 |
|---|---|---|
| 1위 | 반도체 | 원유 |
| 2위 | 자동차 | 반도체 |
| 3위 | 석유제품 | 천연가스 |
| 4위 | 자동차부품 | 정밀화학원료 |
| 5위 | 합성수지 | 석유제품 |
| 6위 | 선박해양구조물 및 부품 | 반도체 제조용 장비 |
| 7위 | 철강판 | 석탄 |
| 8위 | 평판디스플레이 및 센서 | 자동차 |
| 9위 | 정밀화학원료 | 컴퓨터 |
| 10위 | 무선통신기기 | 무선통신기기 |

**참고자료**
류재명 외(2013), 『중학교 사회』, 천재교육.
산업통산자원부 www.motie.go.kr
한국무역협회 www.kita.net
e-나라지표 www.index.go.kr

# 27 장보기와 소비자보호

교재 144-147쪽

이 차시의 목표는 장보는 방법과 소비자보호와 관련된 책임과 권리에 대해 이해하는 것이다. 이를 위해 다양한 종류의 시장, 텔레비전 홈쇼핑과 온라인 쇼핑, 소비자의 보호받을 권리 및 책임에 대한 내용을 학습한다.

| 단계 | | 교수학습활동 | 교수 자료 | 시간 |
|---|---|---|---|---|
| 도입 | 생각해 보기 | ● **한국의 다양한 시장과 관련된 학습자의 경험 물어보기**<br>자신이 한국에서 이용해 본 시장에는 무엇이 있나요? 자신이 한국에서 가장 자주 이용하는 시장과 그 이유에 대해 이야기해 봅시다. | (PPT #1-3) | 4분 |
| | 학습목표 | ● **학습목표 제시**<br>1. 다양한 장보기 방법을 알고, 이를 일상생활에서 활용할 수 있다.<br>2. 소비자의 권리와 책임에 대해 설명할 수 있다.<br>● **이번 차시와 관련된 교재의 단원 확인하기** | (PPT #4) | 1분 |
| 전개 | 주제1 (강의) | ● **다양한 종류의 시장 설명하기**<br>한국에는 어떤 종류의 시장이 있을까요? 전통시장의 특징은 무엇일까요? 대형 마트나 백화점의 특징은 무엇일까요? 편의점이나 슈퍼마켓의 특징은 무엇일까요? 3일장이나 5일장의 특징은 무엇일까요?<br>● **텔레비전 홈쇼핑과 온라인 쇼핑 설명하기**<br>텔레비전 홈쇼핑이나 온라인 쇼핑을 이용해 본 적이 있나요? 텔레비전 홈쇼핑의 특징은 무엇일까요? 온라인 쇼핑의 특징은 무엇인가요? 최근에는 스마트폰 등 모바일 기기를 활용하여 쇼핑하는 사람들이 증가하고 있습니다. 온라인 쇼핑을 할 때 주의해야 할 점은 무엇인가요? | (PPT #5-7) | 10분 |
| | 알아두면 좋아요 1 | ● **지역사랑 상품권 알아보기**<br>지역사랑 상품권은 지방자치단체에서 발행하는 상품권으로 해당 지자체 내의 가맹점에서만 사용할 수 있는 상품권입니다. 농협, 신협, 새마을금고 등에서 구입이 가능하며 기본 0.5%부터 10% 할인이 됩니다. | (PPT #8) | 5분 |
| | 주제2 (강의 | ● **소비자의 권리 설명하기**<br>제품을 구입하거나 사용하는 과정에서 소비자는 수리, 교환, 환불, 피해 보상 등의 보호를 받을 수 있습니다. 한국에서는 소비자가 상품을 구입하고 사용할 때의 권리를 '소비자기본법'으로 정해 놓았습니다. 구입한 제품에서 문제가 발생한 경우 어떻게 해결할 수 있을까요?<br>● **소비자의 책임 설명하기**<br>소비자는 물건을 구매할 때 무엇을 반드시 지켜야 할까요? 소비자는 가격과 품질을 비교하고, 음식물의 유통기한을 반드시 확인해야 합니다. 그리고 교환이나 환불을 대비하여 영수증을 반드시 챙깁니다. 한편, 제품을 사용할 때는 어떤 점을 지켜야 할까요? | (PPT #9-11) | 10분 |
| | 알아두면 좋아요 2 | ● **소비자 상담 방법에 대해 알아보기**<br>소비자 상담이란 소비 과정에서 피해를 입었을 때, 전문상담사와 이야기를 나누고 불만을 해결하는 것을 말합니다. 소비자상담센터 전화번호는 몇 번입니까? 한국말이 서툰 경우, 어떻게 진행하면 될까요? | (PPT #12) | 5분 |
| 정리 | 정리하기 | **주요 내용 정리** | (PPT #13-14) | 5분 |
| | 이야기 나누기 | ● **소비자 권리와 이익을 위한 제도 알아보기**<br>한국에서는 소비자의 권리와 이익을 위해 제조물 책임법, 리콜제도, 의무표시제 등이 있습니다. 자신의 고향 나라에서 소비자를 보호하는 제도에는 무엇이 있는지 이야기해 봅시다.<br>● **다음 차시 예고** | (PPT #15) | 10분 |

## 학습 내용 정리

### 01 시장의 종류

**1** 다양한 종류의 시장

1) 상설시장: 거의 날마다 열리는 시장
- 전통시장: 옛날식 시장이며 물건 값이 대체로 쌈
- 대형 마트와 백화점: 큰 현대식 건물 내에 다양하고 많은 물건들을 구매할 수 있음
- 슈퍼마켓: 주로 동네에 위치하고 있으며, 야채, 과자, 음료 등을 판매함
- 편의점: 24시간 문을 여는 가게이며, 식료품을 중심으로 간단한 물품을 판매함

2) 정기시장: 정해진 날짜에만 열리는 장으로 오늘날 많이 사라졌으나 지방을 중심으로 일부 존재함

**2** 텔레비전 홈쇼핑과 온라인 쇼핑

1) 텔레비전 홈쇼핑: 홈쇼핑 채널에서 전화를 걸어 상품을 구입하거나 모바일 기기로도 주문할 수 있음

2) 온라인 쇼핑: 인터넷이나 스마트폰 등 모바일 기기를 통해 편하게 상품을 주문할 수 있음

### 02 소비자의 권리와 책임

**1** 소비자가 보호 받을 권리

1) 소비자기본법: 소비자의 권리와 책임을 규정하고, 소비생활의 향상과 경제 발전을 목적으로 하는 법

2) 한국소비자원이나 소비자단체 등은 소비자를 지원해 주는 전문기관임

**2** 소비자의 책임

1) 소비자는 상품을 구입할 때 가격과 품질을 비교하고, 음식물의 경우 유통기한을 반드시 확인함

2) 소비에 필요한 지식과 정보를 습득하고, 자원을 절약하며 환경을 보호하는 소비생활을 해야 함

## 이야기 나누기 예시 답안

(OO국) 2017년 10월 18일, OO국에서 고령소비자의 금융사기 등 피해를 방지하기 위한 '고령자 학대 방지법(Elder Abuse Prevention and Prosecution Act)'이 제정·공포되었어요. 이 법은 고령화의 진전과 함께 증가하고 있는 고령소비자 대상 금융사기 및 금융착취 등을 방지하는데 주요 목적을 두고 있어요.

## 본문 용어 해설

**시장** 재화와 서비스를 팔려는 사람과 사려는 사람이 만나서 거래를 하는 곳. 흔히 생각하는 재래시장만이 아니라 홈쇼핑, 인터넷, 상거래도 시장에 포함됨. 시장은 농산물 시장, 수산물 시장, 꽃 시장, 주식 시장처럼 거래하는 상품의 종류에 따라 구분할 수 있고, 매일 열리는지 아닌지에 따라서 상설시장과 정기시장으로도 구분할 수 있음

**모바일 쇼핑** 스마트폰 및 무선 인터넷의 대중화로 손쉽게 쇼핑할 수 있는 서비스. 소비자들은 이동 중에도 스마트폰과 같은 모바일 기기를 활용해 쇼핑 관련 앱이나 누리집에서 물건을 살 수 있음

**소비자 피해보상** 소비자가 물품을 구입하고 나서 그 품질, 가격 등에서 정당하게 불만을 제기하면 판매자는 해당 물품에 대해 수리나 교환, 환불, 해약 등의 보상을 하게 됨

# 우리 지역의 전통시장 소개하기

※ 우리 지역의 전통시장을 소개해 봅시다.

| | |
|---|---|
| 1. 전통시장 이름 | |
| 2. 전통시장 역사와 특징 | |
| 3. 전통시장에서 주로 파는 물건 | |

**도움 자료**

● **전통시장 통통 누리집 소개**

- 누리집 주소: www.sbiz.or.kr/sijangtong/nation.do
- 소상공인시장진흥공단 운영 전통시장 포털누리집
- 지역별 시장찾기, 온누리상품권, 특산물 등 전통시장에 대한 정보 제공
- 특성화 시장 소개
  - 글로벌명품시장: 한국의 맛과 멋, 흥을 몸소 체험할 수 있는 가장 한국적인 전통시장
  - 문화관광형시장: 지역의 역사·문화·관광자원 및 특산물과 연계된 관광과 쇼핑이 가능한 시장
  - 지역선도시시장: 지역적 특색과 개성을 담은 특화상품과 유수의 관광자원으로 시장경쟁력을 보유하고, 지역사회의 사회적 책임을 공유하는 지역 대표 시장

# 심화자료

## 1. 대형 마트

- 한국의 대형 마트는 보통 슈퍼마켓과 백화점이 결합된 형태의 큰 소매점을 말한다. 과일이나 채소, 육류 등 1차 식품은 물론이고 의류나 가전제품, 가구, 잡화 등 공산품까지 대량의 물건을 취급함으로써 소비자들에게 할인된 가격으로 물건을 제공한다.
- 대형 마트를 이용하는 소비자가 늘어나면서 한국의 재래시장이 큰 타격을 입었다. 특히 대형 마트와 연계한 기업형 슈퍼마켓이 늘어나면서 대형 마트와 재래시장 간의 갈등이 커졌다. 최근에는 재래시장의 상인들을 보호하고자 대형 마트의 의무휴업일을 월 2회 정도 지정하여 운영하고 있다.

## 2. 온라인 쇼핑몰에서 물품 구매 시 확인 사항

온라인 쇼핑몰에서 물품 구매 시 결함 제품을 주의하기 위해 다음과 같은 상황을 확인할 필요가 있다.

| | |
|---|---|
| 구매 시 | ▪ 제조업자, 수입업자, 판매자 신원정보 게시 여부 확인<br>▪ 리콜정보 제공 포털(행복드림, 제품안전정보센터 등)을 통해 결함 제품 여부 확인<br>▪ 안전인증 표시, 주의사항, 사용 제한 연령 등 안전정보 확인 |
| 구매 후 | ▪ 사업자 공식 홈페이지에 제품 등록하여 리콜, 소프트웨어 업데이트, 안전정보 제공받기 |
| 안전 문제 발생시 | ▪ 판매자, 오픈마켓 사업자, 관련 정부기관에 즉시 신고 |

## 3. 한국소비자원 소개

- 소비자기본법에 따라 설립된 기관으로 소비자 피해 구제뿐 아니라 피해 예방, 정보 제공 및 교육, 안전 주의보 발행 등 국민 소비 생활과 밀접한 문제 해결에 힘쓰고 있음
- 누리집: www.kca.go.kr
- 한국소비자원은 의류·생활용품·자동차 등 상품부터 여행·교육·문화 등 각종 서비스는 물론 금융·의료 등 전문 분야까지 소비 생활 전반에 걸쳐 발생하는 소비자 피해를 상담하고 그 피해를 구제하고 있음
- 소비자 위해(危害) 정보를 수집·분석·평가하고 위해 다발 품목에 대한 심층적인 조사 및 제품 안전성 시험검사를 통하여 소비자 안전을 도모함

## 4. 소비자 피해 해결 과정

| | |
|---|---|
| 1단계 | 상품을 구입한 상점이나 상품을 만든 회사의 소비자 상담실에 연락하여 문제를 설명하고 수리나 교환을 요청 |
| ⇩ | |
| 2단계 | 한국소비자원이나 기타 소비자 단체에 도움을 요청 |
| ⇩ | |
| 3단계 | 한국소비자원의 소비자 분쟁 조정 위원회에 도움을 요청 |
| ⇩ | |
| 4단계 | 법원에 소송하여 재판을 진행 |

**참고자료**
공정거래위원회 공식블로그
https://blog.naver.com/ftc_news
한국소비자원 www.kca.go.kr

# 28 금융 기관 이용하기

교재 148-151쪽

이 차시의 목표는 금융 기관의 종류와 특징 및 금융 거래하는 방법에 대해 이해하는 것이다. 이를 위해 은행에서 하는 일, 은행의 종류, 은행 계좌 개설 및 금융 거래 방법에 대한 내용을 학습한다.

| 단계 | | 교수학습활동 | 교수 자료 | 시간 |
|---|---|---|---|---|
| 도입 | 생각해 보기 | ● **한국과 자신의 고향 나라의 금융 기관과 관련된 학습자의 경험 물어보기**<br>한국의 금융 기관에 어떤 목적으로 방문해 보았나요? 자신의 고향 나라와 한국 금융 기관의 공통점과 차이점에 대해 이야기해 봅시다. | (PPT #1-3) | 4분 |
| | 학습목표 | ● **학습목표 제시**<br>1. 금융 기관의 종류와 특징을 설명할 수 있다.<br>2. 금융 거래 하는 방법을 알고 이를 활용할 수 있다.<br>● **이번 차시와 관련된 교재의 단원 확인하기** | (PPT #4) | 1분 |
| 전개 | 주제1 (강의) | ● **은행에서 하는 일 설명하기**<br>은행에서 하는 일은 무엇일까요? 은행은 사람들의 돈을 맡아주기도 하고, 돈을 빌려주기도 합니다. 또한 송금 및 공과금·아파트 관리비·대학 등록금 납부, 환전, 신용카드 발급 업무 등을 하고 있습니다.<br>● **은행의 종류 설명하기**<br>주로 거래하는 은행은 어디인가요? 가장 많이 본 은행은 무엇인가요? 시중은행에는 무엇이 있을까요? 지방은행에는 무엇이 있을까요? 그 밖에 다른 은행에는 무엇이 있을까요? 인터넷 전문은행이란 무엇일까요? | (PPT #5-7) | 10분 |
| | 알아두면 좋아요 1 | ● **저축 상품 소개하기**<br>은행에서 주로 이용하는 상품은 무엇인가요? 정기 적금이란 무엇일까요? 정기 예금이란 무엇일까요? 정기 적금과 정기 예금의 차이는 무엇일까요? | (PPT #8) | 5분 |
| | 주제2 (강의) | ● **은행 계좌 만드는 방법 설명하기**<br>은행에서 계좌를 만들려면 무엇이 필요할까요? 금융실명제란 무엇일까요? 외국인이 은행에서 계좌를 만들기 위해서는 무엇이 필요할까요?<br>● **금융 거래하는 방법 설명하기**<br>은행에서 계좌를 만든 후 금융 거래하는 방법에는 무엇이 있을까요? ATM(현금자동입출금기), 인터넷뱅킹, 스마트폰뱅킹의 특징은 무엇일까요? 금융 사고를 방지하기 위해서 어떤 예방책이 있을까요? | (PPT #9-11) | 10분 |
| | 알아두면 좋아요 2 | ● **예금자 보호 제도 소개하기**<br>만약 은행이 파산하게 되면 우리가 예금한 돈은 찾을 수 있을까요? 예금자 보호 제도란 무엇일까요? 국가에서 예금을 보장하는 것에 대해 어떻게 생각하나요? | (PPT #12) | 5분 |
| 정리 | 정리하기 | **주요 내용 정리** | (PPT #13-14) | 5분 |
| | 이야기 나누기 | ● **금융 사기 예방 방법에 대해 알아보기**<br>금융 사기 범죄의 일종인 메신저 피싱에 대해 들어본 적이 있나요? 메신저 피싱이란 무엇일까요? 메신저 피싱 예방법에 대해 알아봅시다. 안전한 금융거래를 위해 주의해야 할 점에 대해 이야기해 봅시다.<br>● **다음 차시 예고** | (PPT #15) | 10분 |

## 학습 내용 정리

### 01 금융 기관의 종류

**1** 은행에서 하는 일

1) 은행에서는 돈을 맡아주기도 하고, 돈을 필요로 하는 사람이나 기업에 빌려주기도 함

2) 송금, 공과금·아파트 관리비·대학 등록금 납부, 환전, 신용카드 개설 등과 관련된 업무를 함

**2** 은행의 종류

1) 시중은행: 전국 곳곳에 설치된 은행

2) 지역은행: 지역 경제의 발전을 주된 목적으로 하는 은행

3) 상호저축은행: 시중은행보다 금리가 높으나 안전성이 다소 낮음

4) 인터넷 전문은행: 온라인 네트워크를 통해 금융서비스를 제공하는 은행

### 02 금융 거래 방법

**1** 은행 계좌 만들기

1) 은행에 직접 방문해서 자신의 이름으로 계좌를 만듦(금융실명제)

2) 계좌를 만들기 위해서는 신분증(여권, 외국인등록증, 외국인거소신고증), 도장(사인) 등이 필요함

**2** 금융 거래하기

1) ATM, 인터넷뱅킹, 스마트폰뱅킹 등을 통해 금융 거래를 할 수 있음

2) 금융 거래시 사고가 발생한 경우, 바로 은행 또는 경찰서에 신고함

## 이야기 나누기 예시 답안

보안 프로그램 설치, 전자 금융 거래 이용 내용을 알려주는 휴대 전화 서비스 활용, 출처가 불분명한 이메일이나 파일은 즉시 삭제해야 해요.

## 본문 용어 해설

**금융** 돈을 유통하는 일. 흔히 돈을 빌리거나 빌려 주고 이자를 받는 등의 일을 모두 묶어서 말함

**지점** 본점에서 갈라져 나온 점포. 보통 은행이나 각종 체인점 등을 말함. 본점의 지휘에 따라 움직이지만 어느 정도의 자율성을 지니고 있음

**계좌** 돈을 비롯한 예금이나 자산을 맡겨둔 자리. 한 개인이 여러 개의 계좌를 통해서 돈을 관리할 수 있음

**OTP** OTP 카드는 안전한 금융 거래를 위해 개발되고, 사용이 늘어나고 있음. One Time Password의 약자로 일회용 비밀번호 생성기라고 할 수 있음. 보통 버튼을 누르면 6자리의 숫자가 나오는데 금융 업무를 볼 때 이 번호를 통해 해당 당사자인지를 확인함. 대략 30초 간격으로 비밀번호가 계속 바뀌기 때문에 이전의 보안 시스템보다 상당히 안전하며, OTP 카드는 한 은행에서 발급받게 되면 다른 은행에서도 등록만 하면 사용할 수 있는 장점이 있음

# 개인정보 오남용 피해 예방 10계명 알아보기

※ **금융 거래 등 일상 생활에서 개인정보를 지키기 위한 '개인정보보호 오남용 피해 방지 10계명'을 알아봅시다.**

**나의 개인정보 보호 실천지수는 몇 점인가요?** ( ) 점 / 100점

| | | |
|---|---|---|
| 1 | 회원가입을 하거나 개인정보를 제공할 때에는 개인 정보 처리 방침 및 약관을 꼼꼼히 살핍니다. | □ |
| 2 | 회원가입 시 비밀번호를 타인이 유추하기 어렵도록 영문/숫자 등을 조합하여 8자리 이상으로 설정합니다. | □ |
| 3 | 자신이 가입한 누리집에 타인이 자신인 것처럼 로그인하기 어렵도록 비밀번호를 주기적으로 변경합니다. | □ |
| 4 | 가급적 안전성이 높은 주민번호 대체 수단(아이핀: i-PIN)으로 회원가입을 하고, 꼭 필요하지 않은 개인정보는 입력하지 않습니다. | □ |
| 5 | 타인이 자신의 명의로 신규 회원가입 시 즉각 차단하고, 이를 통지받을 수 있도록 명의 도용 확인서비스를 이용합니다. | □ |
| 6 | 자신의 아이디와 비밀번호, 주민번호 등 개인정보가 공개되지 않도록 주의하여 관리하며 친구나 다른 사람에게 알려주지 않습니다. | □ |
| 7 | 인터넷에 올리는 데이터에 개인정보가 포함되지 않도록 하며, P2P로 제공하는 자신의 공유 폴더에 개인정보 파일이 저장되지 않도록 합니다. | □ |
| 8 | 금융거래 시 신용카드 번호와 같은 금융 정보 등을 저장할 경우 암호화하여 저장하고, 되도록 PC방 등 개방 환경을 이용하지 않습니다. | □ |
| 9 | 인터넷에서 아무 자료나 함부로 다운로드 하지 않습니다. | □ |
| 10 | 개인정보가 유출된 경우 해당 누리집 관리자에게 삭제를 요청하고, 처리되지 않는 경우 즉시 개인정보 침해 신고를 합니다. | □ |

**도움 자료**

- **개인정보**: 개인의 신체, 재산, 사회적 지위, 신분 등에 관한 사실, 판단, 평가 등을 나타내는 일체의 모든 정보를 말한다. 정보사회를 맞이하여 사회 각 분야에서 인터넷과 정보통신기술의 사용이 일상화되면서, 개인정보는 과거의 단순한 신분정보에서 오늘날에는 전자상거래, 고객관리, 금융거래 등 사회의 구성, 유지, 발전을 위한 필수적인 요소로서 가능하고 있다. 또한 개인정보는 기업의 입장에서도 수익 창출을 위한 자산적 가치로서 높게 평가되고 있다.
- **개인정보의 구체적인 예**: 신분 관계(성명, 주민등록번호, 주소, 본적, 가족관계, 본관 등), 내면의 비밀(사상, 신조, 종교, 가치관, 정치적 성향 등), 심신의 상태(건강상태, 신장, 체중 등 신체적 특징, 병력, 장애 정도 등), 사회경력(학력, 직업, 자격, 전과 여부 등), 경제 관계(소득규모, 재산보유 상황, 거래내역, 신용정보, 채권채무관계 등)

[출처] 개인정보침해 신고센터 누리집(privacy.kisa.or.kr)

# 심화자료

## 1. 한국은행의 주요 기능 및 역할

- 우리가 일상생활에서 사용하는 화폐 곧 지폐와 동전은 모두 한국은행에서 발행한다. 한국은행에서는 현재 지폐 4종류(천원권, 오천원권, 만원권, 오만원권)와 동전 6종류(1원화, 5원화, 10원화, 50원화, 100원화, 500원화)를 발행하고 있다. 한국은행은 한국조폐공사에 의뢰하여 만든 화폐를 보관하고 있다가 한국은행의 본부와 지역본부를 통하여 시중에 내보내는데 이를 화폐의 발행이라고 한다.
- 한국은행이 하는 가장 중요한 일은 통화신용정책을 수립하고 집행하는 것이다. 통화신용정책이란 화폐(돈)의 독점적 발행 권한(발권력)을 부여 받은 중앙은행이 다양한 정책 수단을 활용하여 돈의 양이나 금리가 적정한 수준에 머물도록 영향을 미치는 정책을 말한다. 유통되는 돈의 양 또는 금리 수준은 가계나 기업의 경제활동 그리고 물가 등에 영향을 미친다는 점에서 통화 신용정책의 중요성은 매우 크다고 할 수 있다.

## 2. 금융 실명제

은행을 비롯한 금융 기관과 거래할 때, 본인 자신의 실제 이름으로 거래해야 하는 제도를 금융 실명제라고 한다. 한국에서는 예전에 자신의 이름이 아닌 차명으로도 거래가 가능했으나 1993년 8월 12일부터 모든 금융 거래는 실명으로 해야 한다. 금융 거래를 실명으로 하지 않을 경우, 흔히 검은 돈이라고 하는 부정적이고 음성적인 금융 거래가 늘어나는 문제가 있다. 금융 실명제는 정상적인 방식으로 금융 거래가 이루어지도록 하여 금융 거래의 투명성을 높이고 국민경제가 정의롭고 건전하게 발전할 수 있도록 하는 기반이 된다.

## 3. 수수료를 아끼는 방법

- 인터넷이나 전화, 모바일뱅킹 이용하기

> 대부분의 은행에서는 은행 창구에서 직접 거래를 하는 것보다 인터넷뱅킹, 텔레뱅킹, 모바일뱅킹을 이용할 때 수수료를 더 많이 면제해 주고 있다.

- 거래 은행의 ATM 이용하기

> ATM 기기에서 돈을 출금하거나 이체할 때는 일단 자신이 거래하는 은행의 ATM 기기를 이용해야 수수료를 줄일 수 있다.

- 월급 통장 이용하기

> 주로 거래하는 은행을 선정하고 정기적으로 월급이 들어오는 통장을 정해두면 수수료 감면이나 대출 이자를 줄여주는 등의 혜택을 받을 수 있다.

## 4. 예금자 보호 제도

- 은행과 같은 금융 기관이 영업정지나 파산을 하게 되면 해당 금융 기관을 이용하던 고객들이 큰 피해를 입게 된다. 그래서 한국에서는 이렇게 금융 기관이 고객들의 예금을 돌려주지 못하게 될 경우을 대비하여 "예금자 보호 제도"를 실시함으로써 예금한 고객들을 보호하고 사회 전반적으로 금융 제도에 대한 신뢰를 유지하고 있다.
- 현재 한국에서는 각각의 금융기관마다 예금자 1인에게 예금의 원금과 이자를 포함하여 총액 5천만 원까지를 보호하고 있다. 그래서 한 개인이 최대한 안전하게 예금을 보장 받기 위해서는 각각의 금융 기관마다 원리금이 5천만 원 이내가 되도록 예금하는 것이 바람직하다.

**참고자료**
한국은행 www.bok.or.kr
저축은행중앙회 www.fsb.or.kr

# 29 취업하기

교재 152-155쪽

이 차시의 목표는 한국의 일자리 상황과 한국에서 취업을 하기 위한 방법에 대해 이해하는 것이다. 이를 위해 한국의 일자리 현황, 일자리 지원을 위한 정부의 노력, 한국에서 취업하는 방법에 대한 내용을 학습한다.

| 단계 | | 교수학습활동 | 교수 자료 | 시간 |
|---|---|---|---|---|
| 도입 | 생각해 보기 | ● **취업과 관련된 학습자의 경험 물어보기**<br>한국에서 취업을 하려고 어떤 노력을 해 보았습니까? 한국에서 어떤 직업 또는 직업 생활을 희망하고 있는지 이야기해 봅시다. | (PPT #1-3) | 4분 |
| | 학습목표 | ● **학습목표 제시**<br>1. 한국의 일자리 상황을 설명할 수 있다.<br>2. 한국에서 취업을 하기 위한 방법을 이해하고 활용할 수 있다.<br>● **이번 차시와 관련된 교재의 단원 확인하기** | (PPT #4) | 1분 |
| 전개 | 주제1 (강의) | ● **한국의 일자리 상황에 대해 설명하기**<br>사람들이 직업을 통해 얻는 것은 무엇일까요? 국가적으로는 사람들이 많은 일자리를 가지고 생산활동에 참여할 때 발전할 수 있습니다. 실업률이란 무엇일까요? 한국이 다른 나라에 비해 실업률이 낮게 나오는 이유는 무엇일까요? 최근에 한국의 일자리 상황은 어떠할까요?<br>● **일자리 지원을 위한 한국 정부의 노력 설명하기**<br>실업자와 근로자의 기본적인 생활수준을 보장하기 위해 정부는 어떤 정책을 시행하고 있나요? 맞춤형 일자리 지원에는 무엇이 있나요? | (PPT #5-7) | 10분 |
| | 알아두면 좋아요 1 | ● **한국 일자리에 대한 정보를 알 수 있는 워크넷 소개하기**<br>워크넷은 고용노동부와 한국고용정보원이 운영하는 구직·구인정보와 직업·진로정보를 제공하는 누리집(www.work.go.kr)입니다. 워크넷에서 민간취업포털과 자자체 일자리 서비스 등을 제공합니다. | (PPT #8) | 5분 |
| | 주제2 (강의) | ● **외국인이 한국에서 취업하기 위한 방법 설명하기**<br>취업을 하기 위해서는 개인적으로 어떤 노력을 해야 할까요? 취업과 관련된 정보는 어디에서 얻을 수 있을까요? 희망하는 취업 분야와 관련한 기술이나 능력을 배울 수 있는 기관은 무엇이 있을까요?<br>● **취업할 때 반드시 챙겨야 할 점 설명하기**<br>취업을 할 때는 해당 업체가 하는 일은 무엇이며, 정식으로 등록되어 있는지 반드시 확인해야 합니다. 근로계약서를 반드시 작성하고, 취업 이후에도 임금이나 근로조건 등에서 부당한 대우를 받지 않도록 근로자가 누릴 수 있는 기본적인 권리에 관해 살펴볼 필요가 있습니다. 일자리와 관련된 문제가 발생한 경우 도움을 받을 수 있는 기관에는 무엇이 있을까요? | (PPT #9-11) | 10분 |
| | 알아두면 좋아요 2 | ● **외국인 취업박람회 소개하기**<br>2014년부터 해마다 서울에서 개최되는 '외국인 취업박람회'는 외국인을 대상으로 국내 기업과 외국인 우수인재들 간의 소통과 함께 실질적인 취업 기회를 제공하고 있습니다. 그 밖에 구직자를 위한 기업 추천, 효과적인 이력서 쓰기 방법 등을 지원하고 있습니다. | (PPT #12) | 5분 |
| 정리 | 정리하기 | **주요 내용 정리** | (PPT #13-14) | 5분 |
| | 이야기 나누기 | ● **외국인인력지원센터에 대해 알아보기**<br>외국인인력지원센터에서 어떤 지원을 받았습니까? 자신이 한국에 잘 적응할 수 있도록 도움을 주었던 사람이나 기관에 대해 이야기해 봅시다.<br>● **다음 차시 예고** | (PPT #15) | 10분 |

## 학습 내용 정리

### 01 한국의 일자리 상황

**1** 한국의 실업률

1) 한국은 다른 선진국에 비해 실업률이 낮음: 상대적으로 낮은 여성 경제 활동 참여, 높은 자영업 비율
2) 최근에는 한국에서도 직업을 구하기 위한 경쟁이 치열하고, 비정규직 근로자 비중이 증가함

**2** 일자리 지원을 위한 정부의 노력

1) 실업자와 근로자의 기본적인 생활수준을 보장하기 위한 사회보장제도 확대
2) 청년, 여성, 노인 등을 위한 맞춤형 일자리 지원 강화

### 02 취업하기 위한 준비 사항

**1** 외국인의 취업

1) 일자리 정보 얻기: 인터넷이나 모집 공고문 등의 구인 광고
2) 관심 직업과 관련된 능력 함양: 직업학교, 평생교육기관, 한국산업인력공단 등의 교육 프로그램 참여, 현장 실무 경험 쌓기, 자격증 취득

**2** 취업할 때의 주의사항

1) 업체가 하는 일과 정식으로 등록되어 있는 지를 확인해야 함
2) 근로계약서를 반드시 작성하고, 근로자의 기본 권리를 알아둠

## 이야기 나누기 예시 답안

2년 전, OO대학교 어학당 OOO선생님으로부터 한국어를 배웠어요. 처음에는 기본적인 의사 소통 하기도 어려웠는데 이제는 한국 영화도 큰 어려움 없이 잘 볼 수 있어요. OOO선생님께 참 고마워요.

## 본문 용어 해설

**사회보장제도** 국가가 개인의 실업, 질병, 장애 등의 위험에 공공의 재원을 투입하여 사회 구성원들의 기본적인 삶의 질을 보장하는 제도를 말함. 한국의 사회보장제도는 국민에게 발생할 수 있는 위험을 보험의 방식으로 대처함으로써 건강과 소득을 보장하는 '사회보험', 생활 유지가 힘든 국민의 최저생활을 보장하고 자립을 지원하는 '공공부조', 국민의 삶의 질이 향상되도록 지원하는 '사회복지서비스'로 구성됨

**근로조건** 근로자가 사용자와 근로 계약을 맺을 때, 자신의 노동력을 제공할 때의 조건, 임금, 노동시간 등이 대표적인 근로조건임

**직업학교** 취직 및 효율적인 직장 생활을 위해 전문적인 직업교육을 목적으로 하는 학교

**한국산업인력공단** 고용노동부 산하 공공기관으로서 평생능력개발, 국가직무능력표준, 국가자격시험, 외국인고용지원, 해외취업 및 숙련기술장려 등 기업과 근로자의 인적자원개발을 지원하는 사업을 종합적으로 수행하고 있음. 특히 외국인고용지원 사업을 통해 외국인근로자를 체계적으로 도입, 관리함으로써 원활한 인력수급 및 국민경제의 균형 있는 발전을 도모함

# 자기소개서 작성해 보기

※ 자기소개서는 회사나 업체의 인사담당자가 지원자의 성격과 태도, 지원 동기와 직무역량 등의 정보를 얻기 위해 활용하는 서류입니다. 실제 회사나 업체의 채용 시험에서 제시되었던 문항을 통해 자기소개서를 작성해 봅시다.

• 자신의 성장과정을 간략히 작성하되, 현재의 자신에게 가장 큰 영향을 끼친 사건, 인물 등을 포함하여 써 보시기 바랍니다. (S회사 / 2024년 상반기)

• 도전적인 목표를 가지고 실행한 경험과 그 경험을 통해 무엇을 얻었는지 써 보시기 바랍니다. (B회사 / 2024년 상반기)

**도움 자료**

● **자기소개서 작성시 체크 리스트**

1. 자기소개는 면접의 근거자료가 되는 것을 알고 있는가?
2. 지원하는 직무를 먼저 이해하고 있는가?
3. 기업이 원하는 성향과 역량을 알고 있는가?
4. 경험에 대해 구체적으로 작성되었는가?
5. 억지로 부풀린 내용 없이 진정성 있게 작성되었는가?
6. 인사담당자가 읽기 편하게 문장의 호흡이 간결히 작성되었는가?
7. 다른 지원자와 차별화된 나만의 이야기로 작성이 되어 있는가?

[출처]워크넷 누리집(www.work.go.kr)

# 심화자료

## 1. 실업률

- 경제활동 인구 중에서 일자리가 없는 사람들이 차지하는 비율을 말한다. 이때 '경제활동 인구'란, 만 15세 이상의 국민 중 일할 의사와 능력을 갖고 있는 사람을 말한다. 즉, 일할 수 있는 충분한 능력을 갖고 있더라도 일자리를 구하고 싶은 생각이 없는 사람은 경제활동 인구가 아니다. 그래서 학생이나 주부, 군인이나 교도소 수감자 등은 경제활동 인구에서 제외된다.
- 실업률을 볼 때 주의해야 할 것은 오랜 기간 일자리를 구하지 못해서 일자리를 구하기를 포기한 사람들은 경제활동 인구에서 빠지게 된다는 것이다. 또한 사회보장제도가 미흡하여 나쁜 조건에도 불구하고 회사를 떠나지 않는 사람들이 계산되지 않는다는 것도 실업률 수치의 한계라고 할 수 있다.

## 2. 근로자의 기본 권리

- 한국에서는 헌법과 여러 법률을 통해 근로자의 기본 권리를 보호하고 있다. 헌법 제32조에는 '근로의 권리'와 '최저임금제'가 보장되어 있으며, 헌법 제33조에는 '노동 3권'이 언급되고 있다.
- '근로권'은 노동능력과 의사를 가진 사람이 노동 기회를 보장해 달라고 요구할 수 있으며, 국가는 고용을 보장하기 위해 노력해야 한다는 것이다.
- '최저임금제'는 근로자들이 최소한의 인간적인 삶을 보장받을 수 있도록 최소한의 임금 수준을 정한 것이다.
- '노동 3권'은 단결권(근로자가 노동조합을 결성할 수 있는 권리), 단체교섭권(노동조합이 사용자와 교섭을 할 수 있는 권리), 단체행동권(노동조합이 노동조건을 유지하고 개선하기 위해 파업 등의 단체행동을 할 수 있는 권리)이 있다.

## 3. 비정규직 보호법

- 한국에서는 1997년 외환위기 이후 비정규직의 비중이 급격하게 늘어났다. 이런 과정에서 비정규직 근로자의 근로조건을 개선하고 이들의 권익을 보호하고자 비정규직 보호법을 마련하게 되었다(2006년 11월 30일 국회 통과).
- 비정규직 보호법에 따르면 사용자는 비정규직 근로자를 2년 이상 사용할 수 없으며, 동일한 업무를 하는 비정규직 근로자를 차별하지 않고 정규직 근로자와 동일한 처우를 해 주어야 한다고 규정하고 있다. 하지만 사용자가 2년이 되기 전에 비정규직 근로자와의 계약을 포기하는 식으로 법을 악용하는 사례들도 나타나고 있다.

## 4. 외국인 근로자 지원센터

- 외국인 근로자는 국내 입국 후 언어소통, 문화적 차이로 인해 적응에 어려움이 존재할 수 있다. 사업장은 대부분 영세하여 외국인 고용시 발생하는 제반 문제 등을 적절히 대응할 수 있는 관리 능력이 부족하다. 이에 따라 외국인 근로자의 고충 문제 해결에 도움이 되고, 국내생활 적응 및 한국문화 이해 증진을 통해 사업장의 생산성 향상 및 고용 촉진을 도모하기 위해 외국인 근로자 지원센터가 운영되고 있다.

**참고자료**
고용노동부 www.moel.go.kr
한국산업인력공단 www.hrdkorea.or.kr

# 제 6 편

# 법

# 30 외국인과 법

교재 162-165쪽

이 차시의 목표는 외국인들이 한국에서 살아가기 위해서 한국에서의 법에 대한 기본적인 인식을 공유하고, 법에 규정된 외국인의 권리와 의무를 잘 이해하는 것이다. 이를 통해 한국에서 법이 어떤 의미를 갖고 있는지를 이해하고, 법에 따른 외국인의 권리와 의무를 학습한다.

| 단계 | | 교수학습활동 | 교수 자료 | 시간 |
|---|---|---|---|---|
| 도입 | 생각해 보기 | ● **한국에서 쓰레기 및 재활용품 분리배출 모습을 본 경험 이야기하기**<br>한국에서 쓰레기 및 재활용품을 분리배출한 모습을 본 적 있나요? 분리배출 방법을 알고 있나요? 전 세계적으로 한국은 쓰레기와 재활용품 분리배출이 잘 이뤄지는 나라입니다. 이렇게 된 이유는 무엇일까요? | (PPT #1-3) | 4분 |
| | 학습목표 | ● **학습목표 제시**<br>1. 한국사회에서 법이 얼마나 중요한 것인지 설명할 수 있다.<br>2. 법에 정해진 외국인의 권리와 의무를 설명할 수 있다.<br>● **이번 차시와 관련된 교재의 단원 확인하기** | (PPT #4) | 1분 |
| 전개 | 주제1 (강의) | ● **법의 목적과 역할 설명하기**<br>나라에 법이 필요한 이유가 무엇일까요? 법을 통해서 지키려고 하는 것은 무엇일까요? 정의란 무엇일까요? 법이 시대에 맞지 않을 때는 어떻게 고쳐나갈 수 있을까요?<br>● **준법의 중요성에 대해 설명하기**<br>좋은 법만 있다고 안전한 사회가 될 수 있을까요? 사람들이 법을 잘 지키는 것이 중요합니다. 한국에서는 법이 잘 지켜진다고 생각하나요? 외국인이 한국에서 법을 잘 지켜야 하는 이유는 무엇일까요? | (PPT #5-7) | 10분 |
| | 알아두면 좋아요 1 | ● **순천의 외국인 유학생 자율방범대 알아보기**<br>외국인들의 범죄 예방을 위해서 어떤 노력을 할 수 있을까요? 외국인 방범대에 대해 들어본 적 있나요? 외국인 방범대의 활동은 지역에 어떤 도움을 줄 수 있을까요? | (PPT #8) | 5분 |
| | 주제2 (강의) | ● **외국인의 법적 권리에 대해 설명하기**<br>한국에서는 법으로 외국인의 생명이나 재산도 보호합니다. 그 이유는 무엇일까요? 외국인이 지방 선거에 참여하려면 어떤 자격을 갖추어야 하나요?<br>● **외국인의 법적 의무에 대해 설명하기**<br>외국인이 한국에서 지켜야 할 의무에는 어떤 것이 있을까요? 외국인도 세금을 내야 할까요? 한국에 입국하거나 한국에 체류하는 외국인 등록 등을 규정하는 법은 무엇인가요? | (PPT #9-11) | 10분 |
| | 알아두면 좋아요 2 | ● **외국인 자녀의 교육받을 권리 설명하기**<br>대한민국에서는 유엔아동권리협약에 따라 모든 아동의 권리를 보호하고 있습니다. 체류 자격이나 국적과 관계없이 아동은 누구나 교육받을 수 있다는 것을 알고 있나요? | (PPT #12) | 5분 |
| 정리 | 정리하기 | **주요 내용 정리** | (PPT #13-14) | 5분 |
| | 이야기 나누기 | ● **한국에 거주하는 외국인의 국민연금 가입 설명하기**<br>한국에 거주하는 외국인도 국민연금에 가입해야 한다는 것을 알고 있나요? 국민연금에 가입하면 어떤 좋은 점이 있나요?<br>● **다음 차시 예고** | (PPT #15) | 10분 |

## 학습 내용 정리

### 01 한국에서 '법'의 의미

**1** 법의 목적: 정의의 실현

1) 정의: 옳고 그름을 판단하여 각자가 받아야 할 정당한 몫을 주는 것
2) 법을 통해 사람들의 자유와 권리를 보호하고 사회질서를 유지함
3) 법은 국회의원 같은 정치인과 시민들이 문제를 제기하여 절차에 따라 수정할 수 있음

**2** 준법의 중요성

1) 좋은 법이 있어도 사람들이 잘 지키지 않으면 법이 기능할 수 없음
2) 한국인들은 준법정신을 중요하게 생각하며 다른 사람이나 사회에 피해를 주지 않으려고 함
3) 외국인들도 한국에서 법을 잘 지키고 자신과 타인의 권리를 잘 보장하기 위해 노력해야 함

### 02 법으로 규정된 외국인의 권리와 의무

**1** 외국인의 법적 권리

1) 한국에서는 국적과 관계 없이 인권을 보장하며, 국제법에 따라 외국인의 기본적인 권리를 보장함
2) 외국인은 영주권 취득 후 3년이 경과하면 지방선거에 한해 참여할 수 있음

**2** 외국인의 법적 의무

1) 외국인도 법을 잘 지키고, 세금을 납부해야 하며, 공공질서를 잘 지킬 의무가 있음
2) 출입국관리법에는 외국인들의 입국, 체류, 외국인 등록 등과 관련된 내용이 담겨 있음

## 이야기 나누기 예시 답안

한국에 와서 몸이 아팠을 때 병원이나 약국을 이용하는 방법을 몰라서 매우 힘들었습니다. 외국인들의 의료와 관련된 내용을 알려주는 교육이 늘어났으면 좋겠습니다.

## 본문 용어 해설

**법** 사회 구성원들의 합의에 따라 지켜야 한다고 만든 규범을 말한다. 오늘날 대부분의 나라에서는 사람이 아니라 법으로 국가를 다스리는데 이를 '법치주의'라고 한다. 이는 통치하는 사람이 제멋대로 나라를 다스리는 것을 막아서 궁극적으로 통치자의 권력을 견제하고 국민의 권리를 보호한다.

**인권** 인간이라면 누구나 인간답게 살아가기 위해 마땅히 누려야 할 권리를 가지고 있다. 이를 인권이라고 한다. 많은 민주주의 국가에서는 인권을 절대적으로 보장하기 위해 인권을 국가의 최고법인 헌법으로 보장하고 있다. 이렇게 헌법에 보장된 인권을 기본권이라고 한다. 한국의 헌법에는 "국가는 개인이 가지는 불가침의 기본적 인권을 확인하고 이를 보장할 의무를 진다."라고 하여 인권 보장을 규정하고 있다.

**국제법** 국제법은 국제 사회의 행위 주체들의 행위와 이해관계를 규율하는 규범이다. 보통 국제법은 국가를 기본 단위로 하나 개인이나 국제기구에 관련된 문제에도 적용된다. 국가 간에 맺어진 조약과 국제 사회에서 장기간에 형성된 관행이 법으로 인정된 국제 관습법이 대표적인 국제법이다. 한국의 헌법 6조에서는 '헌법에 의하여 체결 공포된 조약과 일반적으로 승인된 국제법규는 국내법과 같은 효력을 지닌다.'라고 규정하고 있다.

# 여러 가지 기본 권리

※ 다음은 여러 가지 기본 권리를 나타낸 것입니다.

| | | |
|---|---|---|
| 깨끗한 곳에서 살 권리 | 원하는 직업을 선택할 권리 | 문화생활을 누릴 권리 |
| 치료를 받을 수 있는 권리 | 기본적인 음식을 먹을 권리 | 충분히 쉴 수 있는 권리 |
| 정치에 참여할 수 있는 권리 | 교육을 받을 권리 | 차별받지 않을 권리 |

1. 한국에 거주하면서 자신에게 가장 중요하다고 생각하는 권리가 무엇인지 골라보고 그 이유를 말해 보자.

2. 자신이 생각하는 중요한 권리를 권리카드로 표현해 보자.

| - 권리 카드 - | 이 권리를 잘 보여주는 그림 |
|---|---|
| 외국인에게 다음과 같은 권리가 보장되어야 합니다.<br>____________________ 권리<br>이 권리에 따라 외국인은<br>__________________________<br>합니다. | |

**도움 자료**

| - 권리 카드 - | 이 권리를 잘 보여주는 그림 |
|---|---|
| 외국인에게 다음과 같은 권리가 보장되어야 합니다.<br>자유롭게 종교를 믿을 수 있는 권리<br>이 권리에 따라 외국인은<br>자신이 믿는 신을 섬기고 종교 생활을 할 수 있어야<br>합니다. |  |

# 심화자료

## 1. 정의의 여신상

정의의 여신은 로마 신화의 유스티티아(Justitia)에서 생겨난 것으로 알려져 있다. 오늘날 정의를 의미하는 Justice는 바로 이 여신의 이름에서 생겨난 것이다. 정의의 여신상은 눈을 가리고 있으며, 보통 왼손에는 '저울'을, 오른손에는 칼을 들고 있다. 눈가리개는 선입견을 품지 않기 위해, '칼'은 사법의 권위를 나타내며, 저울은 법의 공정함을 의미한다.

한국의 대법원 앞에 있는 정의의 여신상은 모습이 좀 다르다. 먼저 한국의 정의의 여신상은 한국적인 의미에서 한복을 입고 있다. 또한 오른손에는 저울을 들고 있고, 왼손에는 법전을 들고 있다. 그리고 눈을 가리지 않고 있다. 이는 눈을 똑바로 뜨고 사실 관계를 바라본 다음 법전에 따라 공정하게 판결을 내리겠다는 것을 의미한다.

## 2. 한국의 생활안전지도 서비스

한국에서는 국민들을 위한 다양한 안전정보를 통합하여 지도 위에 표현한 생활안전지도 누리집(http://www.safemap.go.kr/)을 운영하고 있다. 특히 이 누리집에서는 치안안전과 관련된 내용 및 약자인 여성이나 노인들을 위한 안전 통계를 제공하고 있다. 또한 등교 및 하굣길 사고 주의 구간, 산행안전지도 등을 표시하여 국민 개개인이 생활 주변 위험에 관심을 가지고 스스로 대처할 수 있도록 돕고 있다.

## 3. 국제법의 종류

국제법의 대표적인 것이 조약과 국제 관습법이다. 조약은 국가들 간에 맺어지는 합의로 조약을 체결한 국가들에 적용되는 국제법이다. 조약은 국가를 대표하는 국가 원수가 문서로써 체결하며 대체로 의회의 동의를 얻어 국내법과 동등한 효력을 얻게 된다. 조약은 국제기구에 가입할 때도 체결한다. UN헌장이 대표적인 국제법으로 유엔에 가입하는 국가는 국제연합이 주장하는 국제 법질서에 동의하게 된다.

국제 관습법은 국제 사회에서 장기간에 걸쳐 형성된 관행이 법으로서의 효력을 얻게 된 것이다. 외교관에 대한 면책특권, 내정 불간섭, 포로에 관한 인도적 대우 등이 대표적인 국제 관습법이다.

## 4. 조기적응프로그램

대한민국에 입국하는 외국인이 우리 사회에 빨리 적응할 수 있도록 필요한 생활 정보와 기초법의 습득 기회를 제공하는 프로그램이다. 방문 취업 동포, 호텔·유흥업 종사 외국인은 의무적으로 참여해야 한다. 결혼이민자, 중도입국자녀, 외국인 유학생, 밀집지역거주 외국인이 참여하여 교육을 이수한 경우 외국인 등록 시 체류 기간 2년을 부여하며 외국인 등록 후 이수한 경우는 다음 체류 기간 연장 시 혜택이 부여된다.

참고자료
이민정책연구원 http://www.iom-mrtc.org/
해외문화홍보원 http://kocis.go.kr/
출입국관리사무소 http://www.immigration.go.kr/

# 31 한국 체류와 법

교재 166-169쪽

이 차시의 목표는 외국인들이 한국에 들어와서 머무르는 과정에서 마주하는 다양한 법과 제도를 이해하는 것이다. 이를 위해 외국인이 한국에 들어와서 체류하고 정착하는 과정 및 절차를 살펴보고 외국인의 정착을 돕는 여러 가지 법과 제도를 학습한다.

| 단계 | | 교수학습활동 | 교수 자료 | 시간 |
|---|---|---|---|---|
| 도입 | 생각해 보기 | ● **입국심사 때의 경험 이야기하기**<br>사진에 나타난 장면은 무엇인가요? 한국에 처음 들어올 때를 기억하고 있나요? 입국심사를 하는 사람들이 물어보는 내용은 무엇인가요? 이런 내용을 물어보는 이유는 무엇일까요? 입국 장면에서 자신이 가졌던 생각이나 느낌을 발표해 봅시다. | (PPT #1-3) | 4분 |
| | 학습목표 | ● **학습목표 제시**<br>1. 외국인의 한국 입국 및 체류 절차를 설명할 수 있다.<br>2. 외국인의 정착을 돕는 법과 제도를 설명할 수 있다.<br>● **이번 차시와 관련된 교재의 단원 확인하기** | (PPT #4) | 1분 |
| 전개 | 주제1 (강의) | ● **한국 입국 절차 설명하기**<br>외국인이 한국에 들어올 때 꼭 필요한 서류에는 무엇이 있을까요? 비자란 무엇을 의미할까요? 비자를 소지하고 있으면 무조건 입국심사를 통과할 수 있을까요? 입국심사를 하는 이유는 무엇일까요?<br>● **한국 체류 관련 제도 설명하기**<br>외국인이 대한민국에 머무르려면 체류 자격을 갖추어야 합니다. 단기체류와 장기체류를 나누는 기간은 며칠인가요? 장기체류를 위해서는 외국인 등록을 해야 하는데 어디에서 할까요? | (PPT #5-7) | 10분 |
| | 알아두면 좋아요 1 | ● **대한민국 비자에 대해 알아보기**<br>비자에 나타난 각 항목이 무엇을 의미하는지 알고 있나요? 여러분들이 처음 한국에 들어올 때는 어떤 비자를 가지고 있었나요? | (PPT #8) | 5분 |
| | 주제2 (강의) | ● **재한외국인처우기본법 설명하기**<br>한국에서는 외국인들의 한국사회 적응을 돕기 위한 법과 제도를 마련하고 있습니다. 대표적인 법률이 재한외국인처우기본법입니다. 이 법은 몇 년도에 제정되었나요? 세계인의 날은 언제인가요?<br>● **외국인을 위한 여러 가지 제도 설명하기**<br>한국에서 외국인들을 위한 제도를 경험해 본 적이 있나요? 기억나는 제도는 무엇인가요? 다국어 전화 상담서비스를 이용해본 적이 있나요? 외국인에 대한 긴급 의료 지원에 대해 들어본 적 있나요? | (PPT #9-11) | 10분 |
| | 알아두면 좋아요 2 | ● **외국인 마을 소개하기**<br>외국인 마을에 대해 들어본 적이 있나요? 자신의 고향 나라에도 외국인 마을이 있나요? 한국에서 외국인들이 많이 모여 있는 장소로 알고 있는 곳이 있나요? 자신이 방문해본 외국인 마을은 어디인가요? | (PPT #12) | 5분 |
| 정리 | 정리하기 | **주요 내용 정리** | (PPT #13-14) | 5분 |
| | 이야기 나누기 | ● **예멘인 체류 허가 사건 이야기하기**<br>난민에 대해 들어본 적 있나요? 2018년 예멘인 난민 수용 과정을 뉴스로 들어본 적 있나요? 난민 수용에 대해 어떻게 생각하나요?<br>● **다음 차시 예고** | (PPT #15) | 10분 |

## 학습 내용 정리

### 01 외국인의 체류와 관련된 절차

**1** 필요 서류

1) 여권: 외국을 여행하는 국민에게 정부가 발급하는 증명서류

2) 비자(사증): 한국 정부에서 외국인의 입국을 허가하는 증명서. 비자를 소지하더라도 입국허가요건을 어기면 입국허가를 받지 못할 수 있음

**2** 체류 절차

1) 단기체류: 관광, 방문 등을 목적으로 90일 이하로 거주하는 것

2) 장기체류: 유학, 연수, 투자, 주재, 결혼 등의 목적으로 90일을 초과하여 거주하는 것. 90일 이내에 외국인출입국사무소에서 외국인 등록이 필요함

### 02 외국인의 정착을 돕는 한국의 법과 제도

**1** 재한외국인처우기본법

1) 의미: 2007년 외국인들의 한국사회 적응을 돕기 위해 제정된 법

2) 주요 내용: 재한외국인과 그 자녀에 대한 차별방지, 사회적응, 처우 등

**2** 외국인을 위한 여러 가지 제도

1) 다국어 전화 상담서비스: 법무부, 여성가족부, 고용노동부를 중심으로 외국인의 인권 침해를 예방하고 법률 상담 등을 돕기 위해 여러 나라의 언어를 지원함

2) 외국인근로자 긴급의료 지원: 의료보장제도의 혜택을 받을 수 없는 외국인근로자들에게 1회 500만 원 한도에서 입원에서 퇴원까지 진료비를 지원함

## 이야기 나누기 예시 답안

난민을 수용하는 법적 기준을 정하고 그에 따라 수용해야 합니다. 난민들에게 한국의 법을 잘 설명해주어야 하고, 난민들 역시 한국의 법을 잘 따르도록 노력해야 해요.

## 본문 용어 해설

**여권** 한 나라의 국민이 외국을 여행할 때 자신의 신분과 국적을 증명해주는 공식 문서를 의미한다. 여권에는 여권의 종류, 발행국, 여권 번호, 발급일, 기간 만료일과 발급 관청, 여권 명의인의 성명, 국적, 성별, 생년월일, 주민등록번호와 사진 등이 기재된다. 여권은 1회에 한하여 외국 여행을 할 수 있는 단수여권과 만료일까지 무제한으로 외국 여행을 할 수 있는 복수여권으로 구분된다.

**세계인의 날** 2007년 '재한외국인처우기본법'에 의해 다양한 민족과 문화권의 사람들이 서로 이해하고 공존하는 다문화 사회를 만들자는 취지에서 2008년부터 5월 20일을 국가기념일로 제정하여 시행하고 있다. 본래 유엔에서 정한 '세계 문화 다양성의 날'을 기념하는 5월 21일로 계획하였으나, 이미 '부부의 날'로 지정되어 있어 5월 20일로 최종 선정하였다. 세계인의 날부터 1주간을 '세계인 주간'이라고 한다.

# 외국인의 체류 및 정착과 관련된 한국의 법과 제도, 핵심 단어 헥사 활동

**1. 주요 용어 연결 활동을 해봅시다.**

1) 모둠원 각자 교재의 31단원 본문에 나타난 핵심 단어를 찾아 밑줄을 긋습니다.
2) 모둠원들이 순서대로 아래 헥사의 빈칸에 자신이 찾은 핵심 단어를 쓰고 의미를 설명합니다.
3) 다음 사람은 앞사람이 쓴 단어와 가장 연관 있는 자신의 단어를 옆에 쓰고 의미를 설명합니다.

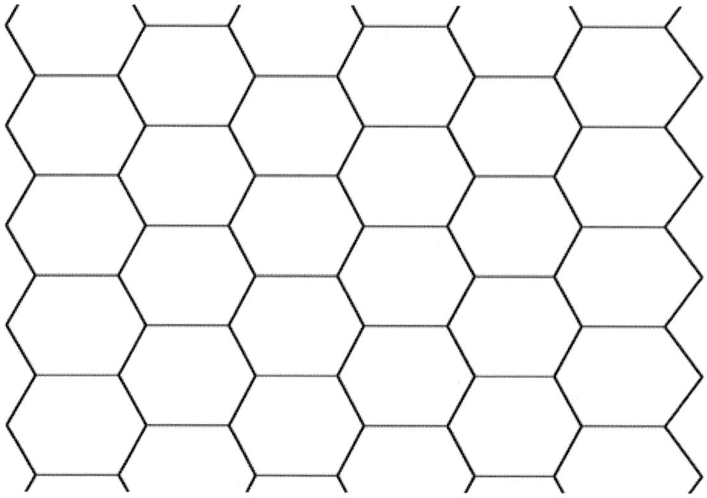

**2. 각자 제시된 핵심 단어를 모두 활용하여 외국인을 위한 한국의 법과 제도를 소개해 봅시다.**

**도움 자료**

1. 헥사의 단어는 중복되지 않도록 모둠원들이 앞에 한 사람이 선택한 것과 다른 단어를 찾아 적도록 한다.
2. 연관되는 단어를 옆에 써서 단어들을 연결해서 설명하기에 용이하도록 한다. 화살표를 표시해도 좋다.
3. 많은 단어를 쓰고, 이 내용을 자연스러운 소개글로 발표하는 것에 초점을 맞춘다.
4. 전체를 대상으로 발표함으로써 들으면서 학습 내용을 다시 확인할 수 있는 기회로 활용한다.

# 심화자료

## 1. 비자면제협정

국가 간 이동을 위해서는 원칙적으로 사증(입국허가)이 필요하다. 비자를 받기 위해서는 상대국 대사관이나 영사관을 방문하여 방문국가가 요청하는 서류 및 사증 수수료를 내고, 경우에 따라서는 인터뷰도 거쳐야 한다. 비자면제협정은 국가 간 협정 등에 의해 비자 없이도 상대국에 입국할 수 있게 하는 제도를 뜻한다. 2024년 2월 기준으로 대한민국과 비자면제협정을 체결한 국가는 113개국이며, 해당 국가의 국민은 각 협정의 내용에 따라 한국을 방문할 때 비자 없이 입국할 수 있다. 이때 소지한 여권의 종류(일반여권, 관용여권, 외교관여권)에 따라 무비자 입국 가능 여부가 달라진다.

## 2. 한국의 건강보험제도

한국은 소득 및 재산 등에 따라 매달 일정 금액의 보험료를 납부하는 건강보험제도를 실시하고 있다. 건강보험에 가입하면, 아프거나 출산할 때 저렴한 비용으로 의료기관을 이용할 수 있다. 한국의 건강보험 가입자는 직장가입자와 지역가입자로 구분된다. 모든 사업장의 근로자 및 사용자와 공무원 및 교직원은 직장가입자가 된다. 직장가입자와 그 피부양자를 제외한 자는 지역가입자가 된다.

2019년 7월 16일부터 대한민국에 6개월 이상 체류한 외국인, 재외국민의 건강보험 당연가입이 시작되었다. 다만, A(외교), B(관광), C(단기)로 시작하는 체류자격과 G1(기타)은 제외되며, G1중 인도적체류허가자와 그 가족은 가입대상이 된다. 보험료는 소득과 재산에 따라 산정하며, 보험료가 평균보험료 미만인 경우 평균보험료를 부과한다. 외국인은 본국에 있는 소득이나 재산의 파악이 곤란하기 때문에 우리 국민이 평균적으로 부담하는 금액을 납부하게 된다(2024년 기준 150,990원). 이전까지는 본인의 신청에 따라 가입하여 건강보험의 사각지대에 놓인 사람들이 많았고 필요할 때만 건강보험에 가입했다가 고액진료 후 출국하는 문제가 있었다. 외국인의 건강보험 당연가입으로 인해 이 문제가 해결될 것으로 기대된다.

## 3. 대한민국 여권

세계 주거 및 시민권 자문회사인 헨리 앤드 파트너스가 발표한 '2024년 헨리여권지수'에 따르면 대한민국의 여권은 1위인 일본, 싱가포르, 프랑스, 독일, 이탈리아, 스페인에 이어 핀란드, 스웨덴과 함께 2위에 올랐다. 헨리여권지수란 국제항공운송협회의 글로벌 여행정보를 토대로 특정 국가 여권 소지자가 비자 없이 방문할 수 있는 국가의 수를 합산해 산출한 순위를 말한다. 한국 여권 소지자가 별도의 비자를 받지 않고 여행할 수 있는 국가는 193개국이다. 2020년에 한국의 여권이 32년 만에 아래와 같이 바뀌었다.

참고자료
국민건강보험공단 https://www.nhis.or.kr/
대한항공 뉴스룸 https://news.koreanair.com/
외교부 해외안전여행 http://www.0404.go.kr/

# 32 한국 국적과 법

교재 170-173쪽

이 차시의 목표는 외국인들이 대한민국 국민이 되기 위한 법적 기준과 절차를 이해하는 것이다. 이를 위해 대한민국 국적 취득의 기준과 귀화의 유형 및 절차를 살펴봄으로써 한국 국적을 얻는 방법에 대해 학습한다.

| 단계 | | 교수학습활동 | 교수 자료 | 시간 |
|---|---|---|---|---|
| 도입 | 생각해 보기 | ● **귀화를 하는 이유에 대해 이야기 나누기**<br>국적이 중요한 이유는 무엇일까요? 제시된 자료의 인물이 한국 국적을 얻으려 했던 이유는 무엇인가요? 한국 국적이 있으면 한국에서 생활할 때 어떤 점이 좋을까요? | (PPT #1-3) | 4분 |
| | 학습목표 | ● **학습목표 제시**<br>1. 한국 국적을 얻는 것의 의미와 기준을 설명할 수 있다.<br>2. 귀화의 유형과 절차를 설명할 수 있다.<br>● **이번 차시와 관련된 교재의 단원 확인하기** | (PPT #4) | 1분 |
| 전개 | 주제1 (강의) | ● **국적의 의미에 대해 설명하기**<br>외모나 말투를 가지고 어떤 나라의 국민인지 판단할 수 있을까요? 어떤 나라의 국민인지 아닌지를 공식적으로 판단하는 기준은 무엇일까요? 국적과 영주권은 어떤 차이가 있을까요?<br>● **대한민국 국적을 얻는 방법 설명하기**<br>미국이나 캐나다에서는 그 나라에서 태어나면 국적을 얻을 수 있어요. 하지만 대한민국은 다릅니다. 아이가 태어났을 때 대한민국 국민인지를 판단하는 기준은 무엇일까요? | (PPT #5-7) | 10분 |
| | 알아두면 좋아요 1 | ● **보편적 출생등록 제도 소개하기**<br>한국에서 태어난 외국 국적 아동은 어떻게 출생신고를 할 수 있을까요? 미등록 근로자의 자녀를 위해서는 어떤 제도가 필요할까요? | (PPT #8) | 5분 |
| | 주제2 (강의) | ● **귀화의 유형과 절차 설명하기**<br>귀화에는 일반귀화, 간이귀화, 특별귀화가 있습니다. 보통의 외국인은 일반귀화를 신청하게 됩니다. 일반귀화를 신청하기 위해서는 어떤 조건을 갖추어야 하나요? 간이귀화의 대상이 되는 사람은 어떤 사람인가요? 특별귀화는 어떤 사람들을 대상으로 하나요? 특별귀화한 사람을 TV 등에서 본 적 있나요? | (PPT #9-11) | 10분 |
| | 알아두면 좋아요 2 | ● **국적법 개정에 따른 '국민선서' 설명하기**<br>2018년 12월 20일 개정된 국적법에 따라 귀화를 하려면 국민선서를 해야 합니다. 국민선서의 내용은 무엇인가요? | (PPT #12) | 5분 |
| 정리 | 정리하기 | **주요 내용 정리** | (PPT #13-14) | 5분 |
| | 이야기 나누기 | ● **국적의 의미에 대해 생각해 보기**<br>'귀화'라는 다큐멘터리를 본 사람이 있나요? 국적을 가지면 어떤 점이 좋을까요? 국적을 바꿀 때 어떤 느낌이 들까요?<br>● **다음 차시 예고** | (PPT #15) | 10분 |

## 학습 내용 정리

### 01 대한민국의 국적

**1** 국적의 의미

1) 국적: 한 사람이 특정한 국가의 구성원으로 공식적으로 인정받는 자격

2) 영주권: 외국인 신분으로 다른 나라에서 활동 범위나 체류 기간의 제한을 받지 않고 머무르는 자격

**2** 국적을 얻는 방법

1) 출생지주의: 아이가 태어난 나라를 기준으로 국적을 부여함. 미국이나 캐나다 등에서 적용

2) 혈통주의: 부모의 국적에 따라 태어난 아이에게 국적을 부여함. 중국, 호주, 한국 등에서 적용

### 02 귀화의 종류와 절차

**1** 일반귀화

1) 대한민국과 혈연·지연 관계가 없는 외국인이 대한민국 국적을 취득하는 절차

2) 한국에서 5년 이상 거주, 영주(F-5) 자격 소지, 19세 이상 성인 등의 조건 필요

**2** 간이귀화

1) 대한민국과 일정한 관계가 있는 외국인이 대한민국 국적을 취득하는 절차

2) 대한민국 국민의 배우자이거나 배우자였던 외국인의 경우 일반적으로 한국에 2년 이상 계속 거주하면 신청할 수 있음

**3** 특별귀화

1) 부모 중 한쪽이 현재 대한민국 국민인 경우 신청 가능

2) 대한민국에 특별한 공로를 하였거나 특정 분야의 우수한 능력이 국익에 기여할 것으로 인정되는 사람인 경우 신청 가능

## 이야기 나누기 예시 답안

한국 국적을 얻어야 한국인으로 정식으로 인정받을 수 있어요. 또 직장 생활을 하는 데 어려움도 줄어들기 때문이에요.

## 본문 용어 해설

**영주권** 외국인 신분으로 다른 나라에 오래 거주할 수 있는 권리이다. 한국의 영주권을 얻게 되면 본래 국적을 상실하지 않고 활동범위 및 체류기간의 제한을 받지 않는다. 그러나 영주자격을 가진 외국인에게 발급하는 외국인등록증(영주증)의 유효기간이 10년이므로 유효기간이 끝나기 전에 영주증을 재발급받아야 한다. 2018년 12월 20일부터 개정시행된 국적법에 따라 반드시 영주 체류자격을 가진 경우에만 일반귀화 허가 신청이 가능하도록 바뀌었다.

**국적법** 국적법은 대한민국의 국민이 되는 요건을 정하는 법이다. 출생에 의한 국적 취득, 대한민국 국민인 아버지나 어머니의 확인에 의한 국적 취득, 귀화에 의한 국적 취득 등의 내용들을 담고 있다. 국적법에 따르면, 출생 당시에 부 또는 모가 대한민국의 국민인 자는 대한민국 국적을 취득한다. 다만 부모가 모두 분명하지 않거나 국적이 없는 경우에 한해 대한민국에서 출생한 자는 대한민국 국적을 취득할 수 있다.

# 귀화 상담 Q&A

※ 한국의 국적을 얻기 위한 방법을 궁금해하는 사람들에게 귀화의 유형과 방법을 설명해주는 게시판 입니다. 밑줄 친 부분에 유의하여 올바른 답변을 적어주세요.

| 질문 | | 답글 |
|---|---|---|
|  | 저는 재작년에 한국인 남자와 결혼을 하게 되었어요. 벌써 결혼하고서 한국에서 산 지도 2년이 다 되었네요. 저도 이제 한국 국적을 얻었으면 해요. 어떻게 하면 좋을까요? | ________귀화를 택하는 것이 좋겠습니다.<br>이 귀화 방법은<br>______________________를 대상으로 하기 때문입니다. |
|  | 저는 대한민국에 대해 잘 알지 못했고, 아는 사람도 없었지만 대한민국에서 일을 하면서 이 나라에 많은 관심을 갖게 되었어요. 한국인으로 성실하게 일하면서 살아가고 싶습니다. 한국 국적을 얻는 방법을 알려주세요. | ________귀화를 택하는 것이 좋겠습니다.<br>이 방법으로 귀화를 하기 위해서는 먼저 한국에서 5년 이상 거주해야 하고, ________자격을 소지하고 있어야 합니다. 이후에 국민으로서 소양을 갖추어 시험 및 요건에 통과하면 한국 국적을 얻을 수 있습니다. |
|  | 저는 얼마 전까지 러시아 아이스하키 선수였어요. 하지만 안타깝게도 러시아에서 아이스하키를 지속하기 어려워졌어요. 그런데 대한민국 국민이 되면 국가대표가 될 수 있다고 하네요. 세계 대회에서 대한민국의 이름을 빛내려고요. 어떤 귀화 방법을 택하면 좋을까요? | ________ 귀화를 택하는 것이 좋겠습니다.<br>이 귀화 방법은<br>______________________를 대상으로 하기 때문입니다. |

**도움 자료**

- **일반귀화** : 대한민국과 혈연이나 지연 관계가 없는 외국인을 대상으로 함. 한국에서 5년 이상 거주하고, 영주 자격을 소지해야 하며, 19세 이상의 성인이어야 함.
- **간이귀화**: 부모 중 한쪽이 한국인이었던 자로 한국에서 3년 이상 계속 거주한 외국인 또는 배우자가 한국인이고 한국에 2년 이상 계속 거주한 외국인을 대상으로 함.
- **특별귀화**: 부모 중 한쪽이 한국인이거나, 대한민국에 특별한 공로가 있거나, 특정 분야에서 우수한 능력을 갖추고 있어서 국익에 기여할 것으로 인정되는 외국인을 대상으로 함.

# 심화자료

## 1. 국적법 제정과 귀화자 수의 변화

대한민국 국적법은 1948년 12월 20일에 제정되었다. 2011년 1월에 누적된 귀화 인원이 10만 명을 넘어섰고, 최근 수년간 매년 1만여 명이 한국 국적을 얻고 있다.

**귀화자 수 변화** (단위: 명)

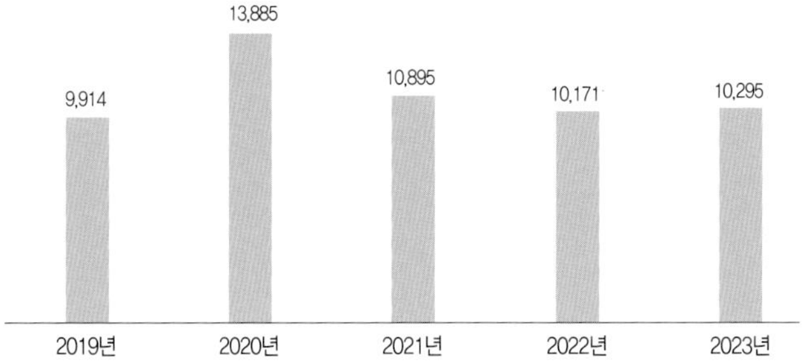


[출처] 법무부(출입국·외국인정책본부통계연보)

## 2. 국적법 개정과 국민선서

2018년 12월 20일 개정된 국적법이 시행되면서 귀화자는 법무부 장관 앞에서 국민선서를 하고 국적증서를 받아야 대한민국 국적을 취득할 수 있게 되었다. 선서의 내용은 다음과 같다.

"나는 자랑스러운 대한민국 국민으로서 대한민국의 헌법과 법률을 준수하고 국민의 책임과 의무를 다할 것을 엄숙히 선서합니다."

개정 법령에서는 귀화 요건 가운데 하나인 '품행단정'에 관한 세부 조건을 마련하고, 일반귀화 추천인 범위도 귀화신청자를 실질적으로 잘 알고 있는 국민 2명 이상으로 확대했다.

## 3. 특별귀화자, 인요한 의사

의학박사 인요한은 증조부 시절부터 한국과 인연을 맺었다. 그의 할아버지는 3·1운동을 미국에 가서 알리고 아버지는 미국으로 건너갔다가 한국전쟁이 발발하자 해군으로 참전해 한국으로 다시 왔다. 인요한 자신 또한 5·18 민주화 운동 당시 통역관으로 참여했다. 특히 그는 1993년 미니버스를 개조해 농촌의 좁은 길에서도 쉽게 달릴 수 있도록 설계된 한국형 구급차를 만들었다. 그는 2012년 3월 21일 한국 국적을 취득했다. 이전에도 "대한민국에 특별한 공로가 있는 사람에게 국적을 허용한다"는 국적법에 따라 선대의 공로로 후손들이 특별귀화 허가를 받은 경우는 있었지만 자신의 공로로 특별귀화자가 된 것은 인요한 의사가 처음이다.

참고자료
출입국관리사무소 https://immigration.go.kr/
국가법령정보센터 http://www.law.go.kr/
해외문화홍보원 http://kocis.go.kr/

# 33 가족과 법

교재 174-177쪽

이 차시의 목표는 외국인들이 한국 내에서 생활하면서 가족 관계에서 발생하는 다양한 문제를 잘 해결하기 위해 필요한 기본적인 법의 내용을 이해하는 것이다. 이를 위해 결혼, 이혼 등 가족관계와 관련된 법적 권리와 의무 등에 대해 학습한다.

| 단계 | | 교수학습활동 | 교수 자료 | 시간 |
|---|---|---|---|---|
| 도입 | 생각해 보기 | ● **결혼을 떠올리게 하는 다양한 물건에 대해 이야기 나누기**<br>다음 물건들을 보면 무엇이 떠오르나요? 결혼할 때 반지는 어떤 의미가 있나요? 부케는 왜 던지는 거죠? 자신의 고향 나라에서 결혼과 관련된 물건에는 무엇이 있나요? | (PPT #1-3) | 4분 |
| | 학습목표 | ● **학습목표 제시**<br>1. 부부의 권리와 의무에 관한 법의 기본 내용을 설명할 수 있다.<br>2. 가정폭력 및 이혼에 적용되는 법의 기본 내용을 설명할 수 있다.<br>● **이번 차시와 관련된 교재의 단원 확인하기** | (PPT #4) | 1분 |
| 전개 | 주제1 (강의) | ● **부부가 되기 위한 법적 절차에 대해 설명하기**<br>사랑하기만 하면 결혼할 수 있을까요? 나이가 어느 정도 되어야 결혼할 수 있나요? 결혼식만 하면 정식으로 부부로 인정받을 수 있을까요? 혼인신고란 무엇일까요?<br>● **부부의 법적 권리와 의무에 대해 설명하기**<br>부부간에 할 수 있는 일에는 어떤 것이 있나요? 부부는 재산을 함께 소유하나요, 아니면 따로 소유하나요? 남편 대신 아내가 대신 계약을 체결할 수 있을까요? 부부간에 지켜야 할 것에는 어떤 것이 있나요? | (PPT #5-7) | 10분 |
| | 알아두면 좋아요 1 | ● **출생신고 절차 알아보기**<br>아이가 태어나면 제일 먼저 무엇을 해야 할까요? 출생신고를 하려면 어디로 가야 하나요? 출생신고를 늦게 하면 어떻게 될까요? | (PPT #8) | 5분 |
| | 주제2 (강의) | ● **가정폭력에 대해 설명하기**<br>가족 간에 폭력을 쓰는 경우가 있다면 어떻게 대응할 건가요? 경찰이 가정 문제에도 개입할 수 있을까요? 가정폭력에 국가 권력이 개입하는 이유는 무엇일까요?<br>● **이혼의 종류와 방법 설명하기**<br>사람들은 왜 이혼을 할까요? 두 사람의 합의에 따라 이혼하는 것을 무엇이라고 할까요? 상대방이 이혼에 합의해 주지 않을 때 이혼할 수 있을까요? 이혼하면 자녀를 키우는 쪽은 어떻게 결정하나요? | (PPT #9-11) | 10분 |
| | 알아두면 좋아요 2 | ● **위자료 및 양육비 지급 문제 해결 방법 알아보기**<br>가정법원의 판결에도 불구하고 이혼한 상대방이 위자료와 자녀 양육비를 주지 않는다면 어떻게 해결해야 할까요? 가정법원에서 이행 명령을 내렸을 때 이를 따르지 않으면 어떻게 될까요? | (PPT #12) | 5분 |
| 정리 | 정리하기 | **주요 내용 정리** | (PPT #13-14) | 5분 |
| | 이야기 나누기 | ● **이혼할 때 이민자의 체류 자격 연장과 관련된 문제 이야기 나누기**<br>이민자의 경우 한국에서의 체류 자격을 잃는 문제 때문에 이혼을 망설이는 경우가 있습니다. 이런 문제에 대해 최근 한국 대법원은 새로운 판결을 내렸습니다. 그 내용은 무엇일까요?<br>● **다음 차시 예고** | (PPT #15) | 10분 |

## 학습 내용 정리

### 01 결혼생활과 법

**1** 부부가 되기 위한 법적 조건

1) 한국에서는 남녀 모두 18세 이상이면 혼인가능(단, 19세가 안 된 미성년자의 경우는 부모의 동의가 필요함)

2) 정식으로 부부로 인정받기 위해서는 시청, 구청, 군청 등에 혼인신고를 해야 함

**2** 부부의 권리와 의무

1) 부부의 권리: 각자 재산을 소유할 수 있음, 일상적 거래와 일에서 서로를 대신할 수 있음

2) 부부의 의무: 기본적으로 함께 살아야 하며, 생활 비용을 공동으로 부담해야 함

### 02 법을 통한 가정문제 해결

**1** 가정폭력

1) 가족에게 신체적, 정신적, 재산적 피해를 주는 것

2) 한국에서 가정폭력은 사회적 문제로 인식되며, 경찰 등 국가 권력의 도움을 받을 수 있음

**2** 이혼의 종류와 방법

1) 두 사람이 이혼에 합의하면 협의 이혼을 할 수 있음

2) 한쪽이 이혼에 동의하지 않을 경우 재판상 이혼을 할 수 있음

3) 가정법원을 통해 위자료 지급, 자녀 양육자, 양육 비용 등을 결정할 수 있음

## 이야기 나누기 예시 답안

가정폭력 등의 문제에 대해 대처할 수 있는 방안 등을 잘 교육하는 것이 필요합니다.

## 본문 용어 해설

**혼인신고** 남녀가 혼인 사실을 시(구)·읍·면의 장에게 공식적으로 신고하는 것을 의미한다. 혼인신고는 신고하려는 당사자 혼자 할 수 있으나 본인과 배우자의 신분증과 배우자의 도장을 지참한 후 관할 시(구)·읍·면의 사무소를 방문해야 한다. 혼인신고서에는 성인 2명이 증인으로 사인을 하거나 도장을 찍어야 한다.

**위자료** 불법행위에 의해 발생하는 손해는 재산적 손해와 정신적 손해로 나눌 수 있는데 정신적 손해에 대한 배상을 위자료라고 한다. 위자료와 같은 배상은 보통 돈으로 지불하게 되어 있다. 법원에서 이혼 위자료를 산정할 때는 잘못된 행위에 이르게 된 경위와 정도, 혼인 파탄의 책임과 원인, 배우자의 연령이나 재산상태 등을 고려하고 있다.

# 행복한 가정

※ 활동지에 행복한 가족생활을 위해 필요한 조건을 적어주세요.

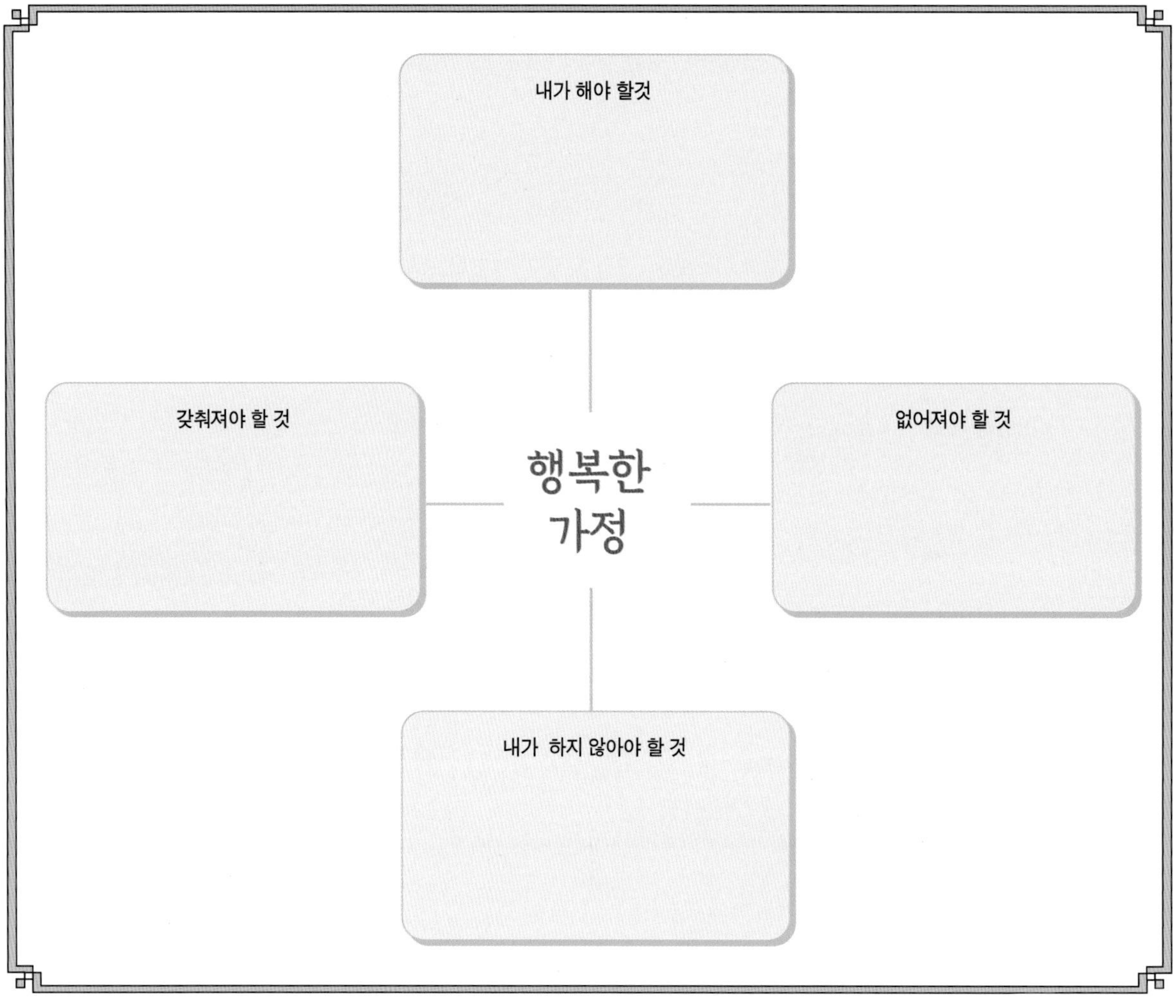


**도움 자료**

● **행복한 가족의 일곱 가지 공통점(『강학중 박사의 가족수업』 중에서)**

1) 매일매일 감사와 사랑을 표현한다.
2) 크고 작은 갈등이 생겼을 때 그 문제를 해결할 능력이 있다.
3) 대화를 많이 하고 말이 통한다.
4) 함께하는 시간을 즐긴다.
5) 서로에게 헌신한다.
6) 가족 공동의 가치관이 있다.
7) 웃음이 넘친다.

# 심화자료

## 1. 사실혼

사실혼이란 결혼의 형식적 요건인 혼인신고를 하지 않고 부부로서 공동생활을 하는 것을 말한다. 우리나라는 혼인신고라는 명시적인 방법에 의해 부부관계를 인정하는 법률혼주의를 채택하고 있다. 따라서 사실혼 상태의 부부에게는 법률혼에서 인정되는 권리와 의무가 일부 제한된다. 예를 들어 사실혼 상태의 경우 친족관계가 발생하지 않기 때문에 상속권이 제한될 수 있다. 또한 사실혼은 혼인신고가 되지 않은 상태이므로 사실혼 배우자가 다른 사람과 결혼하더라도 중혼에 해당하지 않는다. 사실혼 부부 사이에서 출생한 자녀는 혼인외의 출생자가 되어 아버지가 인지하지 않는 한 어머니의 성과 본을 따를 수밖에 없다.

## 2. 일상가사대리권

현행 한국의 민법에서는 부부 평등의 원칙에 따라 부부 상호 간에는 일상적인 가사에 관하여 서로를 대리할 수 있는 권리가 있다고 규정하고 있다. 이때 일상적인 가사란 부부의 공동생활에 통상적으로 필요한 식료품이나 생활용품 등을 구입하는 것이 포함된다. 또한 주거하는 곳의 월세 지급, 자녀에 대한 교육비나 의료비 등이 포함될 수 있다. 하지만 일반적인 의미에서의 의식주의 범위를 넘어서서 많은 돈을 빌린다거나 부동산을 처분하는 것, 다른 사람의 채무에 대해 보증을 서는 것 등은 일상적인 가사의 범위에 속하지 않는다. 이처럼 일상가사대리권의 범위를 넘어선 행위에 대해서는 배우자가 책임지지 않을 수 있다. 다만, 부부 한쪽이 일상적인 범위를 넘는 행위에 대해 배우자를 대신했다고 하더라도 배우자가 이를 인정했거나 다른 사람이 보기에 충분히 권한이 있다고 믿을 만한 경우에는 책임을 져야 하는 경우가 발생할 수 있다.

## 3. 가정폭력

한국에서는 법무부, 경찰청, 여성가족부, 행정안전부 등에서 2018년 11월 중대 가정파탄 사범에 대해 원칙적으로 구속영장을 청구하고, 출동한 경찰관이 가정폭력 현행범을 즉시 체포할 수 있도록 하는 '가정폭력 방지 대책'을 발표했다. 가정폭력은 집안에서 반복적으로 은밀하게 이루어지고, 가족이라는 이유 때문에 잘 신고하지 않는 경향이 있다. 따라서 가정폭력이 사회적 범죄로 처벌받는다는 점에 대한 인식을 갖추는 것이 중요하다.

**가정폭력사범 사법처리 현황**(단위: 명)

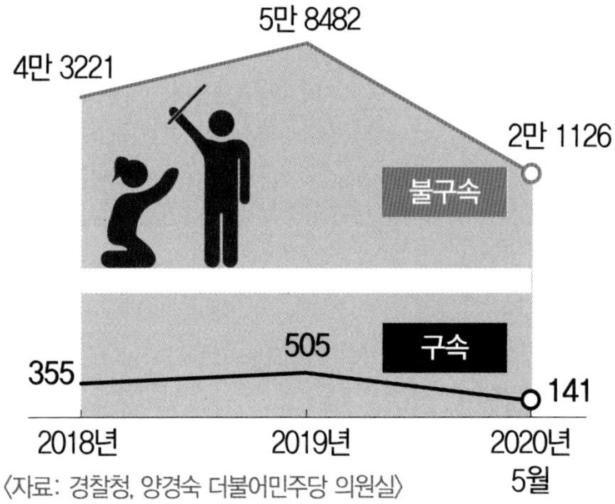


〈자료: 경찰청, 양경숙 더불어민주당 의원실〉

[출처] 서울신문 2020-06-22

**참고자료**
여성가족부 http://www.mogef.go.kr/
서울가정법원 https://slfamily.scourt.go.kr/
여성폭력사이버상담 https://www.women1366.kr/

# 34 재산과 법

교재 178-181쪽

이 차시의 목표는 외국인들이 재산 거래와 관련된 법적 내용을 이해하여 한국에서의 경제 생활 과정에서 생기는 여러 가지 문제를 잘 해결하는 것이다. 이를 위해 금전 및 부동산 거래와 관련하여 자신의 권리를 보장할 수 있는 법적 내용들을 학습한다.

| 단계 | | 교수학습활동 | 교수 자료 | 시간 |
|---|---|---|---|---|
| 도입 | 생각해 보기 | ● **친구가 돈을 빌려달라고 할 때의 난처함에 대해 이야기 나누기**<br>친한 사람에게 돈을 빌려달라는 부탁을 받은 적이 있나요? 그때 어떤 느낌인가요? 돈이 있어도 빌려주기 부담스러운 이유는 무엇일까요? 자신의 고향 나라에서는 돈을 주고받은 사실을 증명하는 방법이 있나요? | (PPT #1-3) | 4분 |
| | 학습목표 | ● **학습목표 제시**<br>1. 금전 거래와 관련된 법적 내용을 설명할 수 있다.<br>2. 부동산 거래와 관련된 법적 내용을 설명할 수 있다.<br>● **이번 차시와 관련된 교재의 단원 확인하기** | (PPT #4) | 1분 |
| 전개 | 주제1 (강의) | ● **계약의 의미에 대해 설명하기**<br>계약이란 무엇일까요? 말로만 약속해도 계약이 될까요? 약속만 하면 무엇이든 다 지켜야 하는 걸까요? 다른 사람을 노예로 만드는 계약 같은 것도 가능할까요?<br>● **계약을 증명하는 서류 소개하기**<br>약속한 내용을 증명하기 위해서는 무엇이 필요할까요? 계약서에는 어떤 내용이 들어가나요? 돈을 빌려준 사람은 무엇을 받아야 할까요? 돈을 갚은 사람은 무엇을 받아야 할까요? | (PPT #5-7) | 10분 |
| | 알아두면 좋아요 1 | ● **이자 제한에 대해 소개하기**<br>급하게 돈을 빌리는데 너무 많은 이자를 요구할 수 있을까요? 최고 이자율은 얼마일까요? 개인들 간에도 적용될까요? | (PPT #8) | 5분 |
| | 주제2 (강의) | ● **부동산 거래에서 등기부 등본의 역할 설명하기**<br>집을 사거나 빌리는 계약을 해본 적 있나요? 부동산 거래는 금액이 커서 많이 떨리지 않았나요? 부동산 거래에서 가장 중요하게 확인해야 할 것은 무엇인가요? 등기부 등본에는 무엇이 적혀 있나요?<br>● **부동산 거래 과정 설명하기**<br>계약금, 중도금, 잔금의 의미에 대해 알고 있나요? 부동산을 빌려 쓰는 계약에 대해 알고 있나요? 전세 계약을 맺었을 때 주의해야 할 부분은 무엇일까요? 세입자를 보호하는 규정에 대해 들어본 적 있나요? | (PPT #9-11) | 10분 |
| | 알아두면 좋아요 2 | ● **공인중개사 소개하기**<br>내가 거래하고 싶은 집이나 건물을 찾기 위해 주로 어디에서 정보를 얻나요? 공인중개사는 무슨 일을 하는 사람일까요? 부동산 거래 수수료는 어느 정도를 주어야 하나요? | (PPT #12) | 5분 |
| 정리 | 정리하기 | **주요 내용 정리** | (PPT #13-14) | 5분 |
| | 이야기 나누기 | ● **국외 송금 한도에 대해 소개하기**<br>국외 송금을 해본 적이 있나요? 송금할 때 주의해야 할 부분은 무엇인가요? 수수료를 줄이기 위한 방법은 무엇인가요?<br>● **다음 차시 예고** | (PPT #15) | 10분 |

## 학습 내용 정리

### 01 금전 거래와 계약

**1** 계약의 의미

1) 계약: 두 사람 이상이 무엇을 주고받을지 약속하는 것

2) 자유로운 의사에 따라 맺을 수 있으나 사회질서에 어긋나는 내용이면 무효가 됨

**2** 계약을 증명하는 서류

1) 계약서: 계약의 내용을 증명하는 서류 예) 차용증, 영수증

2) 돈을 빌려주었을 때는 차용증을, 돈을 갚았을 때는 영수증을 받아야 해당 사실을 증명할 수 있음

### 02 부동산 거래

**1** 부동산과 등기부 등본

1) 부동산: 집이나 땅, 건물 등 직접 가지고 다닐 수 없는 재산

2) 등기부 등본: 부동산에 대한 권리나 거래 관계 등이 기록된 공식적인 서류. 부동산 계약 시 반드시 확인해야 함

**2** 부동산 거래 과정

1) 매매 계약 시에는 계약금, 중도금, 잔금 순으로 돈을 주고받으며, 잔금 지급 전 등기부 등본을 확인해야 함

2) 부동산을 빌려 주는 것을 임대, 빌려 쓰는 것을 임차라고 함

3) 임차인은 최소 2년 동안 거주할 수 있으며, 전입신고를 하고 확정일자를 받으면 보증금을 우선적으로 보장받을 수 있음

## 이야기 나누기 예시 답안

인터넷 은행을 통해서 좀 더 저렴한 수수료를 내고 송금을 하고 있어요.

## 본문 용어 해설

**계약** 두 명 이상의 사람 사이에서 한쪽에서 요구하고 다른 쪽에서 이를 받아들일 것을 합의한 것. 계약서를 쓰지 않더라도 법적인 의무가 성립하지만 계약서는 증빙할 수 있는 서류가 된다. 계약은 법적인 효과가 있기 때문에 어길 경우 상대방이 입은 피해에 대해 배상해야 할 수 있다. 참고로, 만 19세 미만의 미성년자는 혼자서 계약을 맺을 수 없으며, 부모를 비롯한 법정 대리인의 동의를 받아야 한다.

**등기부 등본** 부동산과 관련된 권리관계를 기록해 놓은 공식 문서를 말한다. 등기부 등본은 공인중개업소를 통해 받아볼 수도 있지만 대법원 인터넷등기소를 통해 확인할 수 있다. 등기부 등본은 크게 표제부, 갑구, 을구가 있다. 표제부에서는 자신이 계약하는 건물의 주소와 면적, 크기, 용도 등이 정확한지 확인해야 한다. 갑구에는 부동산의 소유권과 관련된 내용이 적혀 있는데 계약하는 사람이 실제로 주인이 맞는지, 어떻게 소유하게 되었는지를 확인해야 한다. 마지막으로 을구에는 소유권 외 다양한 권리 관계가 표시되어 있는데 해당 부동산을 바탕으로 돈을 얼마나 빌렸는지 등을 보고 내 보증금이 보장될 수 있는지를 확인해야 한다.

# 등기부 등본 확인하기

**※ 다음 부동산 등기부 등본을 보고 물음에 답해 보자.**

| 【 표 제 부 】 ( 토지의 표시 ) | | | | | |
|---|---|---|---|---|---|
| 표시번호 | 접 수 | 소 재 지 번 | 지 목 | 면 적 | 등기원인 및 기타사항 |
| 1<br>(전 1) | 1978년7월8일 | 서울특별시 관악구 신림동<br>1234-21 | 대 | 162㎡ | |
| | | | | | 부동산등기법 제177조의 6 제1항의 규정에 의하여 1999년 08월 16일 전산이기 |

| 【 갑 구 】 ( 소유권에 관한 사항 ) | | | | |
|---|---|---|---|---|
| 순위번호 | 등 기 목 적 | 접 수 | 등 기 원 인 | 권리자 및 기타사항 |
| 1<br>(전 3) | 소유권이전 | 1984년11월26일<br>제47706호 | 1984년11월26일<br>매매 | 소유자 구상본 361210-*******<br>~~서울 관악구 신림동 1234-21~~ |
| | | | | 부동산등기법 제177조의 6 제1항의 규정에 의하여 1999년 08월 16일 전산이기 |
| 1-1 | 1번등기명의인표시<br>변경 | | 2011년10월31일<br>도로명주소 | 구상본의 주소 서울특별시 관악구 남부순환로123길 12(신림동)<br>2013년11월19일 부기 |
| 2 | 소유권이전 | 2017년6월5일<br>제100789호 | 2017년1월18일<br>협의분할에<br>의한 상속 | 소유자 김영순 420405-*******<br>서울특별시 관악구 남부순환로 123길 12<br>(신림동) |

| 【 을 구 】 ( 소유권 이외의 권리에 관한 사항 ) | | | | |
|---|---|---|---|---|
| 순위번호 | 등 기 목 적 | 접 수 | 등 기 원 인 | 권리자 및 기타사항 |
| ~~1~~ | ~~근저당권설정~~ | ~~2002년12월23일~~<br>~~제73119호~~ | ~~2002년12월23일~~<br>~~설정계약~~ | ~~채권최고액 금13,000,000원~~<br>~~채무자 김철수~~<br>~~서울 관악구 신림동 321 신림빌라 101호~~ |

1. 이 부동산의 위치와 면적을 말해 봅시다.
2. 이 부동산의 소유자는 누구입니까?
3. 이 부동산과 관련하여 주목할 권리 관계가 무엇인지 말해 봅시다.

**도움 자료**

등기부 등본은 표제부, 갑구, 을구로 구성된다.

1) 표제부: 부동산의 현황(지번, 지목, 구조, 면적 등)과 소재지, 등기원인 등이 표시된다.

2) 갑구: 소유권에 관한 사항을 기재하는데, 부동산을 처음 등기부에 기재할 당시 소유자를 나타내는 '소유권보존등기'와 그 후 소유권을 이전받은 자를 나타내는 '소유권이전등기'가 표시된다.

3) 을구: 소유권 이외의 권리에 관한 사항이 기재된다. 주로 담보권으로서 저당권, 전세권, 지상권 등이 설정된다. 일반적으로 부동산과 관련한 권리 관계에 문제가 생겼을 때 여기에 먼저 기재된 권리를 우선적으로 보장한다.

# 심화자료

## 1. 계약자유의 원칙

사회생활에서 개인은 자기 의사에 따라 자유롭게 계약을 맺을 수 있는데 이를 계약자유의 원칙이라고 한다. 즉, 자기가 계약하고자 하는 상대방과 계약 내용이나 계약 방식을 모두 자유롭게 정할 수 있다. 하지만 자본주의가 발전하는 과정에서 자유로운 계약이 약자에게 특히 불합리한 내용을 강요할 수 있다는 문제가 제기되었다. 이에 20세기 이후 빈부 격차를 완화하고 약자의 기본적인 권리를 보호하기 위해 계약 자체가 사회 정의에 부합해야 한다는 점이 강조되게 되었다. 이에 따라 계약의 내용이나 방식 등이 인간의 기본권 침해 등 사회 질서에 어긋나는 내용을 포함하는 경우에는 계약 자체가 무효가 된다.

## 2. 전세, 월세

전세는 외국의 생활에서는 쉽게 찾아볼 수 없는, 우리나라 특유의 부동산 임대차 형태이다. 집을 빌리는 임차인은 집을 빌려주는 임대인에게 한 번에 큰 금액(전세금)을 지급한다. 전세계약이 끝나면 임대인은 임차인에게 전세금을 돌려주어야 한다. 과거에는 임대차 중 전세가 차지하는 비중이 높았지만, 요즘에는 전세 거래가 많이 줄고 월세 비중이 높아지고 있다.

월세는 일정 기간 동안 주택 등의 건물이나 토지를 빌려 사용하고, 매월 정기적으로 대가를 지불하는 형태이다. 월세로 계약하면, 매월 지불하는 돈과 별도로 보증금을 내야 한다. 보증금은 세입자가 계약 기간이 끝나서 나갈 때 집주인으로부터 받게 된다. 만약 세입자가 월세를 내지 않으면, 집주인은 보증금에서 월세를 제할 수 있다.

반전세는 전세와 월세를 절충한 방식을 말한다. 즉, 일정 금액은 전세 보증금으로 하고, 나머지 금액에 대해 월세를 지급하는 것이다.

## 3. 주택임대차보호법

주택임대차보호법은 국민의 주거생활의 안정을 보호하기 위해 제정된 법률로 주택의 임대차에 적용되는 법이다. 이 법은 서민들의 안정적 주거생활을 보호하기 위한 것으로 임차인의 권리를 특별히 더 보호하고 있다.

이 법에 따라 주목해야 하는 내용은 크게 세 가지이다. 첫째, 주택임대차보호법은 임대차의 최단기간을 2년으로 보장하고 있다. 따라서 임대차 기간을 정하지 않거나 기간을 2년 미만으로 정했다고 하더라도 임차인은 2년까지 거주할 것을 주장할 수 있다. 다만, 임차인이 2년 미만으로 거주할 것을 계약하고 이를 주장하는 것은 가능하다.

둘째, 주택임대차계약을 맺었다면 임차인은 계약 기간 동안에는 주택의 소유권이 다른 사람에게 넘어가더라도 자신의 주거권을 주장할 수 있다. 즉, 주인이 바뀌어도 원래 계약한 조건 그대로 거주할 수 있다.

셋째, 주택임대차에 따른 보증금은 특별히 우선적으로 보호를 받는다. 법에 따라 전입신고를 하고, 확정일자를 받은 다음, 실제 주택에 거주하게 되면 부동산이 경매 등에 부쳐졌을 때 후순위 권리자나 일반채권자에 대해 우선적으로 변제받을 수 있다. 특히 소액보증금의 경우에는 순위와 관계없이 다른 권리에 비해 우선적으로 보장하고 있어서 특히 어려운 위치에 있는 서민들을 보호하는 데 도움이 된다.

참고자료
대한법무사협회 http://www.kjaa.or.kr/
한국공인중개사협회 https://www.kar.or.kr/
대법원인터넷등기소 https://www.iros.go.kr/

# 35 생활 법률

교재 182-185쪽

이 차시의 목표는 일상생활에서 지켜야 할 법에 대해 이해하고 생활 속에서 법을 지키는 태도를 함양하는 것이다. 이를 위해 생활 속에서 실천해야 하는 법에 대한 내용을 학습한다.

| 단계 | | 교수학습활동 | 교수 자료 | 시간 |
|---|---|---|---|---|
| 도입 | 생각해 보기 | ● **쓰레기 분리수거에 대해 이야기해 보기**<br>재활용 쓰레기를 버려본 적이 있나요? 재활용 쓰레기를 어떻게 분류하여 배출해야 하나요? 자신의 고향 나라에서는 쓰레기를 어떻게 배출하나요? | (PPT #1-3) | 4분 |
| | 학습목표 | ● **학습목표 제시**<br>1. 경범죄의 개념과 사례를 설명할 수 있다.<br>2. 음주운전과 학교폭력에 대해 설명할 수 있다.<br>● **이번 차시와 관련된 교재의 단원 확인하기** | (PPT #4) | 1분 |
| 전개 | 주제1 (강의) | ● **경범죄에 대해 설명하기**<br>경범죄란 무엇일까요? 경범죄란 죄의 경중이 낮은 범죄를 말합니다. 담배꽁초를 땅에 버리거나 침을 뱉는 행위도 경범죄에 해당합니다.<br>● **쓰레기 무단투기 대해 설명하기**<br>쓰레기를 아무렇게나 버린 적이 있나요? 쓰레기를 아무데나 버리거나 종량제 봉투를 사용하지 않고 버리면 과태료를 내야 합니다.<br>● **무단횡단에 대해 설명하기**<br>길을 건널 때는 횡단보도가 있는 곳에서 신호에 맞게 건너야 합니다. | (PPT #5-7) | 10분 |
| | 알아두면 좋아요 1 | ● **안전띠 착용 의무화에 대해 알아보기**<br>차에 탔을 때 안전띠를 꼭 매고 있나요? 한국은 전 좌석 안전띠 착용 의무화를 시행 중입니다. 뒷자리에 앉더라도 안전띠는 꼭 해야 합니다. 그렇지 않으면 과태료를 내야 합니다. | (PPT #8) | 5분 |
| | 주제2 (강의) | ● **음주운전에 대해 설명하기**<br>뉴스에서 음주운전 사고 소식을 들은 적이 있나요? 음주운전이란 술을 마신 상태로 운전을 하는 행위입니다. 대부분의 국가에서 음주운전에 대한 처벌을 강력하게 하고 있습니다.<br>● **학교폭력에 대해 설명하기**<br>자녀가 있는 학부모라면 가장 걱정하는 일이 학교폭력일 겁니다. 학교폭력이 발생하면 즉시 부모와 학교에 알려야 하며 심각한 상태일 경우 경찰에 도움을 요청할 수도 있습니다. | (PPT #9-11) | 10분 |
| | 알아두면 좋아요 2 | ● **몰래카메라에 대해 생각해보기**<br>몰래카메라에 대한 뉴스를 들어본 적이 있나요? 상대방의 동의를 받지 않고 몰래 상대방의 신체를 찍는 행위는 불법입니다. | (PPT #12) | 5분 |
| 정리 | 정리하기 | **주요 내용 정리** | (PPT #13-14) | 5분 |
| | 이야기 나누기 | ● **공공장소의 낙서에 대해 이야기하기**<br>청계천에 있는 베를린 장벽에 낙서가 되어 있다고 합니다. 많은 사람들이 보는 공공 시설물에 개인이 낙서를 하는 행위에 대해 어떻게 생각하나요?<br>● **다음 차시 예고** | (PPT #15) | 10분 |

## 학습 내용 정리

### 01 경범죄에는 무엇이 있을까?

**1** 경범죄: 일상생활에서 흔하게 일어나는, 처벌이 가벼운 범죄. 담배꽁초 버리기, 침 뱉기, 공공장소에 낙서하기 등이 해당

**2** 쓰레기 무단투기

1) 종량제 봉투를 사용하지 않고 일반 봉투를 사용하면 과태료 부과

2) 각 지방자치단체 조례로 신고 포상금제를 두고 있음

**3** 무단횡단

1) 신호를 무시하거나 횡단보도가 아닌 곳에서 길을 건너는 행위

2) 최근에는 스마트폰을 보며 걷다가 자신도 모르게 무단횡단을 하게 되는 경우가 발생함

### 02 음주운전과 학교폭력은 무엇일까?

**1** 음주운전

1) 술을 마신 상태에서 운전을 하는 행위

2) 대부분의 국가에서 불법이며 처벌도 강력하게 하고 있음

**2** 학교폭력

1) 학교 안팎에서 학생을 대상으로 신체적, 정신적, 재산상 피해를 주는 행위

2) 학교폭력이 발생하면 부모와 학교에 알려야 함

## 이야기 나누기 예시 답안

한국 사람들은 이름 남기는 것을 좋아하는 것 같아요. 공공장소에 가면 어렵지 않게 볼 수 있는 낙서들의 대부분이 이름과 그곳을 다녀간 날짜를 적은 것이에요. 우리나라에서는 이런 낙서를 하지 않아요. 대신 그라피티를 많이 하죠. 거리나 지하철 역 등에 그려 놓는데 저는 지저분해 보여서 싫어해요. 한국인들의 낙서는 진짜 낙서인데 그라피티는 낙서로 보는 사람도 있고 예술로 보는 사람도 있어요. 그런데 저는 그라피티를 보고 많은 사람들이 공감할 수 없다면 개인적인 낙서라고 생각해요. 이 점은 한국의 그라피티도 마찬가지라고 생각해요.

## 본문 용어 해설

**종량제 봉투** 쓰레기 종량제에 따라 규격 봉투를 쓰며, 각 지방자치단체별로 각기 다른 모양의 것을 팔고 있다. 크기도 버리는 쓰레기의 용량에 따라 소·중·대가 나뉘어 있다. 지정된 쓰레기봉투가 아닌 다른 비닐봉투를 사용했을 경우는 쓰레기를 수거하는 측에서 쓰레기의 수집을 거부할 수 있다.

**무단횡단** 자동차가 오는 것을 느리다고 생각할 수 있어 괜찮다고 생각하는 사람들이 많다. 하지만 자동차의 속도는 사람이 생각하는 것과는 다르게, 상당히 빠른 것이 보통이다. 무단횡단의 경우, 다른 교통사고의 유형과는 달리, 사람 자체가 충격을 온몸으로 받아버리기 때문에 교통사고의 유형 중 가장 위험하다고 할 수 있다. 사망률이 다른 교통사고 유형의 10배에 달한다.

**안전띠** 승무원·승객이 충돌이나 급브레이크, 또는 진동·동요가 있을 때 좌석에서 튕겨져 나오거나 실내에 있는 돌출물에 부딪혀서 부상당하는 것을 막아 주거나 최소화해주는 장치이다.

# 헷갈리는 분리수거 상식

**1. 다음 물건들을 잘 살펴보고 분리수거를 해 보십시오.**

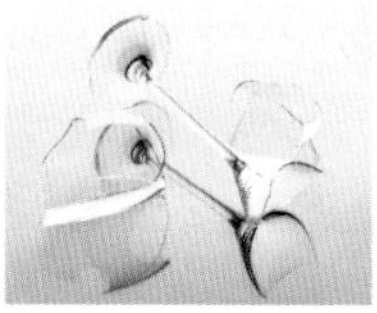

종이류 | 병류 | 플라스틱류 | 캔류 | 일반쓰레기

**2. 자신이 알고 있는 쓰레기 분리수거 방법에 대해 이야기해 봅시다. 그리고 친구들의 이야기를 들으면서 서로 다른 점이 있다면 누가 맞는지 알아봅시다.**

**도움 자료**

**<배출방법>**

1. 우산: 우산은 재질별로 분리해 버려야 한다. 철은 고철에 버린 후 나머지는 일반쓰레기로 버려야 한다. 하지만 분리가 어려운 우산은 고철로 분류해도 괜찮다고 한다.
2. 화분: 화분은 재활용이 안 된다. 일반쓰레기로 배출해야 한다. 부피가 클 경우 대형폐기물로 신고하고 배출 수수료를 납부한 후 배출하면 된다.
3. 깨진 유리: 깨진 유리 또는 뾰족한 것은 신문지에 감싼 후 비닐 또는 천으로 다시 한 번 싸서 일반쓰레기로 배출해야 한다.
4. 전단지: 전단지는 대부분 코팅이 되어있기 때문에 종이류로 분류할 수 없다. 일반쓰레기로 배출해야 한다.
5. 치약: 치약의 튜브 부분은 플라스틱 재질이며 뚜껑도 플라스틱의 한 종류인 폴리프로필렌이기 때문에 플라스틱류에 넣으면 된다.

# 심화자료

## 1. 경범죄의 종류

경범죄는 죄의 경중이 낮은 범죄이다. 공공의 안녕, 질서의 유지, 범죄 예방 등의 목적으로 제정된 경범죄처벌법에서 규정하는 행위를 말한다. 경범죄를 저질렀을 때는 경찰서장의 청구에 의해 즉결재판절차에 따라 재판을 받게 되며, 죄의 형벌은 구류 또는 과료에 한하도록 규정되어 있다. 경범죄에 해당하는 것들을 살펴보면 다음과 같다.

빈집 등에의 침입, 흉기의 은닉 휴대, 폭행 등의 예비, 시체현장 변경, 관명 사칭, 출판물의 부당게재, 물품의 강매, 허위광고, 업무방해, 오물방치, 노상 방뇨, 의식방해, 단체가입 강요, 자연훼손, 물길의 흐름방해, 구걸 및 부당이득, 불안감 조성, 음주소란, 물건 던지기 등 위험 행위, 정신병자 감호 소홀, 동물관리 소홀, 성명 등의 허위기재, 야간통행 제한 위반, 과다 노출, 암표 매매, 무임승차 및 무전취식, 장난전화, 금연장소에서의 흡연 등을 경범죄로 규정하고 있다.

## 2. 세계 각국의 음주운전 처벌법

태국은 음주 운전자들에게 영안실 청소, 시신 닦기, 시신 운구 등의 사회봉사를 수행하게 한다. 물론 혈중알코올농도나 사고 유무에 따라 다르게 책정되는 벌금과 징역도 뒤따른다.

미국은 음주운전 적발시 재판을 받기 때문에 벌금과 변호사 수임료로 막대한 비용을 지출하게 된다. 또한, 생계와 직결된 이유가 인정되면 조건부 면허를 발급하고 시동잠금장치를 부착한다. 시동잠금장치란 혈중알코올농도 측정기를 붙어 단속 기준에 걸리지 않을 때만 시동이 걸리게 하는 장치이다.

일본은 자전거를 타고 다니는 사람까지도 음주 여부를 측정해 적발될 경우 벌금을 부과한다. 음주운전이 적발되면 운전자에게 술을 제공한 사람에게도 벌금을 부과하고, 음주 운전자가 모는 차를 탄 사람에게도 위험 운전 방조죄로 최대 10년의 징역형을 선고한다.

브라질은 음주운전으로 교통사고를 일으키면 사고로 인한 피해의 크고 작음을 떠나 살인범으로 분류한다.

## 3. 학교폭력 신고센터

| 접수내용 | 관련기관 | 전화번호 |
|---|---|---|
| 학교폭력 예방교육 및 전화·문자 상담 | 교육부, 여성가족부, 경찰청 | 117 |
| 청소년 가출, 학업중단, 인터넷 중독, 고민 상담 | 청소년 사이버상담센터 | 1388 |
| 자녀 학교·가정생활, 특수교육 상담 | 서울시청소년 상담복지센터 | 02-2285-1318 |
| 학교폭력 전화상담, 인터넷 상담, 개인 및 집단상담 | 청소년폭력예방재단 | 1588-9128 |
| 성고민·성폭행·음란물·인터넷 중독 상담 | 탁틴내일 | 02-3141-6191 |

참고자료
경찰청 www.police.go.kr
교육부 www.moe.go.kr
여성가족부 www.mogef.go.kr

# 36 범죄와 법

교재 186-189쪽

이 차시의 목표는 한 사회에서 사람들이 평화롭게 살아가기 위해 사회질서를 유지하고 개인의 권리를 보호하는 법의 역할을 이해하는 것이다. 이를 위해 사회질서를 유지하는 형법 및 형법의 기본 원칙과 법집행기관에 대해 학습한다.

| 단계 | | 교수학습활동 | 교수 자료 | 시간 |
|---|---|---|---|---|
| 도입 | 생각해 보기 | ● **두 장면에서 다른 법이 적용되는 이유에 대해 이야기 나누기**<br>두 사례의 차이점은 무엇일까요? 아래 사례에서 두 사람의 합의로 이 문제를 해결해도 될까요? 국가적인 차원에서 해결해야 할 것은 어떤 것일까요? 그 이유는 무엇이라고 생각하나요? | (PPT #1-3) | 4분 |
| | 학습목표 | ● **학습목표 제시**<br>1. 형법의 의미와 죄형 법정주의에 대해 설명할 수 있다.<br>2. 법집행기관으로서 경찰과 검찰의 기능을 설명할 수 있다.<br>● **이번 차시와 관련된 교재의 단원 확인하기** | (PPT #4) | 1분 |
| 전개 | 주제1 (강의) | ● **형법의 의미에 대해 설명하기**<br>다른 사람의 돈을 훔치거나 생명에 위협을 가하는 사람이 있다면 어떻게 해야 할까요? 사회질서를 유지하기 위해 필요한 것은 무엇일까요? 범죄와 형벌을 담고 있는 법을 무엇이라고 할까요?<br>● **죄형 법정주의 설명하기**<br>나쁜 짓을 한 것처럼 보이는 사람이라고 해서 무조건 처벌하면 될까요? 함부로 처벌하지 않으려면 형법에 어떤 내용이 포함되어 있어야 할까요? 죄형 법정주의를 시행하는 이유는 무엇일까요? | (PPT #5-7) | 10분 |
| | 알아두면 좋아요 1 | ● **사이버 범죄에 대해 소개하기**<br>인터넷상으로도 여러 범죄를 저지를 수 있다는 것을 알고 있나요? 사이버 범죄에는 어떤 것이 있을까요? | (PPT #8) | 5분 |
| | 주제2 (강의) | ● **법집행기관에 대해 설명하기**<br>법에 따라서 사회 질서를 유지하는 일을 하는 것을 법을 집행한다고 합니다. 그렇다면 법을 집행하는 기관은 어디일까요? 범죄 피해를 받으면 누가 법에 따라 범죄자를 잡아서 처벌하나요?<br>● **경찰과 검찰의 역할 설명하기**<br>범죄를 알게 되었을 때 어디에 신고하는 게 좋을까요? 경찰서로 연락하는 긴급 전화번호가 무엇인가요? 범죄자를 수사하고 최종적으로 재판에 넘길 수 있는 권한은 누가 가지고 있나요? | (PPT #9-11) | 10분 |
| | 알아두면 좋아요 2 | ● **고위공직자범죄수사처 소개하기**<br>고위공직자범죄수사처라고 들어본 적 있나요? 고위 공무원의 범죄 행위에 대해서는 별도로 수사하는 이유는 무엇일까요? | (PPT #12) | 5분 |
| 정리 | 정리하기 | **주요 내용 정리** | (PPT #13-14) | 5분 |
| | 이야기 나누기 | ● **외국인을 위한 범죄 예방 교실 소개하기**<br>외국인들이 한국의 법을 잘 지킬 수 있도록 돕는 교육이 진행되고 있습니다. 외국인 범죄 예방 교육에 대해 들어본 적 있나요?<br>● **다음 차시 예고** | (PPT #15) | 10분 |

## 학습 내용 정리

### 01 형법의 기능

**1** 형법의 의미

1) 목적: 사회질서를 유지하고 사람들의 자유와 권리를 보호

2) 내용: 범죄가 되는 행위와 그에 대한 형벌

**2** 죄형 법정주의

1) 의미: 어떤 행위가 범죄가 되고, 그 범죄에 대해 어떤 처벌을 할 것인지를 미리 법률로 정해  두는 것

2) 목적: 사회질서를 안정적으로 유지하고, 사람들이 안심하고 행동할 수 있도록 하는 것

### 02 법집행기관으로서 경찰과 검찰의 역할

**1** 법집행기관

1) 의미: 법에 따라 범죄 행위를 예방하고 사회 질서를 유지하는 국가 기관

2) 예: 경찰, 검찰

**2** 경찰과 검찰의 역할

1) 경찰: 범죄를 예방하고 수사하여 공공질서를 유지함

2) 검찰: 범죄를 수사하고 증거를 모아 재판을 청구함

## 이야기 나누기 예시 답안

법교육을 통해 한국에서 자주 일어나는 범죄의 유형과 그에 대한 예방 및 대처 방법을 알려주어야 해요. 그래야 범죄 피해자가 되지 않을 수 있어요.

## 본문 용어 해설

형벌 범죄 행위가 일어났을 때 국가의 권력을 이용하여 범죄자에게 가하는 벌을 의미한다. 형벌에는 생명을 빼앗는 사형, 징역과 금고처럼 일정 기간 교도소 등에서 나오지 못하는 자유형, 자격 상실이나 자격 정지와 같은 명예형, 벌금이나 과료 등의 재산형이 있다. 이와 별개로 나이가 어리거나 정신이 온전하지 못한 경우에는 형벌은 아니지만 치료와 보호를 위한 치료 감호나 보호 관찰 등의 조치를 취할 수도 있다.

범죄 용의자 피의자라고도 하는데 범죄의 혐의를 받아 수사기관에 의해 수사의 대상이 된 경우를 말한다. 증거 인멸이나 도주의 우려가 있을 경우에는 영장에 따라 구속되기도 한다. 피의자는 진술거부권, 변호인 선임권, 자료제출권, 변호인과 면회하고 서류나 물건을 주고받을 수 있는 권리를 가지고 있다. 수사 결과 범죄 행위를 했다고 검사가 판단할 경우 재판에 넘겨지게 되는데 이때부터는 피고인이라고 부른다. 피고인의 단계까지는 범죄 행위 여부가 확정된 것이 아니므로 무죄로 추정된다. 즉, 유죄 판결이 확정될 때까지는 누구든 그를 범죄자로 단정해서는 안 되며, 단지 수사 기관의 조사를 받고 있는 것으로 이해되어야 한다.

# 범죄와 형벌에 관한 보석맵 만들기

**※ 다음 보석맵의 ①, ②, ③ 부분을 채워보자.**

① 1번 구역에 각자가 생각하기에 국가에서 처벌해야 할 나쁜 행위를 쓴다.
② 2번 구역에 1번에 쓴 행위가 어떻게 사회질서를 해치는지 쓴다.
③ 3번 구역에 해당 범죄 행위에 어떤 형벌을 주는지 뉴스 기사 등을 검색해서 찾아 쓴다.

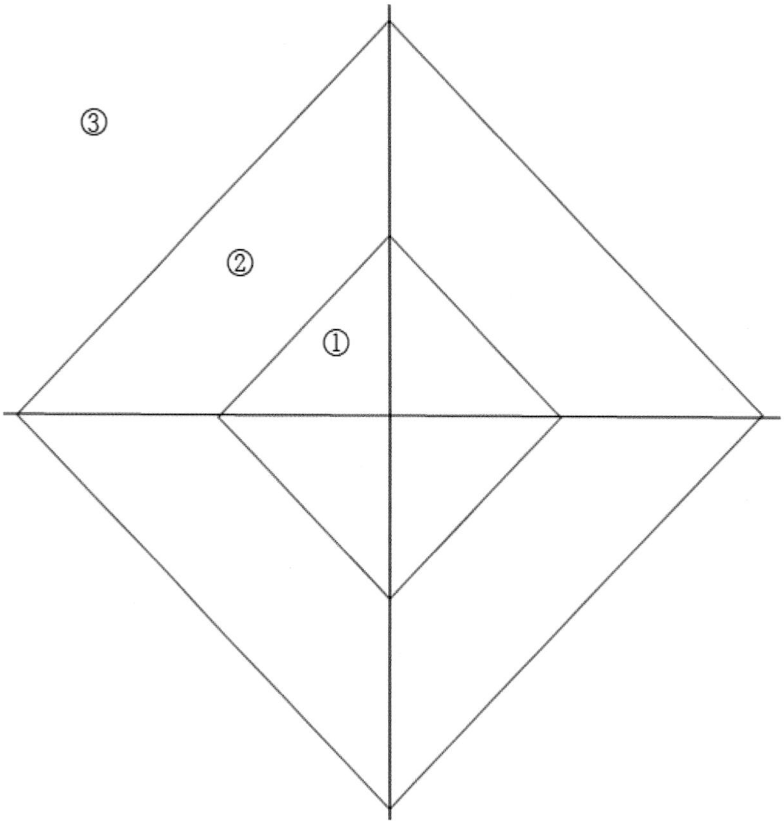


**도움 자료**

규칙1: 4명이 하나의 모둠을 구성하고, 각자 다른 색깔의 펜을 준비한다(예시: 빨강, 파랑, 초록, 검정).
(모둠 구성이 어렵다면 하나의 직각 삼각형 부분만 각자 작성하도록 한다.)

규칙2: 구성원들은 각자 직각 삼각형의 한쪽 부분을 담당하며, 각자 작성이 끝나면 90도를 회전하여 다시 작성하도록 한다.

규칙3: 보석맵이 완성되면 모둠원들끼리 함께 검토한다.

# 심화자료

## 1. 죄형 법정주의

죄형 법정주의는 어떠한 행위가 범죄에 해당하고, 그에 따르는 형벌이 무엇인지는 반드시 미리 법률에 규정되어야 한다는 형법의 대원칙이다. 죄형 법정주의는 국가의 자의적인 형벌권 남용으로부터 국민의 자유를 보장하고, 법률에 의해 국가 형벌권을 통제하기 위한 원칙이다.

죄형 법정주의는 크게 다섯 가지 원칙으로 설명할 수 있다. 첫째는 관습형법 금지의 원칙이다. 즉, 관습에 따라 형벌을 부과할 수 없으며 반드시 국회를 통과한 법률에 의거해야 한다는 것이다. 둘째는 소급효 금지의 원칙이다. 이것은 형벌 법규가 시행된 이후의 행위에 대해서만 적용되며 법 시행 이전의 행위에 소급해서 적용해서는 안 된다는 것이다. 세 번째는 명확성의 원칙이다. 즉, 형법의 내용은 명확하게 규정되어야 하며 자의적으로 해석되어서는 안 된다. 네 번째는 유추해석 금지의 원칙이다. 이것은 법률에 규정이 없는 사항에 대해 그와 유사하다는 이유로 법이 적용되어서는 안 된다는 것이다. 다섯 번째는 적정성의 원칙이다. 이것은 범죄 행위와 형벌 사이에 비례와 균형이 맞아야 한다는 것이다.

## 2. 기소독점주의

한국에서는 일반적인 범죄에 대해 기소독점주의를 받아들이고 있다. 이는 원칙적으로 국가기관인 검사만이 공소를 제기할 수 있다는 것을 말한다. 이것은 공익의 대표자로서 검사에게만 공소를 제기할 수 있도록 함으로써 국가형벌권이나 형사소추권이 피해자의 개인적 감정이나 집단적 이해관계 또는 여론에 따라 행사되거나 좌우되지 않도록 하는 것이다. 기소독점주의는 공소제기의 적정성을 보장하고 검사가 개인적 감정에 지배되지 않고 국가적 입장에서 공평하게 기소할 수 있다는 장점이 있다. 반면 검사가 외부 압력에 굴복해 자의적이고 독단적인 공소권 행사를 할 수 있다는 우려가 제기되기도 한다. 이에 2019년 말에 고위공직자범죄수사처 설치 및 운영에 관한 법률안이 통과되고 2020년 1월 14일 공수처법이 제정되면서 고위 공무원과 그 가족에 대해 공수처가 수사하고 경우에 따라서는 기소도 할 수 있게 되었다.

## 3. 형사 미성년자에 대한 처벌

한국 형법에서는 14세가 되지 않은 어린이나 청소년을 형사 미성년자로 규정하고 있다. 아직 나이가 어린 청소년의 경우 한순간의 실수로 잘못된 행동을 저지르더라도 당장의 처벌보다는 따뜻하게 보호하고 지원하는 것이 중요하기 때문이다. 이에 14세 미만의 경우 아직까지 자신의 행동을 책임질 수 있는 능력이 없다고 판단하여 범죄를 저지르더라도 형사 처벌을 할 수 없게 하고 있다.

이와 함께 죄를 저지른 청소년에게 적용되는 소년법을 제정해 두고 있다. 소년법에 따르면 10세 이상에서 19세 미만의 비행 청소년에게 보호처분을 할 수 있다. 즉, 10세 이상에서 14세 미만의 어린이나 청소년은 범죄를 저지른 경우 직접적인 형사 처벌을 받지는 않지만 소년원에 가거나 보호 관찰을 받을 수 있다. 14세 이상의 청소년이 범죄를 저질렀을 경우 검사는 죄의 정도가 나쁘지 않고 자신의 죄를 뉘우치고 있다면 해당 청소년을 소년부로 보내거나 재판 없이 일정 기간 선도를 받도록 한다. 하지만 죄가 무거울 경우에는 형사 법원으로 보내 일반 어른들의 범죄와 같이 형사 사건으로 다룬다.

참고자료
한국법교육센터 http://www.lawedu.or.kr/
경찰청 https://www.police.go.kr/
검찰청 http://www.spo.go.kr/

# 37 권리 보호와 법

교재 190-193쪽

이 차시의 목표는 사회생활에서 발생하는 여러 가지 분쟁 과정에서 개인의 권리를 잘 보호하기 위한 법의 내용을 이해하는 것이다. 이를 위해 법의 의거하여 재판을 통해 분쟁을 해결하는 과정과 재판 외 방법으로 권리를 보장하는 다양한 제도에 대해 학습한다.

| 단계 | | 교수학습활동 | 교수 자료 | 시간 |
|---|---|---|---|---|
| 도입 | 생각해 보기 | ● **이주민에게 보장되어야 할 권리에 대해 이야기 나누기**<br>이주민 정책 10대 가이드 라인에 대해 들어본 적 있나요? 각각의 그림은 무엇을 의미하나요? 이주민들의 권리 보호를 위해 한국에서 잘하는 부분과 그렇지 않은 부분은 무엇인가요? | (PPT #1-3) | 4분 |
| | 학습목표 | ● **학습목표 제시**<br>1. 재판을 통한 분쟁 해결 과정을 설명할 수 있다.<br>2. 재판 외에 분쟁을 해결하고 권리를 보장하는 다양한 제도를 설명할 수 있다.<br>● **이번 차시와 관련된 교재의 단원 확인하기** | (PPT #4) | 1분 |
| 전개 | 주제1 (강의) | ● **재판을 통한 분쟁 해결**<br>당사자 간에 분쟁이 잘 해결되지 않을 때 최종적인 해결 방법은 무엇일까요? 재판을 통해 분쟁을 해결하는 기관은 어디일까요? 재판을 준비하는 데 누구의 도움을 받을 수 있을까요?<br>● **약자들을 위한 법률지원 설명하기**<br>법을 잘 모르거나 경제적으로 어려울 때 법률 서비스를 받을 수 있는 방법을 알고 있나요? 대한법률구조공단을 통해 도움을 받으려면 어떻게 해야 할까요? | (PPT #5-7) | 10분 |
| | 알아두면 좋아요 1 | ● **외국인의 공정한 재판을 위한 통번역 지원**<br>재판 과정에서 말이 통하지 않는다면 어떤  문제가 생길 수 있을까요? 재판에서 통번역은 어느 정도 지원되고 있을까요? | (PPT #8) | 5분 |
| | 주제2 (강의) | ● **대안적 분쟁 해결 제도 소개하기**<br>재판은 분쟁을 해결하는 가장 확실한 방법이지만 이를 수행하기에 여러 가지 어려움이 있을 수 있습니다. 어떤 것이 있을까요? 재판은 많은 시간과 비용을 필요로 하는데 대안이 있을까요?<br>● **권리를 보호해주는 다양한 기관 설명하기**<br>한국에서 국민의 권리를 보호해주는 기관에는 어떤 것이 있을까요? 국민들의 인권을 보호하는 대표적인 기관은 무엇인가요? 국가기관에 의해 피해를 입었을 때 어디에 구제를 요청할 수 있을까요? | (PPT #9-11) | 10분 |
| | 알아두면 좋아요 2 | ● **외국인을 위한 마을변호사 제도 소개하기**<br>마을변호사에 대해 들어본 적 있나요? 이 제도가 국내에 체류하고 있는 모든 외국인들을 대상으로 확대 운영되고 있다는 것을 알고 있나요? | (PPT #12) | 5분 |
| 정리 | 정리하기 | **주요 내용 정리** | (PPT #13-14) | 5분 |
| | 이야기 나누기 | ● **119의 도움을 받는 방법 소개하기**<br>119 응급구조를 신청할 때 외국인은 어떤 어려움이 있을까요? 119 신고를 영상이나 문자로 할 수 있다는 것을 알고 있나요?<br>● **다음 차시 예고** | (PPT #15) | 10분 |

## 학습 내용 정리

### 01 재판을 통한 분쟁 해결

**1** 재판의 역할

1) 법원에서 재판을 통해 분쟁을 해결하고 사람들의 권리를 보장함

2) 일반적으로 변호사와 같은 법률전문가의 도움을 받아 재판 과정에 참여하는 경우가 많음

**2** 대한법률구조공단

1) 경제적으로 어렵거나 법을 잘 모르는 사람들을 위해 법률 서비스를 제공하는 기관

2) 외국인도 외국인등록 사실증명을 받고, 소득 수준이 중위소득 이하인 경우 최소 비용으로 소송을 지원받을 수 있음

### 02 분쟁 해결과 권리 보호를 위한 다양한 방법

**1** 대안적 분쟁 해결 제도

1) 재판은 많은 시간과 비용을 필요로 하여 재판까지 가지 않고 해결하는 것도 중요함

2) 예: 협상, 조정, 중재

**2** 권리를 보호해주는 다양한 기관

1) 국가인권위원회: 모든 사람의 기본적 인권을 보호하는 국가기관. 인권 침해에 대한 조사와 구제 등을 요청하면 판단하여 개선을 권고함

2) 국민권익위원회: 부패 방지와 국민의 권익 보호와 구제를 목적으로 하는 국가 기관
특히 국가기관에 의해 피해를 입은 경우 문제 제기 및 피해 구제를 요청할 수 있음

## 이야기 나누기 예시 답안

법을 잘 몰라서 어려움을 겪게 되었을 때 외국인을 위한 마을변호사 제도를 통해 법률 상담을 받을 수 있어요.

## 본문 용어 해설

**대한법률구조공단** 경제적으로 어렵거나 법을 잘 몰라 법의 보호를 충분히 받지 못하는 국민을 돕기 위해 설립된 법률복지기관이다. 기준 중위소득의 125% 이하인 국민 또는 국내 거주 외국인 범죄피해자는 무료로 소송 대리 등의 법률 서비스를 지원받을 수 있다. 단, 재산범죄 피해자는 인지, 송달료 등 소송 비용을 부담해야 한다. 구체적인 지원 요건 등은 전화 132 또는 공단 누리집(www.klac.or.kr)을 통해 확인할 수 있다.

**국가인권위원회** 한국의 헌법은 국민이 차별받지 않고 자유롭고 인간다운 삶을 누리도록 보장하고 있다. 이를 위해 개인의 기본적 인권을 보호하기 만들어진 독립된 국가 기관이 국가인권위원회이다. 국가인권위원회에서는 인권을 침해당한 국민의 요구를 듣고, 관련 기관에 문제를 해결할 것을 요구한다. 그 외에도 인권을 보호하기 위한 다양한 제도와 정책 등을 연구하고, 인권 교육 프로그램을 개발한다.

# 권리 보호에 도움이 되는 제도와 기관

**빈칸에 각 방법을 통해 분쟁을 해결하고 인권을 보장한 사례를 찾아 간략하게 적어봅시다.**

| | |
|---|---|
| 재판 | 대안적 분쟁해결방안<br>층간소음으로 고통을 받던 A씨는 소송을 하지 않고 층간소음이웃사이센터의 조정을 통해 이웃과 원만하게 분쟁을 해결하였다. |
| 국가인권 위원회 | 국민권익 위원회 |

**도움 자료**

● **분쟁 해결 및 권리 보호 사례 검색 방법**

1. 인터넷 포털 등에서 뉴스를 검색한다. 예) '소송', '분쟁 해결' 등을 넣고 검색
2. 대한민국 법원 종합법률정보(https://glaw.scourt.go.kr/)에서는 분야별로 판례를 검색할 수 있게 돕고 있다.
3. 만약 판례 검색이 어렵다면 확정 판결이 난 사례를 인터넷 뉴스를 통해 검색하여 해결할 수 있다.
4. 국가인권위원회 누리집(https://www.humanrights.go.kr/)과 국민권익위원회 누리집(http://www.acrc.go.kr/)을 방문하면 각 위원회의 활동 사례를 확인할 수 있다.

# 심화자료

### 1. 감정 노동자

감정 노동은 실제 기분과 무관하게 조직이나 상급자, 고객 등이 요구하거나 기대하는 정서적 반응을 보이기 위해 노력하는 것을 말한다. 감정 노동은 노동자에게 큰 스트레스나 질환을 유발할 수 있다고 알려져 있다. 이에 2018년 3월 30일 국회에서는 감정 노동자의 건강권을 보호하는 내용을 담은 산업안전보건법 일부개정법률안을 통과시켰다. 이에 따르면 사업주는 고객응대근로자(일명 '감정 노동자')에 대한 고객의 폭언 등으로부터 노동자를 보호하기 위한 보호조치를 해야 한다. 또한 고객의 폭언 등으로 인해 고객응대근로자에게 건강장애가 발생하거나 발생할 우려가 현저할 경우 사업주는 업무를 일시적으로 중단하거나 휴식을 부여하고 필요할 경우 치료와 상담을 지원하도록 했다.

### 2. 공정한 재판을 위한 제도

재판은 무엇보다도 공정하게 이뤄지는 것이 중요하다. 이를 위해 한국에서도 여러 가지 장치를 마련하고 있다. 첫째, 많은 민주주의 국가들과 마찬가지로 한국에서도 사법권을 독립시켜 두고 있다. 먼저, 법관이 어떤 압력도 받지 않고 헌법과 법률에 의해 자신의 양심에 따라 재판할 수 있도록 법관의 신분을 보장하고 있다. 또한 법원이 다른 조직이나 국가 기관으로부터 간섭이나 영향을 받지 않도록 법원을 다른 국가 기관으로부터 독립시켜 두고 있다. 둘째, 공개재판주의와 증거 재판주의를 원칙으로 채택하고 있다. 이에 따라 재판의 과정은 소송 당사자 이외의 일반 시민들도 방청할 수 있다. 또한 판결은 반드시 사실을 증명할 수 있는 증거를 바탕으로 내려지게 된다. 셋째, 재판을 받은 사람이 재판 결과에 승복하지 않을 경우 다시 재판을 받을 수 있도록 심급 제도를 마련하고 있다. 한국에서는 기본적으로 삼심 제도를 운영한다.

### 3. 대안적 분쟁 해결 방식

① 협상: 가장 보편적인 수단으로 당사자들이 서로 대화를 통해 각자의 주장과 요구를 조율하여 분쟁을 해결하는 방식이다. 어떻게 논의해서 어떻게 해결할 것인가 하는 것은 당사자들이 자율적으로 결정한다.

② 조정: 제3자가 개입해서 협상이 안정적으로 진행되도록 돕는 방식이다. 당사자들이 제3자의 개입을 요청하고, 제3자가 절차나 기준 등을 제시하여 합의를 이끌어낸다. 조정의 경우 당사자들이 제3자가 제시한 안을 강제적으로 받아들여야 하는 것은 아니라는 점에서 중재와 차이가 있다.

③ 중재: 절차를 넘어서 결과에까지 제3자가 개입해서 당사자 간의 갈등을 제3자의 판단에 맡겨 해결하는 방식이다. 중재자는 당사자들이 제시한 증거자료를 받아 자신이 중재안을 만들어 결정을 내리며, 이 결정은 보통 법적 구속력을 가진다.

④ 혼합적 모델: 현실에서는 순수한 의미의 협상, 중재, 조정 등의 방법뿐만 아니라 이들을 혼합한 형태의 분쟁해결 방법도 자주 사용한다.

참고자료
대한민국 법원 https://www.scourt.go.kr/
국가인권위원회 https://www.humanrights.go.kr/
국민권익위원회 http://www.acrc.go.kr/

# 제7편

# 역사

# 38 고조선의 건국

교재 200-203쪽

이 차시의 목표는 한국사회를 이해하기 위해서 한국의 역사가 어떻게 발전하여 왔는지 살펴보고, 한국 최초의 국가인 고조선의 특징을 파악하는 것이다. 이를 위해 역사 학습의 목적, 한국사와 세계사의 흐름 비교, 고조선의 건국과 사회 모습에 대한 내용을 학습한다.

| 단계 | | 교수학습활동 | 교수 자료 | 시간 |
|---|---|---|---|---|
| 도입 | 생각해 보기 | ● **비파형 동검과 고인돌 사진 살펴보기**<br>비파형 동검과 고인돌은 각각 어떤 용도로 사용되었을까요?<br>이들 유물을 남긴 사람들은 어느 시대 사람들이었을까요? | (PPT #1-3) | 4분 |
| | 학습목표 | ● **학습목표 제시**<br>1. 역사 학습의 목적에 대해 설명할 수 있다.<br>2. 고조선의 사회 모습에 대해 설명할 수 있다.<br>● **이번 차시와 관련된 교재의 단원 확인하기** | (PPT #4) | 1분 |
| 전개 | 주제1 (강의) | ● **역사의 의미 이해하기**<br>박은식이 남긴 말의 의미는 무엇일까요? 우리가 역사를 배우는 목적은 무엇일까요?<br>● **한국사의 흐름 파악하기**<br>한국의 역사가 어떤 큰 흐름으로 발전했는지 알고 있나요? 한국이 발전하고 있을 때 비슷한 시기에 동양과 서양에서는 어떤 일이 있었는지 알고 있나요? 세계 역사의 흐름 속에서 한국의 역사도 발전해 왔는데, 자신의 고향 나라에서 있었던 역사적 사건을 소개해 볼까요? | (PPT #5-7) | 15분 |
| | 주제2 (강의) | ● **고조선의 건국 살펴보기**<br>고조선의 건국 이야기를 우리는 어떻게 이해해야 할까요? 진짜로 곰이 사람이 된 것일까요? 그러면 한국인의 조상은 곰이라고 해야 할까요? 자신의 고향 나라에 고조선의 건국 이야기와 비슷한 내용의 이야기가 있나요? 있다면 소개해 주는 시간을 가져 봅시다.<br>● **고조선의 사회 모습 알아보기**<br>고조선은 사회 질서를 유지하기 위해 8조의 법을 만들었는데, 현재 3개 조항만 남아 있습니다.<br>이를 통해 고조선의 사회 모습에 대해 이야기해 봅시다. | (PPT #8-11) | 10분 |
| | 알아두면 좋아요 1 | ● **강화 참성단과 개천절 소개하기**<br>고조선이 세워진 것을 기념하기 위해 제정된 국경일인 10월 3일에 매년 강화 참성단에서 단군에게 제사를 지냅니다. 단군은 한국 사람들에게 어떤 의미인지 생각해보기. 또한 개천절의 유래에 대해 알아봅시다. | (PPT #12) | 5분 |
| 정리 | 정리하기 | **주요 내용 정리** | (PPT #13-14) | 5분 |
| | 이야기 나누기 | ● **『삼국유사』에 기록된 단군의 고조선 건국 이야기 살펴보기**<br>자신의 고향 나라에 전해지는 건국 신화나 건국 이야기를 말해 봅시다. 단군의 고조선 건국 이야기와 어떤 차이점과 공통점이 있는지 이야기를 나눠 봅시다.<br>● **다음 차시 예고** | (PPT #15) | 10분 |

## 학습 내용 정리

### 01 역사를 왜 배울까?

**1** 역사 학습의 목적

1) 한국인이 생각하는 역사의 의미: 힘든 시기를 버텨낼 수 있는 버팀목이자 자부심의 대상이 되기도 함

2) E.H. 카가 생각하는 역사의 의미: 역사적 사실과 역사 해석 중 어느 한 쪽이 일방적으로 중요한 것이 아니라 상호 작용을 한다고 생각함

2) 역사의 의미: 과거의 역사 속 사건들을 통해 현재를 이해하고 더 나아가 미래를 설계할 수 있도록 도와주는 학문

**2** 한국사의 흐름

1) 시대별 흐름: 고조선 → 삼국 시대(고구려, 백제, 신라) → 신라의 삼국 통일 → 남북국 시대(통일 신라와 발해) → 고려 → 조선 → 대한 제국 → 일제 강점기 → 8·15 광복 → 대한민국

### 02 고조선의 건국과 사회 모습

**1** 건국: 환웅 부족과 곰 숭배 부족이 연합하여 단군왕검을 지배자로 하는 새로운 부족을 이루었다고 추정됨(기원전 2333년)

**2** 사회 모습: 8조법 중 3개 조항을 통해 짐작할 수 있음(큰 죄는 법으로 엄격하게 다스림. 개인의 재산을 인정하였음. 신분 제도가 있었음. 화폐를 사용하였음.)

## 이야기 나누기 예시 답안

- ○○국에서 온 이주자: 삼황오제는 오늘날 ○○국 사람들이 자신들의 조상으로 생각하는 전설상의 인물이에요. 삼황은 대체로 복희, 여와, 신농을 가리키며 오제로는 황제, 전욱, 제곡, 요, 순이 있어요. 삼황 가운데 복희는 물고기잡이 등을 가르쳤고, 여와는 사람을 창조하였어요. 신농은 사람 몸에 소의 머리를 한 신으로 농업신이에요.
- △△△국에서 온 이주자: 강한 힘을 가진 바다신 락롱꾸언과 아름다운 산신 어우꺼가 결혼하여 알을 낳았는데, 알에서 100명의 아들이 탄생하였어요. 이들의 반은 아버지를 따라 바다로, 나머지 반은 어머니를 따라 산으로 갔어요. 산으로 간 아들 중 훙 가문이 △△△국 최초의 국가인 반랑국을 세웠다고 전해져요.

## 본문 용어 해설

| | |
|---|---|
| 박은식(1859~1925) | 일제 강점기 독립운동가, 언론인, 학자 |
| E.H. 카(1892~1982) | 영국의 정치학자, 외교관, 역사학자 |
| 환웅 | 고조선 건국 이야기에 등장하는 단군왕검의 아버지인 신. 하느님 환인의 아들 |
| 서기 | 서기는 예수 탄생의 해를 시작으로 만든 서양의 연호 |
| 단기 | 고조선의 건국으로 알려진 기원전 2333년을 시작으로 만든 연호 |
| 노비 | 사회적으로 가장 신분이 낮은 남자종과 여자종을 아울러 이르는 말 |
| 사유 재산 | 개인이 소유하고 있어 마음대로 사용하고 처분할 수 있는 재산 |

# 고조선의 건국

**※ 다음의 글을 읽고, 질문에 답해 봅시다.**

**〈『삼국유사』에 기록된 단군의 고조선 건국 이야기〉**

하늘을 다스리는 환인에게는 환웅이라는 아들이 있었다. 환웅은 늘 땅을 굽어보며 인간 세상을 다스리고 싶어 했다. 마침내 환웅은 비, 구름, 바람을 각각 관장하는 신들을 이끌고 태백산에 내려왔다. 이후 환웅은 '널리 인간을 이롭게 한다.'라는 홍익인간의 뜻을 펼치며 인간 세상을 다스렸다. 그러던 어느 날 인간 세계를 다스리던 환웅에게 곰과 호랑이가 찾아와서 말했다.

"저희는 사람이 되고 싶습니다. 사람이 되게 해 주세요."

그러자 환웅이 곰과 호랑이에게 쑥과 마늘을 주며 대답하였다.

"100일 동안 동굴에서 이것을 먹고 지내거라. 그러면 사람이 될 수 있을 것이다."

곰과 호랑이는 환웅의 말대로 동굴에 들어가서 쑥과 마늘을 먹으며 지냈다. 하지만 참다못한 호랑이는 도중에 동굴을 나와 도망치고 말았다. 끝까지 잘 견뎌 낸 곰은 아름다운 여인(웅녀)이 되었고, 환웅과 결혼을 하였다. 둘 사이에 건강한 아이가 태어났는데, 그 아이가 바로 단군왕검이다. 무럭무럭 자란 단군왕검은 청동기 문화를 바탕으로 나라(고조선)를 세웠다. 그 고조선이 바로 한국 역사상 첫 번째 나라이다.

(1) 단군의 고조선 건국 이야기에서 가장 재미있는 부분은 무엇입니까? 또 그 이유를 말해 봅시다.

(2) 단군의 고조선 건국 이야기가 우리에게 주는 교훈은 무엇이라고 생각합니까?

(3) 자신의 고향 나라에 전해오는 건국 신화(또는 건국 이야기)를 아래에 적어 봅시다.

**도움 자료**

● **지도 시 유의사항**

- 오른쪽 그림을 예시로 보여준다.
- 상황에 따라 개인별 활동이나 모둠 활동으로 진행할 수 있다.
- 자유롭게 이야기할 수 있는 분위기를 만든다.

# 심화자료

## 1. '단군왕검'의 뜻

어떤 사람은 단군이 무당을 뜻하는 몽골어 '당굴'에서 온 말이라 하고, 어떤 사람은 '수두 하느님'을 뜻풀이한 말이라고도 한다. 그리고 왕검은 임금을 이두(한자를 빌려서 한국말을 표기하던 방법)식으로 표현했다고 해석하기도 하고, 대인(大人)·신성인(神聖人)을 가리키는 '엉큼·검'에서 온 말이라고 풀이하기도 한다. 이렇게 생각하는 사람들은 단군을 제사장의 뜻으로, 왕검을 정치적 수장의 뜻으로 보아 제정일치 시대의 군장을 나타내는 이름이라고 이해한다. 한편 단군의 단(檀)은 그 소리가 아니라 뜻으로 읽어야 한다고 보는 견해도 있다. '단'은 박달이 되며, 이는 '밝다'를 표현한 말이라는 것이다. 이에 따르면 단군은 제사장의 성격은 없고 오로지 임금으로서의 성격만 갖게 된다.

## 2. 8조법을 통해 알아보는 고조선의 사회 모습

첫 번째 조항은 생명에 관한 것, 두 번째 조항은 신체에 관한 것, 세 번째 조항은 재산에 관한 것이다. 곡물을 마치 화폐처럼 사용하였으며, 계급 분화가 이루어져 노비를 사유 재산으로 여겼던 당시의 모습을 엿볼 수 있다. 고조선 사람들은 절도죄에 대해 상당히 관심이 컸던 듯하며, 비록 돈을 내고 자유민이 되더라도 이를 부끄러이 여겼다고 한다. 『한서』에는 8조법에 이어 "이로써 …… 부인은 정신(貞信)하고 음란하지 않았다."라고 기록되어 있다. 이는 본래 그런 것이 아니라 간음을 금지하는 법이 엄격했기 때문으로 보아야 할 것이다. 따라서 8조법의 나머지 5개 조항 중 하나는 간음을 금지하는 내용일 것으로 추측된다. 이를 통해 당시 고조선 사회가 가부장제 사회였음을 알 수 있다.

## 3. 고조선의 문화권

중국의 랴오닝(요령) 지방과 한반도의 청동기 문화는 동일한 문화권으로 중국의 청동기 문화와 구분되고 있다. 특히 비파형 동검은 시베리아 계통의 돌널무덤과 고인돌에서 주로 발견되고 한반도 여러 지역에서 출토되고 있어 중국의 청동기 문화와 다른 독자적인 청동기 문화가 이곳에 있었음을 보여 주는 대표적 유물이다. 미송리식 토기 역시 랴오허강을 경계로 동쪽 지역에서만 출토되고 있다. 이처럼 동검이나 토기의 형태를 통해 중국과는 다른 청동기 문화권으로 고조선의 발전을 추론하고 있다.

비파형 동검은 '비파'라는 악기 모양을 닮았다고 해서 붙여진 이름이다. 특징은 몸체와 손잡이 등으로 이루어진 조립식이라는 점이다. 몸체는 비파처럼 날의 아래가 둥글고 검날 가운데에는 돌기부가 있으며, 이 돌기부 양쪽에는 날이 얼마간 휘어들었다. 주로 랴오닝성 일대에서 발견되고 있으며, 최근 한반도 전역에서도 많은 양의 비파형 동검이 출토되고 있다.

## 4. 개천절

10월 3일. 서기전 2333년, 즉 단군기원 원년 음력 10월 3일에 단군이 한국 최초의 국가인 고조선(단군조선)을 건국했음을 기리는 뜻으로 제정되었다. 이는 단군을 숭배하는 대종교에서 처음 제정한 경축일로 민족의식을 높이기 위한 목적도 있다고 할 수 있다. 그러나 개천절은 '개천(開天)'의 본래의 뜻을 엄밀히 따질 때 단군조선의 건국일을 뜻한다기보다 124년을 소급하여 천신(天神)인 환인의 뜻을 받아 환웅이 처음으로 하늘을 열고 태백산(백두산) 신단수 아래에 내려와 신시(神市)를 열어 홍익인간(弘益人間)의 대업을 시작한 날인 상원 갑자년(上元甲子年: 서기전 2457년) 음력 10월 3일을 뜻한다고 보는 것이 더욱 타당성이 있다.

따라서 개천절은 한국 사람들의 민족국가의 건국을 경축하는 국가적 경축일인 동시에, 문화민족으로서의 새로운 탄생을 경축하며 하늘에 감사하는 한국의 국경일이라 할 수 있다.

**참고자료**

서의식(2015), 『뿌리 깊은 한국사 샘이 깊은 이야기 1』, 가람기획.

# 39 삼국 시대와 남북국 시대

교재 204-207쪽

이 차시의 목표는 삼국의 건국과 발전, 남북국 시대의 발전과 문화를 이해하는 것이다. 이를 위해 고구려, 백제, 신라 등 삼국 사이에 이루어진 항쟁, 신라의 삼국 통일 과정, 통일 신라와 발해의 발전과 문화에 대한 내용을 학습한다.

| 단계 | 교수학습활동 | | 교수 자료 | 시간 |
|---|---|---|---|---|
| 도입 | 생각해 보기 | ● **삼국(고구려, 백제, 신라)의 건국 이야기 살펴보기**<br>이와 같은 건국 이야기에는 어떤 역사적인 의미가 담겨 있을까요?<br>고구려, 백제, 신라는 각각 어느 지역에서 세워졌을까요? | (PPT #1-3) | 4분 |
| | 학습목표 | ● **학습목표 제시**<br>1. 삼국 시대의 성립과 발전 과정을 설명할 수 있다.<br>2. 남북국 시대의 발전과 문화에 대해 설명할 수 있다.<br>● **이번 차시와 관련된 교재의 단원 확인하기** | (PPT #4) | 1분 |
| 전개 | 주제1 (강의) | ● **삼국의 건국 파악하기**<br>고구려, 백제, 신라는 각각 누가 건국했을까요? 이들 세 나라는 각각 어느 지역에 세워졌을까요?<br>● **삼국의 발전 과정 살펴보기**<br>고구려, 백제, 신라 중에서 전성기를 가장 먼저 맞이한 국가는 어디일까요? 4세기, 5세기, 6세기 삼국의 상황이 나타난 지도를 가지고 각 나라의 경쟁과 발전 과정을 살펴봅시다. | (PPT #5-7) | 10분 |
| | 알아두면 좋아요 1 | ● **삼국 시대 한강 유역의 특징 소개하기**<br>한반도의 중심에 위치한 한강 유역은 넓은 평야가 있어서 농사짓기에 유리하고, 한강을 이용할 수 있어서 교통이 편리하며, 중국과 교류하기에 유리한 곳입니다. 또한 한강 유역은 삼국의 국경 지역에 해당하는 곳입니다. 이러한 이유로 삼국은 한강 유역을 차지하기 위해 치열하게 경쟁했습니다. 이후 다른 왕조에서도 한강 유역은 중요한 지역으로 여겨졌습니다. | (PPT #8) | 5분 |
| | 주제2 (강의) | ● **신라의 삼국 통일 살펴보기**<br>고구려, 백제, 신라 중 삼국을 통일한 나라는 어디일까요? 신라는 왜 당과 손을 잡았으며, 이후에 두 나라는 왜 전쟁을 벌였을까요? 삼국 통일 과정을 시기순으로 살펴보도록 합시다.<br>● **통일 신라와 발해의 발전 파악하기**<br>삼국을 통일한 신라는 민족을 융합하기 위해 어떤 정책을 펼쳤을까요? 통일 신라 시대에 만들어진 문화유산에는 어떤 것들이 있을까요? 옛 고구려 땅에 세워진 새로운 나라는 무엇일까요? 이 나라는 어떤 문화를 발전시켰을까요? 통일 신라와 발해의 발전과 문화에 대해 살펴봅시다. | (PPT #9-11) | 10분 |
| | 알아두면 좋아요 2 | ● **'남북국 시대'의 명칭이 갖는 의미 파악하기**<br>조선 시대 학자인 유득공이 통일 신라와 발해가 함께 발전한 시기를 남북국 시대라고 불렀습니다. 남북국 시대라는 명칭이 갖는 의미는 무엇일까요? | (PPT #12) | 5분 |
| 정리 | 정리하기 | **주요 내용 정리** | (PPT #13-14) | 5분 |
| | 이야기 나누기 | ● **신라의 길쌈놀이 '가배'에서 유래된 한가위 살펴보기**<br>자신의 고향 나라에 한국의 추석(한가위)과 비슷한 명절이 있는지 이야기해 봅시다. 또한 그와 같은 명절이 생겨난 유래를 소개하는 시간을 가져 봅시다.<br>● **다음 차시 예고** | (PPT #15) | 10분 |

## 학습 내용 정리

### 01 삼국의 건국과 발전

**1** 삼국의 건국
1) 고구려: 주몽이 졸본 지역에서 건국
2) 백제: 주몽의 아들로 알려진 온조가 한강 유역에서 건국
2) 신라: 박혁거세가 마을 촌장들의 도움을 얻어 경주 지역에서 건국

**2** 삼국의 발전
1) 4세기: 백제의 전성기(남해안까지 영토 확장, 중국의 요서 지방과 일본의 규슈 지방과 교류)
2) 5세기: 고구려의 전성기(한국 이북의 여러 성 차지, 신라를 도와 왜의 군대를 물리침, 만주 지역 장악, 국내성에서 평양으로 수도 옮김, 한반도 중부 지역까지 차지)
3) 6세기: 신라의 한강 유역 차지와 가야 정복 → 삼국 통일의 기반 마련

### 02 남북국 시대의 발전

**1** 신라의 삼국 통일: 신라가 당과 연합 → 백제 멸망(660) → 고구려 멸망(668) → 당이 한반도 전체를 차지하려 함 → 나·당 전쟁 → 신라가 당을 몰아내고 삼국 통일(676)

**2** 통일 신라와 발해
1) 통일 신라: 민족 융합 정책 실시, 당과도 교류 재개, 불교문화 발달(석굴암, 불국사 세움)
2) 발해: 고구려 장군 출신 대조영이 발해 건국(698), 고구려 문화를 바탕으로 주변 문화를 받아들여 독자적인 문화 발전, 불교문화 발달(불상, 석등, 연꽃무늬 기와 등)

## 이야기 나누기 예시 답안

- ○○국은 음력 8월 15일을 '중추절'이라고 해요. 가을의 중간 시기이라고 해서 중추(中秋)라고 부르며, 달에게 제사를 지내요. 중추절에 ○○국 사람들은 밀가루, 설탕, 계란, 팥, 참깨, 파, 육류, 말린 과일 등을 넣어 만든 월병을 먹어요.
- △△△국은 음력 8월 15일을 '쭝투'라고 해요. △△△국 사람들은 이때 반쭝투라는 음식을 먹는데, 연꽃씨·찹쌀·녹두·돼지고기 등을 기본 재료로 넣고 지역마다 몇 가지 다른 재료들을 더 넣어 만들어요. △△△국 사람들은 쭝투 때 조상께 차례를 지내고 중국처럼 달에게 제사를 지내요. 특히 쭝투는 △△△국의 '어린이 날'로 불리기도 하는데, 이 때 부모님이 어린 자녀들에게 선물을 주기 때문이에요. 그래서 △△△국의 쭝투는 어른들보다 어린이들이 손꼽아 기다리는 명절이에요.

## 본문 용어 해설

| | |
|---|---|
| 왜 | 7세기 말 이전에 일본 또는 일본인을 부르던 호칭. 7세기 말 이후부터 '일본'이라는 용어가 사용됨 |
| 충주 고구려비 | 5세기에 고구려가 한반도 중부 지역까지 세력을 넓힌 내용이 기록되어 있음 |
| 유역 | 강물이 흐르는 주변 지역 |
| 나·당 연합군 | 신라와 당이 연합하여 구성한 군대 |
| 해전 | 바다에서 이루어지는 전투 |
| 민족 융합 정책 | 서로 다른 둘 이상의 민족들을 조화를 이루어 합치기 위해 실시한 정책 |
| 관직 | 국가로부터 주어진 관리의 지위나 업무 |
| 유민 | 멸망하여 없어진 나라의 백성 |

# 삼국의 발전과 경쟁

**※ 다음 지도를 살펴본 뒤, 질문에 답해 봅시다.**

(가)

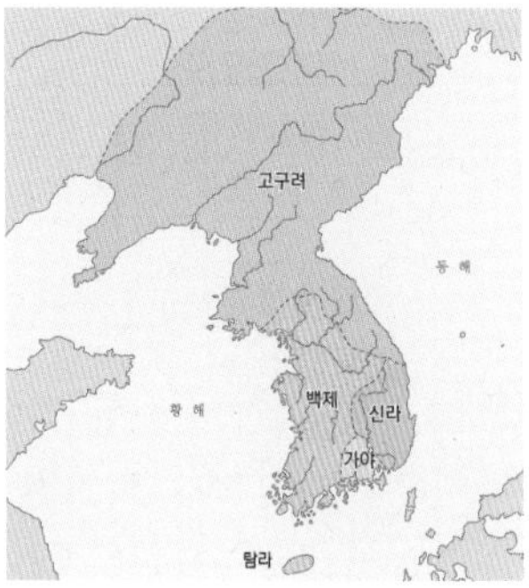


(나)

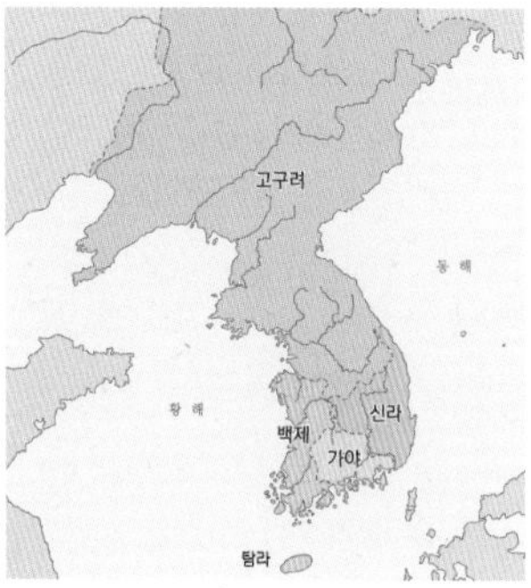


(다)

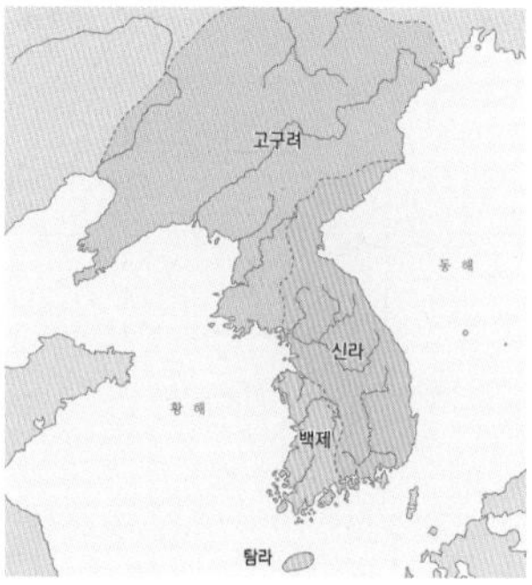


(1) (가) ~ (다) 지도를 시기순으로 바르게 나열해 보세요.

(2) 세 지도를 통해 삼국의 전성기 시기의 공통된 특징은 무엇이라고 생각합니까?

(3) (가) ~ (다) 지도에서 전성기를 맞이한 국가가 당시에 실시한 대외 정책을 설명해 봅시다.

**도움 자료**

● **고구려와 신라가 만든 비석**

- **충주 고구려비**: 충청북도 충주에 있는 고구려 비석이다. 비석의 내용은 5세기 고구려 장수왕의 업적을 기록한 비석으로 당시 고구려의 남쪽 영역을 알 수 있게 해준다.
- **서울 북한산 진흥왕 순수비(북한산 순수비)**: 6세기 신라의 진흥왕이 한강 유역을 돌아본 것을 기념하여 세운 비석이다. 현재 비석은 서울 용산의 국립중앙박물관에 옮겨 보존하고 있다.

# 심화자료

## 1. 광개토 대왕릉비

고구려 제19대 광개토 대왕의 업적을 기념하기 위해 아들 장수왕이 세운 비석이다. 사면에 비문이 새겨져 있는데 높이 6.39m, 너비 1.35～2m에 달하는 한국 최대의 비석이다. 비문은 크게 세 부분으로 구성되어 있다. 제1부는 주몽의 건국 신화를 비롯하여 광개토 대왕에 이르는 역대 왕의 치적과 약력, 그리고 비의 건립 경위가 기술되어 있다. 제2부는 핵심 부분으로 대왕의 정복 활동에 관한 기술이 주를 이루고 있다. 제3부는 묘를 관리하는 수묘인에 관한 내용이 기술되어 있다. 비문의 내용 중 가장 논란이 많은 부분은 제2부의 정복 관련 기사이다. 그 중에서도 신묘년 기사는 최대의 쟁점이 되어 왔다. 현재에도 완전한 결론은 나지 않았지만 이 비석이 광개토 대왕의 업적을 기리기 위해 세워졌다는 점을 감안해 볼 때 전체적인 내용은 고구려의 성장과 발전 과정에서 해석하는 것이 바람직하다.

## 2. 신라의 성씨 사용

혁거세는 박씨, 탈해는 석씨, 알지는 김씨의 시조이다. 그리고 혁거세를 왕으로 모신 사로 6촌장 또한 각기 이씨·정씨·손씨·최씨·배씨·설씨의 시조이다. 『삼국사기』와 『삼국유사』 기록에 따르자면 신라 지배층은 국초부터 성씨가 있었던 것이다. 그러나 어떤 혈연 집단이 자신들을 나타내는 성씨를 띠는 것은 중국에서 유래된 풍습으로, 당시 선진 문물의 수용이 어려웠던 신라에서 이때부터 성씨를 사용했다고 보기는 어렵다. 따라서 이는 후대의 부회로 여기는 편이 타당하다.

중국 측 기록에 따르면 6세기 중엽 진흥왕은 자신을 '김진흥'이라 하였는데, 신라 왕실이 김씨 성을 쓴 것은 대략 그 전후로 여겨진다. 6～7세기 법흥왕～진덕 여왕 시기의 왕실은 김씨 성을 지속해서 사용하였으니, 진평왕·선덕 여왕·진덕 여왕이 각기 김진평·김선덕·김진덕이라 한 것이 그 예이다. 이처럼 당시 왕실에서 성씨를 사용하자, 혁거세나 탈해를 시조로 한 이전 왕실 세력도 각기 박씨·석씨 등의 성을 쓰게 되었다고 추정된다. 한편 7～8세기를 거치며 여타 지배 세력 또한 성씨를 사용하게 되었으니, 그것이 바로 위에서 본 사로 6촌장의 성씨 등이다.

## 3. 김춘추와 '토끼의 간' 이야기

김춘추가 고구려에 들어가 도움을 요청하자, 고구려왕은 한때 고구려가 차지하였던 죽령 이북의 땅을 돌려 달라고 하였다. 김춘추가 이를 거절하자 옥에 가두었다. 김춘추는 고구려 귀족 선도해에게 뇌물을 주고 풀려날 방법을 물었다. 선도해는 '토끼의 간' 이야기를 해주었다. 이 말을 들은 김춘추는 고구려왕에게 편지를 보내 결국 풀려날 수 있었다. 김춘추는 고구려 국경을 벗어나자 전송하러 나온 자에게 "고구려왕에게 보낸 편지는 단지 죽음을 피하기 위한 것이었다."라고 말하였다.

## 4. 발해에 대한 신라인의 생각

발해에 대한 최치원의 인식에는 두 가지 측면이 보인다. 하나는 고구려 계승 국가로 보는 견해이다. 여기에는 친근감보다 오히려 대립·경쟁의식이 담겨 있다. 다른 하나는 속말말갈을 발해의 원류라 여기는 견해이다. 이러한 양면적 인식은 8세기 중반 이후 신라 사회에 퍼져나갔던 것 같다. 발해의 고구려 계승 의식 표방은 삼한일통을 내세우던 신라 왕실에 대한 중대한 도전이었다. 여기에 대응하고자 삼한일통 의식을 강조하는 한편, 다른 방면에서는 발해를 말갈족의 나라로 간주하려는 인식이 확산하였다. 9세기 후반 신라가 당에서 개최된 빈공과(당나라에서 시행된 외국인을 대상으로 한 과거 시험) 순위를 놓고 발해와 벌인 사건에 관한 최치원의 글에 이러한 사고가 잘 나타나 있다.

참고자료
김부식, 『삼국사기』.
서의식(2015), 『뿌리 깊은 한국사 샘이 깊은 이야기 1』, 가람기획.

# 40 고려 시대

교재 208-211쪽

이 차시의 목표는 고려의 건국과 후삼국의 통일, 고려의 발전과 고려 시대 사회와 문화를 이해하는 것이다. 이를 위해 후삼국 시대를 통일한 고려가 유교와 불교를 함께 발전시켰으며, 몽골, 홍건적, 왜구 등의 침입을 물리친 과정을 학습한다.

| 단계 | | 교수학습활동 | 교수 자료 | 시간 |
|---|---|---|---|---|
| 도입 | 생각해 보기 | ● **18세기에 프랑스 장 당빌이 만든 동아시아 지도 살펴보기**<br>왼쪽 지도의 빨간색 동그라미 부분이 한국을 가리키는 이름입니다. CORÉE를 무엇이라고 읽으면 될까요? 한국은 언제부터 'COREA'라고 불렸을까요? | (PPT #1-3) | 4분 |
| | 학습목표 | ● **학습목표 제시**<br>1. 고려의 성립과 발전 과정을 설명할 수 있다.<br>2. 고려의 사회와 문화에 대해 설명할 수 있다.<br>● **이번 차시와 관련된 교재의 단원 확인하기** | (PPT #4) | 1분 |
| 전개 | 주제1 (강의) | ● **고려의 건국과 후삼국 통일 과정 파악하기**<br>후백제, 후고구려를 세운 인물은 각각 누구일까요? 고려를 세운 왕건은 어떻게 후삼국을 통일했을까요?<br>● **고려의 발전 과정 살펴보기**<br>고려의 왕건은 어떤 정책을 펼쳤을까요? 고려는 불교 외에 어떤 사상이 발달했을까요? 무신 정변, 몽골의 침략, 홍건적과 왜구의 침략과 이를 물리치는 과정에서 등장한 무인 세력에 대해 살펴봅시다. 또한 이들 무인 세력과 신진 사대부의 활동에 대해 알아봅시다. | (PPT #5-7) | 10분 |
| | 알아두면 좋아요 1 | ● **왕건 청동상의 비밀 소개하기**<br>왕건의 무덤 근처에서 발견된 청동 동상은 어떤 모양을 하고 있을까요? 이 청동 동상은 왜 벌거벗은 모습을 하고 있을까요? 그 이유를 알아봅시다. | (PPT #8) | 5분 |
| | 주제2 (강의) | ● **고려의 대외 교류와 문화 알아보기**<br>고려 문화의 특징은 무엇일까요? 고려는 어떤 나라와 무역을 하였을까요? 고려 시대에 발달한 도자기 문화와 금속 활자에 대해 살펴봅시다.<br>● **고려의 사회 모습 살펴보기**<br>고려 시대 가족 제도는 어떤 특징을 갖고 있을까요? 고려 시대 발달한 사상이나 종교는 무엇일까요? 고려 시대에 널리 행해진 팔관회, 연등회 때의 모습을 살펴봅시다. | (PPT #9-11) | 10분 |
| | 알아두면 좋아요 2 | ● **고려의 『직지심체요절』 살펴보기**<br>1955년 프랑스로 유학 간 박병선은 도서관 서고에서 『직지심체요절』을 발견하였습니다. 이 책이 뛰어난 문화유산으로 평가받고 있는데, 그 이유는 무엇일까요? | (PPT #12) | 5분 |
| 정리 | 정리하기 | **주요 내용 정리** | (PPT #13-14) | 5분 |
| | 이야기 나누기 | ● **대외 교류로 풍성해진 고려의 문화 살펴보기**<br>자신의 고향 나라의 풍속이나 옷, 음식 중에서 다른 나라에서 전래된 것들이 있는지 이야기해 봅시다. 또한 자신의 고향 나라의 풍속, 옷, 음식을 소개하는 시간을 가져 봅시다.<br>● **다음 차시 예고** | (PPT #15) | 10분 |

## 학습 내용 정리

### 01 고려의 성립과 발전

**1** 고려의 건국과 후삼국의 통일

1) 후삼국 성립: 후백제 건국, 후고구려 건국 → 신라와 함께 후삼국 시대 전개

2) 후삼국 통일: 왕건이 신하들과 함께 궁예를 몰아내고 고려 건국 → 신라 항복 → 후백제 멸망

**2** 고려의 발전

1) 태조 왕건의 정책: 세금을 낮춤, 불교 장려

2) 불교와 유교의 발달: 불교 외에 유교도 발달, 과거제 실시, 유학 보급

3) 무신 정변: 문신 귀족을 대신하여 무신이 지배층으로 등장, 농민과 천민의 봉기

3) 몽골의 침략: 고려의 강화도 천도, 몽골에 맞서 싸움, 원과 강화를 맺음, 원의 간섭을 받음

4) 고려 멸망: 홍건적과 왜구를 물리치는 과정에서 이성계 등 무인 세력 성장, 이성계와 신진 사대부의 연합, 고려 멸망(조선 건국)

### 02 고려의 대외 교류, 문화, 사회 모습

**1** 고려의 대외 교류와 문화

1) 특징: 개방성과 다양성을 가짐

2) 대외 교류: 송, 거란, 여진, 일본, 아라비아와 교류(→ 코리아라는 이름이 세계에 알려짐)

3) 문화: 도자기 문화 발달(상감 청자 제작), 세계 최초의 금속 활자 제작

**2** 고려의 사회 모습

1) 가족 제도: 일부일처제가 일반적, 가족 내에서 남녀의 권리가 거의 비슷

2) 종교: 불교, 유교, 도교, 무속 신앙 등 다양한 종교가 발달

3) 연등회와 팔관회: 나라의 발전과 개인의 행복을 기원함

## 이야기 나누기 예시 답안

- ○○국에서 온 이주자: 한국에서도 많이 먹는 호떡은 ○○국 음식이 아니라 중앙아시아에서 전해진 떡의 종류라고 해요. 우리 ○○국의 전통 의상에는 한족이 입었던 한푸와 만주족이 입었던 치파오가 있어요.
- △△△국에서 온 이주자: △△△국의 전통 의상은 아오자이라고 불려요.
- □□국에서 온 이주자: 인도의 카레는 원래 화덕에서 구운 빵인 '난'과 함께 먹어요. 그런데, 인도를 식민 지배했던 영국의 해군 군용식사를 □□국 해군이 도입하면서 □□국에 카레가 도입되었고, 일본에서는 카레가 밥과 함께 먹는 것으로 변하였어요. □□국 전통 의상에는 기모노가 있어요.

## 본문 용어 해설

| | |
|---|---|
| 호족 | 신라 말 지방에서 나타난 경제력이나 군사력이 강한 세력 |
| 문신 | 나라를 다스리는 행정 업무를 맡은 신하 |
| 무신 | 군사적인 업무를 맡은 신하 |
| 천민 | 사회적으로 가장 낮은 신분의 사람들로서 주로 노비를 가리킴 |
| 장기전 | 오랜 기간에 걸쳐 싸우는 싸움 |
| 무속 신앙 | 무당을 중심으로 하여 민간에 전해 내려오는 토속 신앙 |
| 일부일처 | 한 남편에게 한 아내가 있음 |

# 고려 태조와 고려 성종의 정책 알아보기

**※ 다음을 읽고 물음에 답하시오.**

(가) 훈요 10조(일부)

제4조 우리나라는 사람과 땅이 중국과 다르니 중국의 제도를 본뜰 필요는 없다. 거란은 짐승의 나라이니 그 풍속을 본받지 말아야 한다.

제5조 서경은 중요한 곳이니 철마다 서경에 가서 머무르도록 해야 한다.

제6조 부처를 모시는 연등회와 여러 신을 모시는 팔관회를 성대하게 열어야 한다.

제7조 농사철을 피해 백성을 부리고 세금을 가볍게 하며, 농사짓는 어려움을 알아야 한다.

(나) 최승로의 시무 28조(일부)

제7조 태조(왕건)께서 나라를 통일한 후에 군현에 관리를 두고자 하였으나, 대개 초창기에 일이 바빠 미처 이 일을 시행할 겨를이 없었습니다. 지방에 관리를 보내기를 요청합니다.

제11조 풍속은 각기 다른 것이므로 모든 것을 반드시 중국과 같게 할 필요는 없사옵니다.

제20조 불교를 믿는 것은 스스로를 수양하는 것이고, 유교를 행하는 것은 나라를 다스리는 바탕입니다. 자신을 다스리는 것은 내세를 위한 것이고, 나라를 다스리는 것은 오늘의 급한 일입니다. 오늘은 아주 가까운 것이고, 내세는 지극히 먼 것입니다. 가까운 것을 버리고 먼 것을 구하는 것은 또한 그릇된 것이 아니겠습니까?

(1) (가)에서 고려의 자주적 입장을 강조하는 조항을 찾아봅시다.

(2) (가)에서 불교를 중시한 조항을 찾아봅시다.

(3) (나)에서 각 조항에 나타난 정책의 내용을 요약해서 적어 봅시다.

(4) 자신의 고향 나라에서 실시한 개혁 중에서 대다수 국민의 지지를 받은 개혁이 있으면 소개해 봅시다.

**도움 자료**

● **왕건의 훈요 10조와 최승로의 시무 28조를 통해 고려가 실시한 개혁 내용 파악하기**

- **훈요 10조**: 태조 왕건이 후손에게 남긴 유언으로서, 나라를 다스리는 데 새겨야 할 내용을 요약한 것이다. 고려를 건국한 왕건이 후대 왕에게 불교를 중시하고 백성을 위한 정치를 하라는 의미를 담아 전한 것이라고 할 수 있다.
- **최승로의 시무 28조**: 고려 초기 최승로가 성종 임금에게 올린 상소문으로 28가지의 개혁 내용이 담겨 있다. 고려 성종은 최승로가 제안한 개혁 내용을 받아들여 유교 중심의 정치를 실시하였고, 지방에 관리를 파견하였다. 또한 많은 비용이 드는 불교 행사를 축소하였다.

# 심화자료

## 1. 태조 왕건의 고구려 계승 의식

태조는 국호를 '고려'라고 하고, 고구려의 수도였던 평양을 '서경(西京)'이라고 하면서 중시하는 등 고구려 계승 의지를 드러냈다. 발해가 멸망한 뒤 발해의 왕자 대광현(大光顯)이 발해 유민과 함께 남하하자, 그에게 벼슬을 내리고 유민들을 포용하기도 하면서 발해에 대한 민족의식을 나타냈다. 그리고 발해를 멸망시킨 거란에 대해서는 적대적인 태도를 보였다. 특히 거란이 사신 30명과 낙타 50필을 보내 화친을 제의하였으나, 사신은 귀양을 보내고 낙타를 만부교 아래에서 굶겨 죽인 일화가 유명하다.

## 2. 무신 정변의 원인

무신 정변의 원인으로는 고려 초부터 이어 온 무반에 대한 차별 대우와 무신들의 불만을 꼽을 수 있다. 법적으로 무반은 문반과 함께 양반을 구성하였음에도 무신은 문신에 비해 차별 대우를 받았다. 또한 거란·여진과의 전쟁이나 이자겸의 난, 묘청의 난을 수습하는 과정에서 무신들의 역할이 중요해졌고 무신들의 지위가 올라갔지만, 무신에 대한 차별은 크게 개선되지 않고 지속되었다. 결국 무신들의 사회적 지위는 성장하였는데, 차별은 여전히 이루어졌기 때문에 무신들의 불만은 더욱 커졌다.

한편, 하급 군인들의 처우도 상당히 낮아 생활이 어려웠다. 하급 군인들은 유사시에 전쟁에 동원되었지만 평상시에는 각종 공사에 동원되었다. 하급 군인들은 잦은 공사 동원으로 고통받았으며 군인전조차 제대로 지급받지 못해 불만이 쌓여 갔고, 무신 정변이 일어났을 때 적극 협력하여 무신 정권이 성립하는 데 큰 기여를 하였다.

## 3. 고려 시대의 재산 상속

어머니가 일찍이 재산을 나누어 줄 때 나익희에게 따로 노비 40명을 남겨 주려고 하였다. 나익희가 "제가 6남매 가운데 외아들이라 해서 어찌 사소한 것을 더 차지하여 여러 자녀들과 화목하게 살게 하려 한 어머니의 거룩한 뜻을 더럽히겠습니까?"라고 말하며 사양하자, 어머니가 옳다고 여기고 그 말을 따랐다.

『고려사』

고려 시대의 상속은 노비와 논밭을 중심으로 이루어졌다. 노비는 나익희의 말에서 알 수 있듯이 자녀들 사이에 똑같은 비율로 상속하는 것이 일반적이었다. 토지의 상속은 민전의 경우 사적 토지였기 때문에 상속자와 피상속자 사이에 결정하고 서류로 남기면 되었다. 이때에도 자녀 사이에 균등하게 분배하는 것이 관례였다. 다만 균분 원칙에 따라 나누더라도 차이가 생길 수 있으므로 해결되지 않을 때는 첫째 부인의 자식을 우선하였고, 손아랫사람보다 손윗사람을 우선하여 배분하였다.

## 4. 고려 시대의 금속 활자 기술

전근대 사회에서 책을 제작하기 위해 목판의 판목을 만드는 것은 막대한 양의 시간과 노동력이 필요한 일이었다. 따라서 고려의 장인들은 이 문제를 금속 활자의 발명으로 해결하였다. 왜냐하면 금속 활자는 목판에 비해 여러 종류의 책을 소량으로 인쇄하는 데 효과적이었기 때문이다.

그러나 고려의 금속 활자는 구텐베르크의 금속 활자처럼 지식 혁명으로 이어지지는 않았다. 당시 글을 읽을 수 있는 사람이 많지 않았고, 한자의 특성상 글자의 수가 많아서 활용이 쉽지 않았기 때문이다. 또한 고려의 금속 활자는 판에 먹물을 붓고 여러 장의 종이를 얹은 다음 두드려서 떼어 내는 방식을 사용하였다. 이는 목판 때와 동일한 방식으로 대량 생산과는 거리가 멀었다.

**참고자료**
우리역사넷(2015) http://contents.history.go.kr/
변태섭(2015), 『한국사통론』, 삼영사.
이병희(2014), 『뿌리 깊은 한국사 샘이 깊은 이야기 3』, 가람기획.

# 41 조선의 건국과 발전

교재 212-215쪽

이 차시의 목표는 조선의 성립과 발전 과정, 조선 시대 사회와 문화를 이해하는 것이다. 이를 위해 조선 태조 이성계가 조선 건국과 한양 도성 정비, 조선 초 통치 체제 정비 과정, 임진왜란과 병자호란, 조선 후기의 정치·사회·문화의 변화를 학습한다.

| 단계 | 교수학습활동 | | 교수 자료 | 시간 |
|---|---|---|---|---|
| 도입 | 생각해 보기 | ● **서울 광화문에 있는 세종 대왕 동상 살펴보기**<br>이 왕은 한국의 어느 화폐에 들어 있습니까? 이 왕을 '대왕'이라고 부르는 이유는 무엇일까요? | (PPT #1-3) | 4분 |
| | 학습목표 | ● **학습목표 제시**<br>1. 조선의 성립과 발전 과정을 설명할 수 있다.<br>2. 조선 시대 사회와 문화에 대해 설명할 수 있다.<br>● **이번 차시와 관련된 교재의 단원 확인하기** | (PPT #4) | 1분 |
| 전개 | 주제1 (강의) | ● **조선의 건국 파악하기**<br>조선을 건국한 이성계는 나라의 모습과 분위기를 새롭게 하기 위해 무엇을 했을까요? 조선은 유교를 기본 사상으로 하여 나라를 다스렸는데, 유교에는 어떤 특징이 있을까요?<br>● **조선의 발전 과정 살펴보기**<br>태종이 왕권 강화를 위해 실시한 정책에는 어떤 것들이 있을까요? 이어서 세종과 성종 때 나라를 잘 다스리고 백성들의 생활을 안정시키기 위해 어떤 정책을 펼쳤는지 알아봅시다. | (PPT #5-7) | 10분 |
| | 알아두면 좋아요 1 | ● **『경국대전』을 통해 살펴본 백성의 삶 소개하기**<br>조선은 법에 따라 나라를 다스렸는데, 가장 기본이 된 법전은 『경국대전』이었습니다. 『경국대전』에는 백성의 일상생활과 관련된 내용이 담겨 있는데, 그 중에 몇 가지를 살펴봅시다. | (PPT #8) | 5분 |
| | 주제2 (강의) | ● **두 차례의 큰 전쟁과 조선 후기 정치 변화 알아보기**<br>임진왜란과 병자호란은 왜 일어났을까요? 그리고 두 전쟁은 조선 사회에 어떤 영향을 끼쳤을까요? 영조와 정조가 실시한 여러 정책과 정조가 건설한 수원 화성에 대해 알아봅시다.<br>● **조선 후기의 사회와 문화 살펴보기**<br>조선 시대의 신분제는 어떤 특징이 있을까요? 조선 후기에 신분제가 흔들리면서 어떤 변화가 나타났을까요? 조선 후기에 발달한 서민 문화에 대해 살펴봅시다. | (PPT #9-11) | 10분 |
| | 알아두면 좋아요 2 | ● **수원 화성의 공사 기간이 대폭 줄어든 배경 살펴보기**<br>조선 후기 정조 때 건립된 수원 화성은 원래 예상 공사 기간이 10년이었는데, 실제로는 3년도 걸리지 않았습니다. 그 비결은 무엇일까요? 수원 화성을 건립할 때 사용된 여러 기구에 대해 알아봅시다. | (PPT #12) | 5분 |
| 정리 | 정리하기 | **주요 내용 정리** | (PPT #13-14) | 5분 |
| | 이야기 나누기 | ● **조선 후기에 널리 유행한 판소리 알아보기**<br>자신의 고향 나라에 한국의 판소리와 비슷한 전통 공연이 있는지 이야기해 봅시다. 또한 그 공연의 일부를 소개하는 시간을 가져 봅시다.<br>● **다음 차시 예고** | (PPT #15) | 10분 |

## 학습 내용 정리

### 01 조선의 건국과 발전

**1** 조선의 건국

1) 한양 천도: 이성계가 건국(1392) 후 한양(한성)으로 천도, 4대문과 성곽 건립
2) 유교 정신 강조: 왕, 관리, 선비, 농민·상인·수공업자에게 본분에 맞는 행동을 할 것을 가르침

**2** 조선의 발전

1) 태종: 왕권 강화를 위해 사병 폐지, 호패제를 실시하여 세금을 철저히 거둠
2) 세종: 역사, 지리, 예절 관련 책 편찬, 훈민정음 창제, 측우기·해시계·물시계 제작
3) 성종: 『경국대전』 완성 → 법에 따라 나라를 다스리게 됨

### 02 조선 후기 정치 변화, 사회와 문화

**1** 두 차례의 큰 전쟁과 조선 후기 정치 변화

1) 임진왜란: 일본의 침략으로 전쟁 발생 → 이순신 등 수군의 활약, 의병 활동 → 나라를 지킴
2) 병자호란: 청의 침략으로 전쟁 발생 → 군사력이 약한 조선의 항복
3) 영조: 인재를 고루 뽑는 탕평책 실시, 세금을 줄이고 백성의 생활을 안정시킴
4) 정조: 탕평책 실시, 규장각의 기능 강화, 수원 화성 건립

**2** 조선 후기의 사회와 문화

1) 신분 구성: 양반, 중인, 상민, 천민 → 조선 후기에 신분제 흔들림(양반이 많아지고 상민과 천민의 수가 줄어들었음)
2) 서민 문화 발달: 한글 소설, 판소리, 탈놀이 유행, 판소리와 민화도 많이 그려짐

## 이야기 나누기 예시 답안

- ○○국에서 온 이주자: 200여 년 전 전국 각지에서 발달한 연극들이 베이징에서 상연된 것에서 유래한 경극은 화려한 의상과 섬세한 손동작, 간드러진 목소리와 현란한 무예, 기괴한 얼굴 분장과 조형미 넘치는 소품 등으로 유명해요.
- △△△국에서 온 이주자: △△△국에서는 전통 극예술로 무대 뒤에서 물속의 대나무와 밧줄을 이용하여 인형을 조종하는 수상 인형극이 있어요.
- □□국에서 온 이주자: 가부키는 음악, 무용, 연기가 합쳐진 종합 예술이라고 할 수 있어요. 에도 막부 시대에 서민과 함께 호흡하는 소박하고 역동적인 연극에서 시작되었는데, 점차 고급스러운 전통 예술로 변모하였습니다. 성인 남성으로만 구성된 가부키 배우들은 과장된 목소리와 몸짓으로 여성의 역할을 표현합니다.

## 본문 용어 해설

| | |
|---|---|
| 경복궁 | 태조 이성계가 조선을 세우고 도읍을 한양으로 옮긴 후 새로 만든 궁궐 |
| 종묘 | 조선 역대 임금과 왕비들의 신주를 모시고 나라에서 가장 큰 제사를 지내던 곳 |
| 측우기 | 비가 온 양을 측정하는 기구 |
| 출산 | 아기를 낳음 |
| 탕평책 | 서로 다른 무리의 신하들이 골고루 벼슬을 할 수 있도록 인재를 고르게 등용한 정책 |

# 조선 시대 병자호란 당시 서로 다른 주장 알아보기

※ 다음의 글을 읽고, 질문에 답해 봅시다.

**<청나라와의 외교 관계와 관련하여 조선의 두 신하가 펼친 주장>**

(가) 최명길의 주장

어떻게 해야 나라가 위태로움에 빠지지 않고, 백성을 편안히 할 수 있는 것인가, 어떻게 해야 피해를 최소로 줄이면서도 세상의 이치에 어긋나지 않을 것인가를 생각하였습니다. …… 아무리 따져보아도 국력은 약화되어 적을 물리치기 어렵고, 오랑캐의 병력은 매우 강성합니다.

-『지천집』-

(나) 윤집의 주장

다른 나라와 화의를 도모하다 나라를 망친 사례는 너무나 많습니다. 명은 우리나라에게 부모와 같은 나라이고, 청은 부모의 원수입니다. 신하된 자로서 부모의 원수와 형제가 되어서 부모를 저버리겠습니까? …… 차라리 나라가 망할지언정 어찌 구차하게 화의를 주장할 수 있겠습니까?

-『인조실록』-

(1) 최명길과 윤집의 주장을 정리해서 발표해 봅시다.

(2) 당시 상황에서 어느 주장이 더 타당한 것인지 이야기해 봅시다.

(3) 자신의 고향 나라가 외적의 침입을 받은 적이 있는지, 이를 어떻게 극복했는지 소개해 봅시다.

**도움 자료**

● **병자호란 당시 청과의 화친을 주장한 최명길과 화친을 배척한 윤집의 주장 파악하기**

- **최명길**: 최명길은 성리학적 대의명분이 중요하다는 것을 알고 있었지만, 조선이 청과 싸울 힘이 없는 현실을 인정하고 나라의 사정을 돌보아야 한다고 주장하였다. 최명길은 일단 국가를 보전하여 전쟁을 피하고 이후에 군사력을 길러 적의 허점을 노리자고 하였다.
- **윤집**: 청과 전쟁을 벌이더라도 화의해서는 안 된다고 주장하였다. 윤집 역시 명이 쇠퇴하고 청이 강성해지는 당시의 국제 정세를 파악하고 있었으나, 명과의 의리를 지키는 것이 더 중요하다고 생각하였다. 윤집은 임진왜란 때 명이 조선에 지원군을 보내 준 은혜를 저버려서는 안 된다고 하였다.

# 심화자료

## 1. 유교 이념에 따라 설계된 도시 한양(한성)

한양은 나라의 중심에 위치하면서도 동서남북으로 타락산(낙산), 인왕산, 목멱산(남산), 백악산(북악산)에 둘러싸인 분지여서 방어에 유리하였다. 또한 한강 북쪽에 자리하여 강을 이용할 수 있어서 국가 재정의 중심인 조세를 거두기에도 편리하였다. 태조는 1394년 8월에 한양을 새로운 도읍지로 확정하고 신도궁궐조성도감을 설치하여 수도가 갖추어야 할 궁궐과 종묘와 사직의 위치, 관아 건물의 배치, 도성 건축, 도로 건설, 주민 거주 공간 확보 등 도시 계획을 구상하였다. 이후 정종이 개경으로 환도하기도 하였으나, 태종 이방원이 즉위한 후 다시 한양으로 천도하였다. 한양은 둘러싸고 있는 산들의 능선을 이어 성곽이 건설되었고, 그 내부에는 경복궁을 비롯한 각종 통치 시설이 배치되었다. 유교의 '좌묘우사(左廟右社)' 원칙에 따라 한양은 법궁인 경복궁을 중심으로 하여 종묘를 왼편(동쪽)에, 사직을 오른편(서쪽)에 두었다.

## 2. 훈민정음 창제와 의의

훈민정음의 창제 과정은 순탄하지 않았다. 성리학 질서를 따르는 사대부들은 한자를 두고 독자적인 글자를 가지는 것이 오랑캐가 되는 길이라며 훈민정음에 반대하였다. 특히 최만리는 훈민정음 창제와 반포에 적극 반대하였다. 최만리의 반발에 세종은 배우기 쉬운 글자로 백성들을 교화하면 충신과 열녀가 더 많이 배출되어 유교적 이상 사회를 이룰 수 있을 것이라고 대응하였다. 훈민정음 창제 이전까지 우리나라의 지배층이 사용해 온 한자는 음이 아닌 뜻을 표현하는 표의 문자였다. 표의 문자는 하나의 뜻에 여러 발음이 공존할 수 있어, 같은 한자를 두고도 중국 발음과 우리 발음이 일치하지 않는 경우가 많았다. 이 때문에 중국에서 나온 서적을 읽을 때 어려움이 있었다. 또한 조선 초기에 국가 체제를 정비하고 백성들에게 국가 통치 이념을 알리고자 하였으나 한자로는 불가능하였다. 이러한 현실적 필요 외에도 세종은 백성들의 어려움을 돌보고자 훈민정음을 창제하였다. 세종이 여러 신하들의 반대에도 불구하고 훈민정음을 창제한 것은 애민 의식이 있었기 때문이었다. 훈민정음의 자음은 발음 기관의 모양을 본떠서 만들었고, 모음은 하늘, 땅, 인간을 상징하는 자형을 조합하여 만들었다. 훈민정음은 자음과 모음 28자만 익히면 누구나 쉽게 사용이 가능하였으며, 자모를 조합하여 단어를 만드는 체계이기 때문에 다양한 소리를 표현할 수 있었다.

## 3. 수원 화성

화성은 정조가 아버지인 사도 세자의 묘를 양주 배봉산 아래에서 수원 화산으로 옮기면서 축조한 성으로, 1794년 1월부터 짓기 시작하여 1796년 9월에 완성되었다. 화성 축조에는 근대적 기계인 거중기, 활차, 녹로 등이 사용되었고, 실학사상의 거두인 정약용과 채제공 등이 참여하였다. 정조는 화성을 정치·경제뿐 아니라 한양의 남쪽 방어 기지로서 군사적 기능까지 갖춘 도시로 만들어 붕당 정치의 폐단을 근절하고 왕도 정치를 실현할 장소로 계획하였다. 화성을 축조한 이후에는 축조의 전체 과정과 세부 사항을 자세하게 담은 『화성성역의궤』라는 책을 편찬하였는데, 이를 통해 일제 강점기와 6·25 전쟁을 거치면서 훼손된 부분을 복원할 수 있었다. 일제 식민 통치 시기에 '수원 성곽'으로 불리었으나 1996년 '화성'으로 환원하였으며, 현재 유네스코가 지정한 세계 문화유산으로 등재되어 있다.

## 4. 판소리

판소리는 우리 고유의 민속악으로 마을굿에 딸린 판놀음에서 생겨나서 '판놀음'이 마을굿과 떨어져 따로 벌이는 놀음으로 발전한 것으로 보인다. 한 명의 소리꾼이 부채를 들고 북을 치는 고수의 장단에 맞추어, 줄거리가 있는 이야기를 창(소리), 아니리(말), 너름새(몸짓)를 섞어 가며 공연하는 예술이다. 판소리는 원래 12마당이었는데, 전승되는 과정에서 7개는 사라지고 5개 마당만 전해진다. 지금까지 연창되고 있는 판소리 다섯 마당은 「춘향가」, 「심청가」, 「흥보가」, 「수궁가」, 「적벽가」이다.

**참고자료**

문동석(2017), 『서울이 품은 우리 역사』, 상상박물관.
김돈(2014), 『뿌리 깊은 한국사 샘이 깊은 이야기 4』, 가람기획.
이병희(2014), 『뿌리 깊은 한국사 샘이 깊은 이야기 3』, 가람기획.

# 42 일제 강점과 독립운동

교재 216-219쪽

이 차시의 목표는 개항 이후 근대 국가 수립 노력과 일제의 식민 통치에 맞선 한국인들의 독립운동을 파악하는 것이다. 이를 위해 갑신정변, 동학 농민 운동, 독립 협회 활동을 살펴보고, 일제의 강압 통치와 이에 맞선 한국인들의 독립운동을 학습한다.

| 단계 | 교수학습활동 | | 교수 자료 | 시간 |
|---|---|---|---|---|
| 도입 | 생각해 보기 | ● **서재필 등이 정부의 지원을 받아 만든 한글 신문 살펴보기**<br>이 신문의 이름은 무엇인가요? 오늘날 신문과 다른 점은 무엇인가요? 이 신문은 한글과 영문으로 발행되었습니다. 그 이유는 무엇일까요? | (PPT #1-3) | 4분 |
| | 학습목표 | ● **학습목표 제시**<br>1. 개항 이후 근대 국가 수립 노력에 대해 설명할 수 있다.<br>2. 일제의 식민 통치에 맞선 한국인들의 독립운동에 대해 설명할 수 있다.<br>● **이번 차시와 관련된 교재의 단원 확인하기** | (PPT #4) | 1분 |
| 전개 | 주제1 (강의) | ● **흥선 대원군의 정책과 개항 살펴보기**<br>고종의 아버지 흥선 대원군이 권력을 잡게 된 배경은 무엇일까요? 흥선 대원군이 실시한 대내 개혁과 대외 정책의 내용은 무엇일까요? 흥선 대원군이 물러난 뒤 조선에 불어온 새로운 바람은 무엇인지 알아봅시다.<br>● **근대 국가 수립을 위한 노력과 일본의 침략 내용 파악하기**<br>김옥균 등 일부 사람들은 나라 전체를 개혁하기 위해 어떤 일을 했을까요? 동학 농민 운동을 일으킨 농민들은 어떤 주장을 했을까요? 개화 지식인과 정부 관료들이 만든 독립 협회가 벌인 활동을 살펴보고, 일본이 대한 제국을 어떻게 침략했는지 알아봅시다. | (PPT #5-7) | 10분 |
| | 알아두면 좋아요 1 | ● **대한 제국의 수립 과정 소개하기**<br>고종은 나라의 위신을 세우기 위해 국호를 조선에서 대한 제국으로 바꾸었습니다. 이와 관련하여 대한 제국의 수립 과정을 살펴봅시다. | (PPT #8) | 5분 |
| | 주제2 (강의) | ● **일제가 실시한 강압 통치의 내용 알아보기**<br>대한 제국의 국권을 빼앗은 일본은 한반도에 어떤 정책을 펼쳤을까요? 일본의 강압 통치는 한국인들에게 어떤 영향을 끼쳤을까요? 이러한 강압 통치에 맞선 한국인들의 저항에는 어떤 것들이 있는지 살펴보고, 1930년대 이후 일제가 전쟁을 일으키면서 실시한 정책의 내용을 알아봅시다.<br>● **일제에 맞서 싸운 한국인의 독립운동 살펴보기**<br>한국인들은 일제에 식민 지배에 맞서 어떻게 독립운동을 전개해 나갔을까요? 3·1 운동과 무장 투쟁 등 한국인들의 독립운동에 대해 살펴봅시다. | (PPT #9-11) | 10분 |
| | 알아두면 좋아요 2 | ● **일제 강점기 독립운동을 이끈 대한민국 임시 정부 알아보기**<br>3·1 운동은 수백만 명의 사람들이 참여하여 독립을 요구한 민족 운동이었습니다. 3·1 운동이 한국인들에게 끼친 영향은 무엇일까요? 한국인들이 독립을 되찾기 위해 벌인 무장 투쟁에 대해 살펴보고, 광복을 맞이하게 된 배경을 알아봅시다. | (PPT #12) | 5분 |
| 정리 | 정리하기 | **주요 내용 정리** | (PPT #13-14) | 5분 |
| | 이야기 나누기 | ● **독립운동을 위해 목숨을 바친 윤봉길과 남자현**<br>자신의 고향 나라에 나라를 위해 목숨을 바친 인물이 있는지 이야기해 봅시다. 또한 그들의 활동을 소개하고, 그들을 통해 무엇을 느끼는지 이야기해 봅시다.<br>● **다음 차시 예고** | (PPT #15) | 10분 |

## 학습 내용 정리

### 01 개항 이후 근대 국가 수립 노력

**1** 흥선 대원군의 정책과 개항

1) 흥선 대원군: 어린 아들 고종을 대신해 권력을 잡음 → 경복궁 중건, 세금을 합리적으로 거둠, 서양 세력의 무역 요구 거절

2) 개항: 일본의 요구 → 강화도 조약을 통해 개항

**2** 근대 국가 수립을 위한 노력과 일본의 침략

1) 갑신정변: 김옥균 등 개화 세력이 나라 전체의 개혁을 추진하기 위해 정변 일으킴

2) 동학 농민 운동: 동학을 믿는 농민들이 잘못된 제도 폐지와 외세의 간섭 반대

3) 갑오개혁 : 신분제 폐지, 재판소 설치 등 개혁 추진

4) 독립 협회: 독립문 건립, 집회를 열어 외국의 침략 행위 비판

5) 일본의 침략: 일본이 대한 제국의 외교권을 빼앗음, 국권 강탈(1910)

### 02 일제의 식민 통치와 한국인들의 독립운동

**1** 일제의 강압 통치

1) 1910년대: 토지 조사 사업(기간 내에 신고하지 않은 토지 몰수)

2) 1920년대: 산미 증식 계획(일본의 쌀 부족을 해결하기 위해 한반도에서 쌀 생산을 늘림)

3) 3·1 운동: 일제의 강압 통치에 맞서 만세 운동 전개 → 일본의 무자비한 진압으로 실패

4) 1930년대 이후: 중국 침략, 태평양 전쟁 일으킴, 징용, 징병, 일본군 '위안부'

**2** 일제에 맞서 싸운 한국인의 독립운동

1) 대한민국 임시 정부 수립: 3·1 운동을 계기로 상하이에 임시 정부 수립

2) 무장 투쟁: 홍범도, 김좌진 등이 이끈 독립군 부대가 일본과의 전투에 승리

3) 광복: 1945년 8월 15일, 국권 회복

## 이야기 나누기 예시 답안

○○○국에서 온 이주자: 호세 리살은 에스파냐에서 유학하면서 소설『나에게 손대지 말라』를 출간하여 ○○○국의 현실을 폭로하였어요. 귀국 후에도 의사로 활동하면서 신문 제작, 농촌 계몽 활동 등으로 에스파냐에 맞섰어요. 이후 ○○○국 동맹을 조직하여 활동하다가 에스파냐 정부에 체포되어 유작시를 남기고 공개 처형되었어요(1896). 이후 그는 '○○○국 독립의 아버지'로 추앙받고 있어요.

## 본문 용어 해설

| | |
|---|---|
| 개항 | 나라에서 항구를 열어 외국의 배·사람·상품 등이 들어오게 함 |
| 조약 | 국가 간에 문서로 합의한 약속 |
| 집회 | 다수의 사람들이 특정의 목적을 가지고 특정의 장소에 일시적으로 모이는 모임 |
| 개화 | 외국의 더 발전된 문화나 제도를 받아들이는 것 |
| 외교권 | 다른 나라의 간섭을 받지 않고 외국과 교섭을 할 수 있는 권리 |

# 일본의 강압 정치와 이에 맞선 독립운동 알아보기

**※ 다음 글을 읽고 물음에 답해 봅시다.**

(가) 조선 태형령

제1조 3개월 이하의 징역 또는 구류에 처해야 할 자는 그 정상에 따라 태형에 처할 수 있다.
제13조 본령은 조선인에 한하여 적용한다.

태형은 몽둥이로 사람을 때리는 형벌로, 인권을 탄압하는 성격이 강해서 조선이 1894년에 추진한 개혁 때 폐지되었다. 그러나 대한 제국의 국권을 빼앗은 일본이 1912년부터 1920년까지 실시하였으며, 한국인에게만 적용되었다. 헌병 경찰은 즉결 처분권을 가지고 있어서 정식 재판을 거치지 않고도 태형을 가할 수 있었다.

(나) 윤봉길의 의거

중국의 지도자 장제스는 윤봉길이 일본군의 상하이 점령 기념식장에 폭탄을 던진 사건을 두고 "중국의 100만 대군도 해내지 못한 일을 한국 용사가 단행하였다."라고 높이 평가하였다. 그 뒤 중국 국민당 정부는 중국 군관 학교에 한국인 특별반을 마련하여 군 간부를 양성할 수 있도록 허용하였다. 또한, 중국 영토 내에서 한국인이 일제에 대한 무장 독립 투쟁을 전개할 수 있도록 승인하였는데, 이는 나중에 대한민국 임시 정부가 한국광복군을 조직하는 데 큰 도움이 되었다.

(1) (가)를 바탕으로 일제 강점기에 일본이 한국을 통치한 방식에 대해 이야기해 봅시다.

(2) (나)에서 밑줄 친 '한국 용사'가 소속된 단체의 이름을 인터넷에서 찾아 써 봅시다.

(3) (나)에 밑줄 친 '한국 용사'가 일으킨 사건이 한국의 독립운동에 끼친 영향을 이야기해 봅시다.

**도움 자료**

**● 조선 태형령을 통해 일본의 강압적인 식민 통치의 내용 파악하기**

- 한반도를 다스리는 조선 총독부는 조선 태형령을 제정하여(1912) 한반도에서 경찰의 구타를 합법화하였다. 당시 조선 태형령은 일본인에게는 적용되지 않고 한국인에게만 적용되는 등 일제의 폭력적인 식민 통치에 이용되었다. 조선 태형령에 따르면 3개월 이하의 징역이나 구류, 100원 이하의 벌금이나 미납된 과태료 등을 태형으로 처벌할 수 있었다.
- 일본의 강압 통치에서 벗어나 독립을 위해 한국인들은 한인 애국단, 의열단 등을 조직하여 의거 활동을 전개하였다.

# 심화자료

## 1. 개화파

개화라는 개념은 원래『역경』의 '개물성무(開物成務)'와『예기』의 '화민성속(化民成俗)'의 머리글자를 따온 것으로, 유교를 통한 교화를 의미하였다. 그러다가 서양 문물을 수용하자는 뜻으로 사용되기 시작하였다. 그래서 처음에는 조선의 전통을 유지·보전하자는 동도서기론과 기원과 맥락을 같이 하였다. 그러나 1880년대에 들면서 개화는 주로 서양의 '시빌라이제이션(civilization)'을 지칭하는 '문명개화'라는 개념으로 인식이 변하였다. 문명의 단계에서 뒤떨어진 우리의 처지에서 문명화 곧 서구화를 달성하려면 사회 전 영역에서 전통 질서를 타파하고 서양의 법과 제도를 적극적으로 수용해야 한다는 뜻이었다. 특히 김옥균, 박영효 등은 일본의 대표적인 문명개화론자인 후쿠자와 유키치의 영향을 받아 일본을 본보기로 삼는 급격한 서구화의 추진을 개화 논리로 받아들였다.

반면 김홍집, 김윤식 등 동도서기론자들은 유교의 전통적인 개념인 도(道)와 기(器)의 관계에서 도를 구하려면 기를 함께 발전시켜야 한다고 주장하였다. 그래서 동양의 도덕규범을 바탕으로 삼아 서양의 과학 기술을 수용해야 한다는 태도를 견지하였다.

## 2. 3·1 운동 당시 발표된 독립 선언서

우리는 이에 우리 조선이 독립한 나라임과 조선 사람이 자주적인 민족임을 선언한다. 이로써 세계 만국에 알려 인류평등에 큰 도의를 분명히 하는 바이며, 이로써 자손만대에 깨우쳐 일러 민족의 독자적 생존에 정당한 권리를 영원히 누려 가지게 하는 바이다. (후략)

공약 3장

1. 오늘 우리의 이번 거사는 정의, 인도와 생존과 영광을 갈망하는 민족 전체의 요구이니, 오직 자유의 정신을 발휘할 것이요, 결코 배타적인 감정으로 정도에서 벗어난 잘못을 저지르지 말라.

1. 최후의 한 사람까지, 최후의 일각까지 민족의 정당한 의사를 시원하게 발표하라.

1. 모든 행동은 가장 질서를 존중하며, 우리의 주장과 태도를 어디까지나 떳떳하고 정당하게 하라.

3·1 운동의 정신은 '조선의 독립국임과 조선인의 자주민임'을 선포한「독립 선언서」에 분명히 담겨 있다.「독립 선언서」에는 독립 선언의 취지와 정당성, 한국 민족이 일본 제국주의자들로부터 받은 피해, 독립 쟁취의 신념과 의의, 민족적 결의 등이 표명되었다.「독립 선언서」와 함께 발표된 '공약 3장'은 배타적 감정의 억제, 민족적 의사의 정당한 발표, 광명정대한 비폭력적 행동 자세 등을 당당하게 밝히고 있다. 세계 개조의 기운에 힘입어 침략주의를 배경으로 한 위력의 시대를 밀어내고 정의와 인도에 바탕을 둔 인류 평등의 대의를 실현하여 도의의 시대를 이룬다는 것이「독립 선언서」의 기본 정신이다.

## 3. 산미 증식 계획에 대한 한국인의 비판

한국인이 좋아하던 쌀밥은 다른 사람에게 빼앗기고 조밥으로 만족해야 하며, 한 채의 집마저 잃어버려 한 칸의 셋방을 얻어야만 하고, 의복도 두 벌을 준비할 여유가 없어 다 떨어진 한 벌의 옷으로 몸을 가릴 정도로 빈궁하게 되었다. 아니 그것조차도 오래 유지할 수 있을 지가 의문이다. 끝내는 조밥에서 초근 생활로, 셋방에서 천막 생활로, 누더기조차 없어 맨몸이 될 지경이다. 이러한 상황이 벌어지게 된 원인은 무엇인가. 그 대부분은 조선인의 생활을 무시한 경제 정책이 원인이 되어 이와 같은 현상이 생겨난 것이다.

**참고자료**
김태웅(2015),『뿌리 깊은 한국사 샘이 깊은 이야기 6』, 가람기획.
박경식(1986),『일본 제국주의의 조선 지배』, 청아출판사.

# 43 한국의 역사 인물

교재 220-223쪽

이 차시의 목표는 한국 역사에서 국가를 위기에서 구한 사람들과 여성들의 활동을 파악하는 것이다. 이를 위해 고구려의 을지문덕, 고려의 서희, 조선의 이순신, 여성 시인 허난설헌, 상인 김만덕, 독립운동가 유관순의 활동에 대해 학습한다.

| 단계 | | 교수학습활동 | 교수 자료 | 시간 |
|---|---|---|---|---|
| 도입 | 생각해 보기 | ● **서울 광화문 사거리에 있는 어떤 인물의 동상 살펴보기**<br>이 인물의 직업은 무엇이었을까요? 동상 아래 있는 배는 어떤 동물의 모양을 본떠 만든 것일까요? 동상의 인물은 사진 아래쪽에 있는 배를 이용해 어떤 일을 했을까요? | (PPT #1-3) | 4분 |
| | 학습목표 | ● **학습목표 제시**<br>1. 국가를 위기에서 구한 사람들에 대해 설명할 수 있다.<br>2. 한국 역사에서 여성들의 활동에 대해 설명할 수 있다.<br>● **이번 차시와 관련된 교재의 단원 확인하기** | (PPT #4) | 1분 |
| 전개 | 주제1 (강의) | ● **고구려 을지문덕의 활약 알아보기**<br>중국 수나라가 고구려를 침입했을 때 고구려는 어떻게 대응했나요? 수나라의 침략으로부터 고구려를 지켜낸 을지문덕의 활약을 알아봅시다.<br>● **고려 서희의 외교 담판 살펴보기**<br>거란의 군대가 고려를 침입하며 무엇을 요구하였나요? 이에 고려는 어떻게 대응했나요? 외교 담판을 통해 싸우지 않고 거란의 침입을 막아낸 서희의 활동을 살펴봅시다.<br>● **조선 이순신의 활약 살펴보기**<br>일본이 조선을 침략한 당시 전쟁 초기의 상황은 어떠했나요? 조선의 수군은 어떻게 일본의 수군을 물리칠 수 있었을까요? 거북선, 화포 등을 사용해 일본과의 전투에서 전부 승리한 이순신의 활약상을 살펴봅시다. | (PPT #5-7) | 15분 |
| | 주제2 (강의) | ● **여성 시인 허난설헌의 일대기 알아보기**<br>조선을 대표하는 여성 시인은 누구일까요? 당시 조선 사회에서 여성의 사회 활동을 어떻게 생각했을까요? 중국과 일본에서 높은 평가를 받은 여성 시인 허난설헌의 일생을 알아봅시다.<br>● **백성을 구한 여성 상인 김만덕의 선행 살펴보기**<br>조선 시대 제주도에서 큰 흉년이 들었을 때 자신의 재산으로 쌀을 사서 백성을 구한 여성 상인은 누구일까요? 왕이 그녀에게 소원을 물어보았을 때 무엇이라고 대답했을까요? 선행을 베푼 여성 상인 김만덕의 활동을 살펴봅시다.<br>● **독립운동을 펼친 유관순의 활동 알아보기**<br>일본이 한국인들에 대한 식민 통치를 하고 있던 시기에 고향에서 3·1 운동에 참여하여 만세 시위를 주도한 여학생은 누구일까요? 유관순은 재판정에서 일본 판사에게 무엇이라고 대답했을까요? 유관순이 펼친 독립운동에 대해 알아봅시다. | (PPT #8-10) | 15분 |
| 정리 | 정리하기 | **주요 내용 정리** | (PPT #11-12) | 5분 |
| | 이야기 나누기 | ● **한국의 화폐에 있는 여러 인물들**<br>자신의 고향 나라에서 사용되는 화폐 속 인물들에 대해 이야기해 봅시다. 또한 그들의 활동을 소개하는 시간을 가져 봅시다.<br>● **다음 차시 예고** | (PPT #13) | 10분 |

## 학습 내용 정리

**01 국가를 위기에서 구한 사람들**

**1** 수나라 군대를 물리친 고구려의 을지문덕

1) 수나라의 침입: 수나라가 대규모 병력을 보내 고구려 침입, 30만 명의 군사로 평양을 공격하고자 함

2) 을지문덕의 활약: 살수(청천강)에서 수나라 군대를 크게 물리침(살수 대첩)

**2** 외교 담판으로 나라를 구한 고려의 서희

1) 거란의 침입: 거란이 고려의 북쪽 땅을 요구하며 침략 → 대부분의 고려 관리들은 거란의 군사력을 두려워하여 땅을 떼어줄 것을 주장

2) 서희의 활약: 거란 장수와의 외교 담판을 통해 고려가 고구려를 계승했음을 강조 → 압록강 동쪽의 땅을 확보

**3** 수군을 이끌고 일본을 물리친 조선의 이순신

1) 임진왜란: 일본군(왜군)의 침략 → 전쟁 초기 조선의 패배

2) 이순신의 활약: 뛰어난 전술, 거북선, 화포 등을 사용해 일본 수군과의 전투에서 승리함

**02 한국 역사에서 여성들의 활동**

**1** 조선을 대표하는 여성 시인, 허난설헌

1) 어린 시절: 글재주가 뛰어나서 시를 잘 지음, 당시 사회는 여성이 사회 생활하기 어려움

2) 시집 간행: 불행한 결혼 생활, 두 자녀의 죽음 등으로 젊은 나이에 세상을 떠남 → 동생 허균의 그녀의 시집 간행(중국, 일본에서 높은 평가를 받음)

**2** 재산을 모아 제주도 백성을 구한 상인, 김만덕

1) 선행: 장사로 큰돈을 벌었음, 큰 흉년이 들자 자신의 재산으로 쌀을 사서 굶주린 사람들을 구함

2) 소원: 정조가 소원을 물어봄 → 김만덕이 서울로 와서 정조와 신하들을 만남, 금강산 관광

**3** 3·1 운동 당시 한국의 독립을 외친 독립운동가, 유관순

1) 3·1 운동 참여: 고향 천안 아우내 장터에서 만세 시위 주도

2) 감옥에서 순국: 일본 경찰에 체포됨, 일본 판사에게 일본의 잘못을 비판함, 감옥에서도 만세 운동 펼침 → 일본 경찰의 폭행 등으로 인해 죽음

## 이야기 나누기 예시 답안

○○○국에서 온 이주자: ○○○국에서 가장 존경받는 인물은 호찌민에요. '호찌민'이라고 이름을 붙인 도시가 있고, 모든 화폐에 호찌민이 들어 있을 정도이지요. 호찌민은 오랫동안 이어진 프랑스의 식민 지배에 맞서 독립 운동을 하였어요. 이후 ○○○국의 최고 권력자가 되었음에도 불구하고 겸손하고 알뜰하게 생활하였어요.

## 본문 용어 해설

| | |
|---|---|
| 국경 | 나라와 나라 사이의 경계 |
| 상류 | 강이나 냇물이 시작되는 부분 |
| 담판 | 어떤 문제를 해결하기 위해, 관계되는 쌍방이 서로 의논하여 옳고 그름을 가리는 것 |
| 초상 | 그림 등에 나타낸 사람의 얼굴과 모습 |
| 선행 | 착한 행동 |
| 재판정 | 재판을 하는 장소로, 법원의 판결이 이루어지는 곳 |

# 한국의 역사 인물의 활동 알아보기

**※ 다음 안내에 따라 역사 인물 카드를 만들어 봅시다.**

(1) 다음 인물 중 인상 깊었던 인물을 선택해서 카드 앞면에 붙여 봅시다.

▲ 을지문덕

▲ 서희

▲ 이순신

▲ 허난설헌

▲ 김만덕

▲ 유관순

(2) 카드 앞면에 붙인 인물 아래쪽에 그 인물의 대한 설명을 간단하게 써 봅시다.
(3) 카드 뒷면에는 인물 알아 맞히기 놀이를 할 때 필요한 힌트를 세 가지 작성해 봅시다.

**※ 예시**

**〈앞면〉**

- 이름: 이순신
- 인물 설명
  - 태어난 곳: 조선
  - 업적: 임진왜란 때 침입한 일본군을 물리침
  - 남긴 말: "싸움이 위급하니 나의 죽음을 알리지 말라."

**〈뒷면〉**

나는 누구일까요?

① 나는 조선에서 태어났습니다.
② 나는 임진왜란 때 일본군을 물리쳤습니다.
③ 나는 "싸움이 위급하니 나의 죽음을 알리지 말라." 라는 말을 남겼습니다.

**도움 자료**

**● 역사 인물 맞히기 놀이 방법**

- 인물 카드를 완성한 후 뒷면의 힌트를 바탕으로 친구에게 인물의 이름을 묻는 문제를 낸다.
- 친구가 알아맞히면 그 카드를 친구에게 주고, 틀리면 친구가 가진 카드 한 장을 받는다.
- 놀이가 끝난 후 카드를 가장 많이 가진 사람이 '우리 반 역사왕'이 된다.

# 심화자료

## 1. 살수 대첩

수 문제의 고구려 침략이 별 다른 성과 없이 끝난 이후 고구려와 수 사이에는 평화 관계가 형성되는 듯하였다. 그러나 랴오허강 유역을 둘러싼 양국의 이해관계가 대립하였고, 수는 팽창 정책을 펼치며 고구려에 대한 침략을 준비하였다. 이에 고구려도 국경 지대를 정탐하고 중국으로부터의 망명자를 받아들이는 한편, 돌궐과의 연합을 꾀하는 등 경계 태세를 게을리하지 않았다. 이러한 상황 속에서 수 양제는 612년 고구려를 침공하였다. 이때 동원된 수의 병력은 113만 명 정도였고, 군량을 운반하는 수는 그 두 배가 되었다. 또한 군대를 출발시키는 데에만 40일이 소요되었다. 수의 군대는 곧 요동성(遼東城)을 포위·공격하였으나, 고구려의 저항과 지휘 계통의 혼란 등으로 함락에 실패하였다. 이에 수 양제는 우중문·우문술 등을 지휘관으로 하여 30만 명의 별동대를 편성하여 고구려의 수도인 평양을 직접 공격하게 하였다. 고구려의 을지문덕은 수의 군대를 평양 쪽으로 유인하여 지치게 만든 후 수의 장군 우중문에게 다음과 같은 시를 지어 보냈다. "신묘한 계책은 천문을 꿰뚫어 볼 만하고, 오묘한 전술은 땅의 이치를 모조리 알았도다. 전쟁에 이겨서 공이 이미 높아졌으니 만족을 알거든 그만두기를 바라노라."

을지문덕은 이 시를 통해 그동안 후퇴한 것이 실은 수의 군대를 유인하기 위한 고구려의 계책이었음을 밝히고 수의 군대에게 퇴각할 것을 요구하였다. 이를 깨닫고 퇴각하는 수의 별동대가 살수를 반쯤 건넜을 때 을지문덕은 수의 군대를 공격하여 대승을 거두었다(살수 대첩, 612). 이때 요동성까지 살아 돌아간 수군은 겨우 2,700명에 불과하였다고 한다.

## 2. 거란의 침입과 격퇴

거란은 송을 공격하기 전 배후의 안정을 위해 여진족과 발해 유민이 건국한 정안국을 무너뜨리고, 고려를 침략하였다. 993년 1차 침입에서 소손녕이 80만의 군대를 이끌고 쳐들어왔으나, 고려의 강력한 반격을 받자 항복을 요구하며 대치하였다. 당시 고려 조정은 화친론과 주전론으로 의견이 나뉘어 갈등하였다. 이때 서희가 직접 안융진으로 가서 소손녕과 담판하였다. 동아시아 정세와 거란의 의도를 파악한 서희는 송과 외교 관계를 끊는다는 조건으로 거란과 외교 관계를 맺고 여진족을 몰아낸 뒤 강동 6주를 확보하였다.

이후 고려는 송과 계속해서 교류하였고, 거란은 강동 6주의 전략적 중요성을 깨달았다. 거란은 강조의 정변을 계기로 1010년에 성종이 직접 2차 침략을 감행하였다. 흥화진과 서경 등에서 고려군이 선전하였으나, 끝내 개경이 함락되었고 고려 현종은 전라도 나주로 몽진하였다. 현종이 직접 요에 입조하는 조건으로 점령 10일 만에 개경에서 철수하던 거란군은 무로대(無老代)에서 양규의 기습을 받아 큰 피해를 당하였다. 현종의 친조는 실현되지 않았고, 거란은 다시 강동 6주를 요구하며 1018년 소배압의 지휘로 세 번째 침공을 단행하였다. 그러나 강감찬과 강민첨이 활약하고, 현종이 청야(清野) 전술로 맞서자, 거란군은 개경 진격을 포기하고 철수하기 시작하였다. 퇴각하는 거란군이 귀주성을 지날 무렵 강감찬이 군사를 이끌고 공격하여 크게 승리하였다. 이후 1019년 고려와 거란은 평화 조약을 맺고 세력 균형을 유지하였다.

## 3. 이순신의 거북선

이순신은 전투 장비를 크게 정비하면서 거북선을 제작하였다. 배 위에 판목을 깔아 거북의 등처럼 만들고 그 위에는 우리 군사가 겨우 통행할 수 있을 만큼 십자(十字)로 좁은 길을 내고 나머지는 모두 칼과 송곳 같은 것을 줄지어 꽂았다. 그리고 앞은 용의 머리를 만들어 그 입을 대포 구멍으로 활용하였으며 뒤에는 거북의 꼬리를 만들어 꼬리 밑에 총구멍을 설치하였다. 좌우에도 총구멍이 각각 여섯 개가 있었으며, 군사는 모두 그 밑에 숨어 있도록 하였다. 사면으로 포를 쏠 수 있게 하였고 전후좌우로 이동하는 것이 나는 것처럼 빨랐다. 싸울 때는 거적이나 풀로 덮어 송곳과 칼날이 드러나지 않게 하였는데, 적이 뛰어오르면 송곳과 칼에 찔리게 되고 덮쳐 포위하면 화총(火銃)을 일제히 쏘았다. 그리하여 적선 속을 횡행(橫行)하는데도 아군은 손상을 입지 않은 채 가는 곳마다 바람에 쓸리듯 적선을 격파하였으므로 언제나 승리하였다.

**참고자료**
『한국민족문화대백과사전』
『선조수정실록』

# 44 한국의 문화유산

교재 224-227쪽

이 차시의 목표는 한국의 불교 문화와 유교 문화를 이해하고 한국 과학기술의 우수성을 파악하는 것이다. 이를 위해 불교·유교 관련 문화유산과 한국의 과학기술을 알 수 있는 문화유산에 대해 학습한다.

| 단계 | | 교수학습활동 | 교수 자료 | 시간 |
|---|---|---|---|---|
| 도입 | 생각해 보기 | ● **절에서 108배하는 모습과 가정에서 제사지내는 사진 살펴보기**<br>각 사진은 무엇을 하는 모습입니까? 각각 어느 종교와 관련이 있을까요? 사진 속의 모습과 같은 것을 해 보았거나 본 적이 있습니까? 어떤 느낌이 들었습니까? | (PPT #1-3) | 4분 |
| | 학습목표 | ● **학습목표 제시**<br>1. 한국의 불교와 유교 관련 문화유산을 설명할 수 있다.<br>2. 한국 과학기술의 우수성을 설명할 수 있다.<br>● **이번 차시와 관련된 교재의 단원 확인하기** | (PPT #4) | 1분 |
| 전개 | 주제1 (강의) | ● **한국의 불교 문화 및 불교 문화유산 살펴보기**<br>삼국 시대에 전래된 불교는 종교를 넘어서서 학문과 음악, 공예와 건축 미술 같은 여러 문화를 전해 주었습니다. 불교 문화유산에는 어떤 것들이 있는지 살펴봅시다.<br>● **한국의 유교 문화 및 유교 문화유산 살펴보기**<br>조선 시대에는 유교가 나라의 기본 정신이 되었으며, 유교를 바탕으로 사회 질서와 예절을 바로 세우기 위해 노력하였습니다. 조선 시대 유교 문화유산에는 어떤 것들이 있는지 살펴봅시다. | (PPT #5-7) | 15분 |
| | 주제2 (강의) | ● **삼국 시대와 고려 시대의 과학기술 알아보기**<br>삼국 시대에는 농업에 필요한 정보를 얻고 왕의 권위를 하늘과 연결하기 위해 천체 관측을 중요하게 여겨 천문학이 발달하였습니다. 신라의 첨성대, 통일 신라의 무구정광대다라니경, 고려 시대 팔만대장경과 직지심체요절의 특징에 대해 알아볼까요?<br>● **조선 시대의 과학기술 알아보기**<br>조선 시대에는 나라를 부강하게 하고 백성의 생활을 안정시키고자 과학기술을 중요하게 여겼습니다. 특히 세종 때를 전후해서 과학기술이 크게 발달하였습니다. 앙부일구, 자격루, 측우기의 특징에 대해 알아볼까요? 이러한 기구들은 어떤 목적으로 만들어졌을까요? | (PPT #8-10) | 15분 |
| 정리 | 정리하기 | **주요 내용 정리** | (PPT #11-12) | 5분 |
| | 이야기 나누기 | ● **한국의 유네스코 세계유산**<br>자신의 고향 나라에서 유네스코 세계유산이나 세계 기록 유산에 등재된 것이 있다면 소개하는 시간을 가져 봅시다. 만약 없다면 추천하고 싶은 문화유산을 소개해 봅시다.<br>● **다음 차시 예고** | (PPT #13) | 10분 |

## 학습 내용 정리

**01 한국의 불교와 유교 관련 문화유산**

**1** 불교 문화가 꽃피다

1) 불교: 삼국 시대에 전래(종교, 학문, 음악, 공예, 건축 미술 등 여러 문화를 전해줌) → 통일 신라, 발해, 고려 시대에도 크게 발달

2) 불교 관련 문화유산: 탑, 절, 불상 등이 건립됨

3) 대표적인 불교 문화유산: 고구려의 금동 연가 7년명 여래 입상, 백제의 부여 정림사지 5층 석탑, 신라의 경주 분황사 모전석탑, 통일 신라의 불국사, 발해의 영광탑, 고려의 영주 부석사 무량수전

**2** 유교 문화가 발전하다

1) 통치 이념: 조선 시대 나라의 기본 정신 → 사회 질서와 예절을 바로 세우는 데 기여

2) 유교의 가르침: 삼강오륜과 관혼상제를 중요하게 여김

3) 대표적인 유교 문화유산: 삼강행실도, 성균관

**02 한국 과학기술의 우수성**

**1** 삼국 시대와 고려 시대의 과학기술

1) 천문학 발달: 삼국 시대에 농업 발달과 왕의 권위를 높이기 위해 천체 관측이 중요하게 여겨짐(첨성대)

2) 인쇄술 발달: 통일 신라 시대에 목판 인쇄술 발달(무구정광대다라니경), 고려 시대 목판 인쇄술 발달(팔만대장경), 세계 최초 금속 활자 발명(직지심체요절 - 현존하는 가장 오래된 금속 활자본)

**2** 조선의 과학기술

1) 조선: 부국강병과 백성의 생활 안정을 위해 과학기술 발달을 중요하게 생각함

2) 세종 때 과학기구: 앙부일구, 자격루, 물시계

## 이야기 나누기 예시 답안

○○○국에서 온 이주자: 유네스코 세계유산이자 바나웨 라이스 테라스는 수도 마닐라에서 북쪽으로 300km 이상 떨어진 코딜레라스 이푸가오 주에 있는 계단식 논이에요. 이푸가오 부족이 약 2천 년 전부터 해발 700~1,500m 고지대의 험준한 산을 가축의 도움 없이 오직 인력으로 깎아 만든 것으로 논두렁을 모두 이으면 그 길이가 지구 반 바퀴에 이른다고 해요.

## 본문 용어 해설

| | |
|---|---|
| 불상 | 부처(석가모니)의 모습을 표현한 조각 |
| 모전석탑 | 돌을 벽돌 모양으로 다듬어 쌓아올린 석탑 |
| 도리 | 마땅히 행해야 할 바른길 |
| 충신 | 나라와 임금을 위하여 충성을 다하는 신하 |
| 열녀 | 신념, 믿음 등을 굽히지 않고 지키는 굳건한 마음을 가진 여자 |
| 천체 | 우주를 구성하고 있는 별, 행성 등을 한꺼번에 부르는 이름 |
| 강우량 | 일정한 기간 동안 내린 비의 양 |

# 한국 문화유산의 종류와 특징 알아보기

※ 다음 문화유산 사진을 보고 물음에 답해 봅시다.

(가)

▲ 부여 정림사지 5층 석탑

(나)

▲ 성균관

(다)

▲ 경주 불국사

(라)

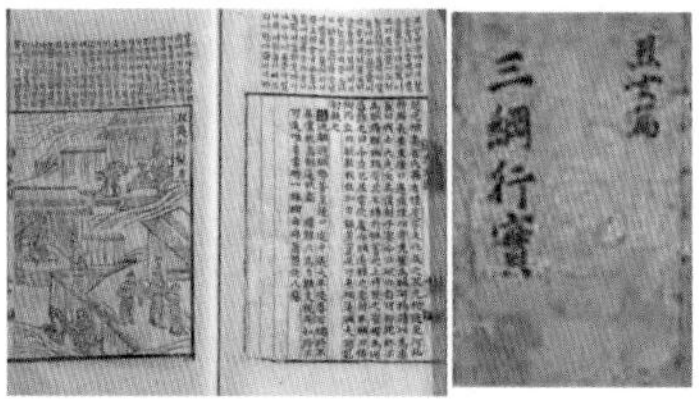


▲ 삼강행실도

(1) (가) ~ (라)의 문화유산이 각각 어떤 종교(사상)와 관련이 있는 것인지 쓰시오.

① 불교 문화유산 - (　　　　　　)　　　② 유교 문화유산 - (　　　　　　)

(2) 자신의 고향 나라에 있는 불교나 유교 문화유산을 설명해 봅시다. 만약 다른 종교와 관련된 문화유산이라면 어떤 종교와 관련이 있는지 말해 봅시다.

(3) 한국의 과학기구 중에서 본인에게 가장 감명 깊었던 문화유산이 있다면 무엇인지 쓰고, 그 이유를 설명해 봅시다.

**도움 자료**

- 문화유산의 의미 이해하기(http://heritage.unesco.or.kr)
  - **기념물**: 기념물, 건축물, 기념 조각 및 회화, 고고 유물 및 구조물, 금석문, 혈거 유적지 및 혼합 유적지 가운데 역사, 예술, 학문적으로 탁월한 보편적 가치가 있는 유산
  - **건조물군**: 독립되었거나 또는 이어져 있는 구조물들로서 역사상, 미술상 탁월한 보편적 가치가 있는 유산
  - **유적지**: 인공의 소산 또는 인공과 자연의 결합의 소산 및 고고 유적을 포함한 구역에서 역사상, 관상상, 민족학상 또는 인류학상 탁월한 보편적 가치가 있는 유산

# 심화자료

## 1. 금동 연가 7년명 여래 입상

고구려의 불상으로, 광배 뒷면에 고구려와 관련된 글이 새겨져 있다. 1963년 옛 신라 지역인 경남 의령군 대의면 하촌리에서 발견되었다. 크기는 전체 높이 16.2cm로 작은 편에 속하고, 둥근 연꽃무늬 대좌 위에 부처가 직립한 형태를 띠고 있다. 부처는 긴 얼굴에 살짝 미소를 짓고 두꺼운 법의를 입고 있으며, 몸의 좌우와 밑에는 주름이 보인다. 광배 뒤에는 흔히 발견되는 불상과는 달리 4행 47자의 글자가 새겨져 있는데, 고구려의 연호인 연가 7년(延嘉七年)의 연대가 뚜렷하게 보인다. 새겨진 글에 따르면 평양 동사(東寺)라는 절의 승려들이 천불(千佛)을 세상에 널리 퍼뜨리고자 만들었던 불상 가운데 29번째 것이라고 한다.

## 2. 부여 정림사지 5층 석탑

충남 부여에 위치한 정림사지 5층 석탑은 익산 미륵사지 석탑과 함께 현재 남아 있는 2기의 백제 석탑 가운데 하나로 그 문화재적 가치가 크다. 1층 탑신 면에 당의 장수 소정방이 백제 정벌을 기념하여 새긴 '대당평백제국비명(大唐平百濟國碑銘)'이라는 글 때문에 한때 '평제탑'이라고 불리기도 하였다. 하지만 절터 발굴 과정에서 '정림사'라는 글귀가 새겨진 기와가 발견되어 정림사지 5층 석탑으로 불리게 되었다.

## 3. 경주 불국사

불국사의 창건에 관한 기록으로 가장 오래된 『불국사고금창기(佛國寺古今創記)』에는 서기 528년(신라 법흥왕 15) 법흥왕의 어머니 영제부인의 발원(發願)으로 불국사를 창건하여 574년 진흥왕의 어머니인 지소부인이 절을 크게 중건하면서 비로자나부처님과 아미타부처님을 주조해 봉안했고, 670년(문무왕 10)에는 무설전(無說殿)을 새로 지어 『화엄경』을 강설(講說)하였으며, 그 후 751년(경덕왕 10)에 김대성에 의하여 크게 개수되면서 탑과 석교 등도 만들었다고 하였다.

다른 기록인, 『불국사 사적』에는 이보다 앞선 눌지왕 때 아도화상이 창건하였고 경덕왕 때 재상 김대성에 의하여 크게 세 번 창건되었다 했다. 처음에는 소규모로 창립되었던 불국사가 경덕왕 때의 재상 김대성에 의하여 대대적으로 확장된 것으로 보인다. 『삼국유사』에는 경덕왕 10년 김대성이 전세(前世)의 부모를 위하여 석굴암을, 현세(現世)의 부모를 위하여 불국사를 창건하였다고 하였으며, 김대성이 이 공사를 착공하여 완공을 하지 못하고 사망하자 국가에 의하여 완성을 보았으니 30여 년의 세월이 걸렸다고 한다. 당시의 건물들은 대웅전 25칸, 다보탑·석가탑·청운교·백운교, 극락전 12칸, 무설전(無說殿) 32칸, 비로전(毘盧殿) 18칸 등을 비롯하여 무려 80여 종의 건물(약 2,000칸)이 있었던 장대한 가람의 모습이었다고 전한다.

## 4. 삼강행실도

성리학은 사람 사이의 질서와 도덕을 강조한 유교 이념이다. 임금과 신하, 어버이와 자식, 남편과 아내 사이에 지켜야 할 도리를 강조하였는데, 이를 삼강오륜이라고 한다. 삼강오륜은 양반뿐만 아니라 상민에게도 널리 가르쳤는데, 정부는 사람들이 충과 효를 실천할 수 있도록 효자와 충신, 열녀의 이야기를 모은 『삼강행실도』를 나누어 주어 유교 윤리를 보급하고자 하였다. 세종 때 처음 반포된 『삼강행실도』는 이후에도 여러 차례 보완되어 백성을 교화하는 데 활용되었다.

## 5. 직지심체요절

고려 말 공민왕 21년(1372)에 백운화상이 저술한 '백운화상초록불조직지심체요절(白雲和尙抄錄佛祖直指心體要節)'을 청주 흥덕사에서 1377년 7월에 금속 활자로 인쇄한 것이다. 이것은 독일 구텐베르크(Gutenberg, 1397~1468)의 성경 인쇄본(1455년)보다 70여 년이나 앞선 것으로, 1972년 파리 국립도서관에서 유네스코 주최로 개최한 '세계 도서의 해'의 '책의 역사' 전시회에 출품되어 세계 최고(最古)의 금속 활자본으로 공인되었다. 이 책은 금속 활자 인쇄본 중 세계에서 가장 오래된 책이라는 가치를 인정받아 2001년 9월에 유네스코에서 지정하는 기록 유산으로 등록되었다.

참고자료
『한국사』 교과서, 비상교육.
http://www.bulguksa.or.kr
『한국민족문화대백과사전』

# 제 8 편

# 지리

# 45 한국의 기후와 지형

교재 234-237쪽

이 차시의 목표는 지형과 기후가 사람들의 생활 모습과 유기적 관계를 맺고 있다는 것을 살펴봄으로써 한국 사람들의 생활 모습을 이해하는 것이다. 이를 위해 한국의 기후와 지형의 특징에 대한 내용을 학습한다.

| 단계 | | 교수학습활동 | 교수 자료 | 시간 |
|---|---|---|---|---|
| 도입 | 생각해 보기 | ● **좋아하는 계절에 대해 말하기**<br>여러분은 어느 계절을 좋아하나요? 자신이 좋아하는 계절과 그 이유에 대해 말해 봅시다. 그리고 한국과 자신의 고향 나라의 계절을 비교해서 이야기해 봅시다. | (PPT #1-3) | 4분 |
| | 학습목표 | ● **학습목표 제시**<br>1. 한국의 기후와 계절의 특징을 설명할 수 있다.<br>2. 한국의 지형적 특징을 설명할 수 있다.<br>● **이번 차시와 관련된 교재의 단원 확인하기** | (PPT #4) | 1분 |
| 전개 | 주제1 (강의) | ● **한국의 위치와 기후의 관계에 대해 설명하기**<br>한국은 지도에서 어느 부분에 있을까요? 어디에 위치하느냐에 따라 기후가 다르다는 것을 알고 있나요?<br>● **사계절의 특징에 대해 설명하기**<br>한국은 각 계절마다 어떤 특징이 나타날까요? 봄은 대체로 포근하고 따뜻합니다. 여름이 되면 날씨가 무더워지고 가을에는 선선해집니다. 겨울에는 춥고 건조합니다. | (PPT #5-7) | 10분 |
| | 알아두면 좋아요 1 | ● **지구 온난화에 대해 알아보기**<br>지구 온난화란 무엇일까요? 지구 온난화 때문에 한국에서 어떤 변화들이 나타났고 앞으로 나타날까요? | (PPT #8) | 5분 |
| | 주제2 (강의) | ● **한국의 산지와 하천에 대해 설명하기**<br>한국에는 산이 많은 편인가요? 한국에서 설악산, 오대산과 같이 높은 산은 주로 어느 쪽에 있나요? 강물은 어느 방향으로 흘러 바다로 가나요? 평야는 주로 어느 쪽에 있나요?<br>● **한국의 해안에 대해 설명하기**<br>한국의 바다에서 모래사장이 발달한 곳은 어디인가요? 섬이 많이 있는 곳은 어디인가요? 동해안은 해안선이 단순하고 모래사장이 발달했습니다. 반면 서해안과 남해안은 해안선이 매우 복잡하고 섬이 많으며 갯벌이 발달했습니다. | (PPT #9-11) | 10분 |
| | 알아두면 좋아요 2 | ● **반도의 의미와 특징에 대해 생각해 보기**<br>한반도라는 말의 의미를 알고 있나요? 반도는 한 면이 육지와 이어져 있고 삼면이 바다로 둘러싸인 땅을 말합니다. 예로부터 반도는 어떤 역할을 했나요? | (PPT #12) | 5분 |
| 정리 | 정리하기 | **주요 내용 정리** | (PPT #13-14) | 5분 |
| | 이야기 나누기 | ● **날씨와 관계된 징조에 대해 이야기하기**<br>비가 오기 전에 미리 알 수 있는 방법이 있나요? 날씨와 관계된 여러 가지 전조 증상들이 있습니다. 자신의 고향 나라에서 전해 내려오는 재미있는 전조 증상을 소개해 봅시다.<br>● **다음 차시 예고** | (PPT #15) | 10분 |

## 학습 내용 정리

### 01 한국의 기후와 계절은 어떠할까?

**1** 한국은 북반구 중위도에 있어 사계절의 변화가 뚜렷한 편임

| 계절 | 기간 | 특징 | 현상 |
|---|---|---|---|
| 봄 | 3~5월 | 포근하고 따뜻함 | 꽃샘추위, 황사 |
| 여름 | 6~8월 | 무덥고 습함 | 집중호우, 태풍, 장마, 열대야, 피서 |
| 가을 | 9~11월 | 화창하고 건조함 | 낙엽, 단풍 |
| 겨울 | 12~2월 | 춥고 건조하며 눈이 내림 | 눈, 폭설 |

### 02 한국의 지형은 어떠할까?

**1** 한국의 산지
1) 한국은 국토의 약 65%가 산지이며 '동고서저'의 형태임
2) 북동쪽에는 높은 산들이 많음: 태백산맥(설악산, 오대산 등)

**2** 한국의 하천과 평야
1) 대부분 강은 서해나 남해로 흘러나감(한강, 금강 등)
2) 남서쪽을 중심으로 평야가 발달(호남평야, 나주평야, 김포평야 등)

**3** 한국의 해안
1) 동해안은 해안선이 단순하고 섬이 거의 없음
2) 서해안과 남해안은 해안선이 복잡하고 섬이 많음
3) 서해안은 세계적인 규모의 갯벌이 발달되어 있음

## 이야기 나누기 예시 답안

우리 할머니는 비가 오기 전에 무릎이 쑤신다고 해요. 그런데 신기하게 할머니가 무릎이 아프다고 말할 때마다 비가 왔어요. 나중에 알게 되었는데 비가 오기 전에는 기압이 낮아지기 때문에 몸속의 조직이 느슨해져서 관절에 통증이 생긴대요. 그리고 비가 오면 기온이 내려가서 혈액순환이 느려지고 근육이 뻣뻣해지면서 통증이 생길 수 있대요. 우리 집에서는 우리 할머니가 기상청이에요.

## 본문 용어 해설

**자연재해** 태풍, 가뭄, 홍수, 지진 따위의 피할 수 없는 자연현상이 생명과 재산에 피해를 주는 것을 말한다. 인간에 의한 인재(人災)와 구별되는 말이다. 가장 큰 손실을 주는 재해는 지진, 화산 폭발, 풍수해이다. 산업혁명 이전에는 자연재해가 전체 재해의 거의 전부였으나, 산업혁명 이후로 인재의 비중이 커졌다.

**해발 고도** 해발 고도는 평균 해수면을 기준으로 측정한 높이다. 해발 고도는 위도와 함께 기후에 영향을 미치는 요인이다. 해발 고도가 높아짐에 따라 기온이 점차 낮아진다. 같은 위도의 지역이라도 해발 고도가 다르면 기온차가 난다. 위도상으로 열대 기후 지역에 속하더라도 고지대에서는 서늘한 고산 기후가 나타날 수 있다.

**갯벌** 갯벌은 밀물과 썰물이 항상 드나들기 때문에 산소가 풍부하고 유기물이 많아서 다양한 종류의 생물이 서식한다. 대부분 어패류의 먹이 섭취와 번식 장소로 이용되므로 어업 활동의 상당 부분이 갯벌에서 이루어지고 있다. 특히 서해안의 갯벌은 얕고 간석지가 발달하여 굴, 바지락, 조개 등 각종 어패류가 산란하기 좋은 곳이다. 또한, 사시사철 다양한 철새들이 휴식과 번식을 위하여 갯벌에 머무른다.

# 계절별 여행 계획 세우기

봄

여름

가을

겨울

- 어느 계절에 여행을 가고 싶어요?
- 왜 그 계절에 여행을 가고 싶어요?
- 그 계절에 할 수 있는 일은 무엇인가요?
- 어디로 가고 싶어요?
- 그곳에서 무엇을 하고 싶어요?

**도움 자료**

**지도 시 유의사항**

- 사전 조사 활동을 할 때 휴대폰 등을 사용할 수 있다.
- 수업 시간에 따라 질문의 개수를 조절해도 된다.
- 발표 시 지켜야 하는 태도에 대해 알려준다.
- 자유롭게 이야기 할 수 있는 분위기를 조성한다.

# 심화자료

## 1. 온대 기후

온대 기후란 쾨펜의 기후구분에서 최한월의 평균 기온이 -3℃ 이상, 18℃ 이하인 기후를 말한다. 인류가 살아가기에 가장 적합한 날씨 조건이다. 그러기에 가장 많은 인류가 사는 곳이기도 하다. 온대는 열대와 한대기단의 영향을 받아 기온과 날씨의 변화가 크다. 평균 기온의 연변화가 4계절에 따라 뚜렷하게 구별된다. 주로 중위도에 분포하고 바람이나 해류, 육지와 바다의 위치에 따라 다양한 기후 특성이 나타난다. 같은 온대 지방이라 해도 다양한 기후가 나타나는 이유다.

## 2. 이상기후

이상기후는 기온이나 강수량 따위가 정상적인 상태를 벗어난 기후를 말한다. 지구의 평균 기온이 계속 상승해 점점 더워지는 것을 지구 온난화라고 하는데, 지구 온난화로 인해 지구의 온도가 상승하면서 빙하가 녹아내려 해수면이 상승하고, 이상기후가 일어나고 있다. 사계절이 뚜렷한 한국에도 이상기후 현상으로 봄, 가을이 짧아지고 여름, 겨울이 길어지고 있다. 바다에는 아열대성 어류가 살고 여름에는 무더위와 집중호우가, 겨울에는 폭설과 한파가 자주 나타나고 있다. 이상기후로 각종 천재지변이 많이 발생하면서 생태계의 평형이 깨져 생물이 멸종하거나 그 수가 줄어드는 등 피해가 점차 늘고 있다.

[출처] [네이버 지식백과] 이상기후[異常氣候] (천재학습백과 초등 사회 용어사전)

## 3. 열대야

제일 낮은 기온이 25℃ 이상인 무더운 밤을 말한다. 한국의 경우 대개 장마 후 나타난다. 열대야 현상이 계속될 경우 사람들은 밤에 잠을 제대로 자지 못해 수면부족과 무력감에 시달리게 된다. 열대야는 농촌보다 도시 지역에서 많이 나타나는데 그 이유는 사람, 건물 등에서 인공 열이 발생하고, 포장된 도로가 쉽게 가열되고 건조해지기 때문이다.

## 4. 백두대간

백두대간이란 백두산에서 시작되어 동쪽 해안선을 끼고 남쪽으로 흐르다가 태백산 부근에서 서쪽으로 기울어 남쪽 내륙의 지리산에 이르는 거대한 산줄기의 옛 이름으로 우리나라 땅의 근골을 이룬다.

조선 영조 때의 실학자인 신경준은 『산경표(山經表)』에서 한반도의 산줄기를 대간과 정간, 정맥으로 나누어 산맥체계를 정리하였는데 이 책에서 백두대간을 제시하고 있다. 또한 백두대간을 따라 한반도의 모습을 제시하고 있는데 언어와 풍습 차이까지도 잘 설명해주고 있다.

**참고자료**

기상청 날씨누리 http://www.kma.go.kr

국토지리정보원 http://www.ngii.go.kr

# 46 수도권

교재 238-241쪽

이 차시의 목표는 수도권의 다양한 모습을 살펴보는 것이다. 이를 위해 서울특별시, 경기도, 인천광역시의 위치, 인구, 산업 등에 대한 내용을 학습한다.

| 단계 | | 교수학습활동 | 교수 자료 | 시간 |
|---|---|---|---|---|
| 도입 | 생각해 보기 | ● **수도권에 인구가 밀집하는 이유에 대해 생각해보기**<br>수도권에는 많은 사람들이 모여 삽니다. 많은 사람들이 수도권에 모여드는 이유는 무엇일까요? | (PPT #1-3) | 4분 |
| | 학습목표 | ● **학습목표 제시**<br>1. 수도권의 위치, 인구, 산업에 대해 설명할 수 있다.<br>2. 수도권의 관광명소와 축제에 관심을 가지고 참여할 수 있다.<br>● **이번 차시와 관련된 교재의 단원 확인하기** | (PPT #4) | 1분 |
| 전개 | 주제1 (강의) | ● **서울의 인구, 특징에 대해 설명하기**<br>서울하면 먼저 떠오르는 것은 무엇인가요? 서울은 한국의 수도로 정치, 경제, 문화, 역사의 중심지입니다.<br>● **경기도의 인구, 특징에 대해 설명하기**<br>경기도에 신도시가 많은 이유는 무엇일까요? 경기도에는 어떤 산업이 발달했나요?<br>● **인천의 인구, 특징에 대해 설명하기**<br>인천국제공항에 가 본 적이 있나요? 큰 항구와 국제공항이 위치해 있는 인천은 동북아시아 교류의 중심지입니다. | (PPT #5-7) | 10분 |
| | 알아두면 좋아요 1 | ● **수도권의 문제에 대해 생각해 보기**<br>수도권에는 얼마나 많은 사람이 살고 있을까요? 수도권에는 한국 전체인구의 절반가량이 살고 있습니다. 인구와 산업이 집중된 수도권에는 어떤 문제점이 있을까요? 수도권에 나타난 도시 문제를 해결하기 위해서 어떻게 해야 할까요? | (PPT #8) | 5분 |
| | 주제2 (강의) | ● **수도권의 관광 명소 알아보기**<br>수도권에서 유명한 곳이 어디인지 알고 있나요? 청와대와 국회의사당에 가 본 적이 있나요? 여러분이 알고 있는 관광 명소를 말해봅시다.<br>● **수도권의 축제 알아보기**<br>수도권에서 열리는 유명한 축제를 알고 있나요? 매년 가을이면 열리는 서울거리예술축제와 서울빛초롱 축제를 알고 있나요? 여러분이 알고 있는 축제에 대해 말해 봅시다. | (PPT #9-11) | 10분 |
| | 알아두면 좋아요 2 | ● **북촌 한옥마을 소개하기**<br>서울에서 한옥마을을 볼 수 있을까요? 북촌 한옥마을은 경복궁과 창덕궁 사이에 있는 마을입니다. 관광지로도 이름이 널리 알려진 북촌 한옥마을에 대해 알아봅시다. | (PPT #12) | 5분 |
| 정리 | 정리하기 | **주요 내용 정리** | (PPT #13-14) | 5분 |
| | 이야기 나누기 | ● **서울 두드림길에 대해 알아보기**<br>걸어서 서울 여행을 할 수 있을까요? 서울 두드림길은 걸어서 서울을 여행할 수 있는 코스입니다. 서울을 걸어서 여행한다면 어디를 가보고 싶은지 이야기해 봅시다.<br>● **다음 차시 예고** | (PPT #15) | 10붐 |

## 학습 내용 정리

### 01 수도권의 모습은 어떠할까?

**1** 서울특별시
1) 한국의 수도이면서 정치·경제·문화·역사의 중심지
2) 주요 국가 기관과 주요 기업의 본사, 각종 문화·여가시설, 대학교, 대규모 상업시설이 위치함
3) 2023년 기준으로 약 940만 명이 살고 있음

**2** 경기도
1) 서울의 인구를 수용하기 위해 신도시가 계속 생겨남
2) 일찍부터 여러 종류의 산업이 골고루 발달
3) 2023년 기준으로 약 1,400만 명이 살고 있음

**3** 인천광역시
1) 한국 제2의 항구 도시
2) 인천국제공항은 동북아 교류의 중심지
3) 2014년 인천아시안게임을 개최하였음

### 02 수도권의 관광 명소와 축제에는 무엇이 있을까?

**1** 서울의 명소: 청와대, 국회의사당, 경복궁, 명동, 동대문, 남대문, 청계천, 대학로, 이태원 등
**2** 서울의 축제: 서울 빛초롱 축제, 서울거리예술축제 등
**3** 경기도의 명소: 아침고요수목원, 수원 화성, 국경없는 마을 등
**4** 경기도의 축제: 고양 국제 꽃 박람회, 이천 도자기축제 등
**5** 인천의 명소: 차이나타운, 강화도 갯벌 등
**6** 인천의 축제: 강화 고려인삼축제 등

## 이야기 나누기 예시 답안

저는 남산 근처를 여행해 보고 싶어요. 먼저 남산 케이블카를 타고 남산에 올라갈 거예요. 그리고 N서울타워에 올라가서 서울 시내를 볼 거예요. 남산에서 내려오면서 남산 한옥마을에 가 볼 거예요. 한옥도 구경하고 사진도 찍을 거예요. 한옥마을에서 내려와 동대문에 갈 거예요. 동대문에는 여러 가지 볼거리와 먹을 거리가 많아서 재미있을 것 같아요. 다리는 조금 아플 것 같은데 즐거운 여행이 될 것 같아요.

## 본문 용어 해설

**중심지** 중심지는 어떤 일이나 활동의 중심이 되는 중요한 곳이다. 중심지에는 여러 가지 시설이 있고 많은 사람들이 모여 산다.

**신도시** 자연발생적으로 성장한 도시가 아니라 처음부터 계획적, 인공적으로 만들어진 도시로 지역균형 개발 및 수도권 인구 분산 등 정책적 목적에 따라 조성되었다. 국내에서는 1989년 1기 신도시, 2003년 2기 신도시, 2018년 3기 신도시 계획이 발표된 바 있다.

**항구 도시** 항구가 있어서 배가 드나드는 도시. 당연히 해안에만 위치해 있는 것은 아니다. 큰 강이나 호수에 위치한 항구 도시도 있기 때문이다. 조선소도 항구 도시에 위치한다. 수출에 매우 용이하기에 무역과 수산업에 있어서는 당연히 떼려야 뗄 수 없는 관계이다.

# 서울을 소개하는 엽서 쓰기

※ 자신의 고향 나라의 가족에게 한국의 수도 서울을 소개하는 엽서를 써 봅시다.

1. 다음은 서울에서 볼 수 있는 곳입니다. 이 중 직접 가보거나 TV, 영화 등을 통해 본 곳이 있나요? 있다면 어떤 곳이 가장 기억에 남는지 이야기해 봅시다.

청와대

국회의사당

경복궁

명동거리

한강공원

남대문 시장

2. 서울에 대한 여러분의 느낌이나 생각은 어떠한가요?

3. 서울이 자신의 고향 나라의 수도와 다른 점은 무엇인가요?

4. 위 내용을 바탕으로 가족에게 서울을 소개하는 엽서를 써 봅시다.

**도움 자료**

| | | | |
|---|---|---|---|
| 청와대 | 한국 대통령이 살면서 일했던 곳으로 2022년부터 국민에게 개방되었다. 경복궁 뒤 북악산 아래에 있다. | 경복궁 | 조선 시대 왕이 살던 궁궐이다. 조선 왕조의 중심지 역할을 하였다. |
| 국회 의사당 | 국회의원들이 국정을 논의하는 장소로 한국 민주주의의 상징이다. | 명동거리 | 최신 유행 문화의 거리이다. 많은 젊은 이들과 관광객들이 찾는다. |
| 남대문 시장 | 서울에 있는 대표적인 종합시장이다. 24시간 다양한 종류의 물건을 사고판다. | 한강공원 | 한강변에 있는 공원으로 체육, 휴식의 공간을 제공한다. 전망이 좋고 유람선이 다닌다. |

# 심화자료

## 1. 수도권의 문제점

한국의 수도권은 서울특별시와 그 주변에 있는 경기도, 인천광역시를 말한다. 수도권의 면적은 우리나라 면적의 12% 정도지만, 인구는 전국 인구의 약 1/2을 차지한다. 이처럼 인구와 각종 기능이 수도권에 집중되어 수도권에는 다양한 문제가 발생하고 있다. 사람들이 너무 많이 모여들어 주택, 직장, 학교, 도로 등이 부족하고, 교통체증이 심각하다. 그리고 대기오염, 수질오염, 토양오염 등의 환경 문제도 심각하게 나타나고 있는 데다가 자본이나 기술이 전국에 골고루 분포하지 못하고, 수도권에만 집중되어 지역 간 성장 불균형 문제도 나타나고 있다. 수도권의 다양한 문제점을 해결하기 위해 수도권의 인구와 산업을 지방으로 분산하는 정책을 만들고, 자연 환경을 보전하기 위해 개발 제한 구역도 설정했다.

[출처] [네이버 지식백과] 인구와 산업이 집중된 수도권

## 2. 서울이라는 명칭의 유래

『삼국사기』와 『삼국유사』의 신라 혁거세왕에 대한 내용을 보면 나라를 세우고 국호를 서라벌(徐羅伐), 또는 서벌(徐伐), 사라(斯羅), 사로(斯盧)라고 했고, 이후 이것이 도읍의 명칭으로 바뀌게 되었다. 그리고 이러한 이름들은 수도(京)를 가리키는 말이 되었고, 그것이 오늘날의 서울이라는 말로 변하게 되었다.

삼국 시대 서울은 약 500년 동안 백제의 수도였다. 오늘날 풍납토성이 당시의 왕성이었고, 위례성, 혹은 한성으로 불리었다. 그러다가 신라가 진흥왕 때에 한강 유역을 장악하면서 신주(新州)를 설치하였고(552년) 경덕왕 때에 한주(漢州)로 고치게 된다(757년). 고려 시대에 들어오면서 서울 지역은 초기에는 양주(楊州)로 불렸다. 그 후 충렬왕 때에 한양부(漢陽府)로 바뀌게 되었다(1308). 이후 조선이 건국되면서 한양을 도읍으로 정하게 되었고(1394년), 오늘날까지 우리나라의 수도로서 자리매김하게 된다. 아울러 조선시대 정식 명칭은 한성부(漢城府)였다. 한편 일제강점기에는 한성부를 경성부로 개칭하고 경기도에 예속된 하위 관청으로 격하시켰다. 해방 직후 서울은 서울, 경성, 한성 등 혼재된 이름으로 사용되었다. 그러다가 1946년 8월 15일자로 서울특별자유시로 이름이 바뀌었고 정부수립 이후인 1949년 11월 지방자치법이 공포되면서 서울특별시로 정해져 오늘에 이르게 되었다.

[출처] 서울특별시 홈페이지

## 3. 수원 화성

조선 성곽 건축의 백미로 꼽히는 수원 화성은 조선의 22대 왕인 정조대왕의 효심에 의해 만들어졌다. 정조대왕은 당쟁에 휘말려 왕위에 오르지 못하고 죽은 아버지 장헌세자(사도세자)의 묘를 수원 화산으로 옮기면서 수원 화성을 만들었다. 정조 18년(1794)에 공사를 시작하여 2년 6개월 만에 완공을 하였는데 당대에 동원할 수 있는 과학기술을 집약하여 사용한 덕분이었다. 수원 화성은 지을 때부터 치밀한 계획하에 만들어진 성곽이고, 거주지로서의 읍성과 방어용 산성을 합하여 하나의 성곽도시로 만들었다는 점, 주변 지형에 따라 자연스러운 형태로 조성해 독특한 아름다움을 보여준다는 점 등의 특징이 있다. 이러한 특징을 인정받아 1997년 12월 유네스코 세계유산에도 등록되었다.

**참고자료**

서울특별시 www.seoul.go.kr

유네스코와 유산 http://heritage.unesco.or.kr

# 47 충청 지역

교재 242-245쪽

이 차시의 목표는 충청 지역의 위치, 산업, 관광 명소 등을 살펴보는 것이다. 이를 위해 충청 지역의 주요 도시에 대해 살펴보고 충청 지역의 주요 관광 명소와 축제 등의 내용을 학습한다.

| 단계 | | 교수학습활동 | 교수 자료 | 시간 |
|---|---|---|---|---|
| 도입 | 생각해 보기 | ● **충청 지역의 특색이 드러나는 축제에 대해 이야기하기**<br>충청 지역에는 여러 가지 축제가 있습니다. 이 중에서 참여해보고 싶은 축제는 무엇인가요? 그 이유는 무엇인가요? 축제 사진들을 보고 충청 지역의 특징을 찾아봅시다. | (PPT #1-3) | 4분 |
| | 학습목표 | ● **학습목표 제시**<br>1. 충청 지역의 지리적 특징을 설명할 수 있다.<br>2. 충청 지역의 관광 명소와 축제에 관심을 가지고 참여할 수 있다.<br>● **이번 차시와 관련된 교재의 단원 확인하기** | (PPT #4) | 1분 |
| 전개 | 주제1 (강의) | ● **충청 지역의 위치와 충청도의 특징에 대해 설명하기**<br>충청 지역은 어디에 위치하고 있을까요? 충청 지역은 과거에 어느 나라의 중심 지역이었을까요? 충청 지역은 한국의 중간 지역에 있어서 교통의 중심지 역할을 하고 있습니다.<br>● **세종특별자치시의 특징에 대해 설명하기**<br>세종특별자치시는 국토의 균형 발전을 위해 만들어진 도시입니다.<br>● **대전광역시의 특징에 대해 설명하기**<br>대전광역시는 충청 지역을 대표하는 도시이며 과학 도시입니다. | (PPT #5-7) | 10분 |
| | 알아두면 좋아요 1 | ● **단양 팔경 중의 하나인 도담삼봉에 대해 소개하기**<br>충북 단양에는 여덟 가지의 아름다운 경치를 가진 곳이 있습니다. 이곳을 단양 팔경이라고 합니다. 이 중에서 도담삼봉은 조선의 개국공신인 정도전이 무척 아꼈던 장소라고 합니다. 정도전의 호도 도담삼봉에서 따왔다고 합니다. | (PPT #8) | 5분 |
| | 주제2 (강의) | ● **충청 지역의 관광명소 알아보기**<br>충청 지역에서 유명한 곳이 어디인지 아나요? 단양 팔경과 부소산성에 가 본 적이 있나요? 여러분이 알고 있는 충청 지역의 관광 명소를 말해 봅시다.<br>● **충청 지역의 축제 알아보기**<br>충청 지역의 유명한 축제를 알고 있나요? 매년 가을이면 열리는 대전 사이언스 페스티벌을 알고 있나요? 여러분이 알고 있는 충청 지역의 축제에 대해 말해 봅시다. | (PPT #9-11) | 10분 |
| | 알아두면 좋아요 2 | ● **대통령의 별장, 청남대 소개하기**<br>한국의 대통령들이 사용하던 별장이 있습니다. 충청북도에 위치한 청남대라는 곳입니다. 2003년부터 민간에 개방되어 별장의 기능이 사라지고 유명한 관광지가 된 곳입니다. | (PPT #12) | 5분 |
| 정리 | 정리하기 | **주요 내용 정리** | (PPT #13-14) | 5분 |
| | 이야기 나누기 | ● **지역에 전해지는 전설에 대해 이야기하기**<br>충남 부여에는 백제가 멸망할 때 왕과 후궁들이 떨어져 죽었다는 전설이 전해져 내려오는 곳이 있습니다. 여러분이 살고 있는 지역에도 전해져 내려오는 전설이 있나요?<br>● **다음 차시 예고** | (PPT #15) | 10분 |

## 학습 내용 정리

**01 충청 지역의 모습은 어떠할까?**

**1** 한국의 중간 지역에 위치하고 있어 경상 지역과 전라 지역을 이어주는 교통의 중심지임

**2** 충청도

1) 충청도는 충주와 청주의 앞글자에서 따온 이름

2) 충청남도는 삼국 시대 백제의 수도였던 공주와 부여가 있는 곳으로 많은 문화유산을 볼 수 있음

3) 충청북도에는 청주 국제공항과 KTX 오송역이 있음

**3** 세종특별자치시: 국토의 균형 발전과 수도권의 인구 집중을 해결하기 위하여 만들어진 도시

**4** 대전광역시: 세종특별자치시와 함께 충청지역을 대표하는 과학도시

**02 충청 지역의 관광 명소와 축제에는 무엇이 있을까?**

**1** 단양 팔경: 충북 단양군을 중심으로 주위 12km 내외에 산재하고 있는 여덟 곳의 명승지

**2** 대전 사이언스 페스티벌: 과학과 예술 문화가 함께하는 대전 최고의 축제

**3** 보령 머드축제: 매년 여름 대천 해수욕장에서는 열리는 축제로 진흙으로 다양한 체험을 즐길 수 있음

**4** 백제문화제: 충청남도 부여와 공주에서 동시에 개최되는 역사문화축제

## 이야기 나누기 예시 답안

우리 마을에는 큰 바위가 있는데 그곳에 '아기장수' 이야기가 전해져 내려와요. 어떤 집에 아기가 태어났는데 겨드랑이에 날개가 있어서 날아다니고 힘도 무척 셌대요. 아기의 부모는 이 아이가 커서 역적이 될까 봐 돌로 눌러 죽였어요. 아이가 죽을 때 콩과 팥을 같이 묻어 달라고 해서 묻어줬어요. 얼마 뒤 관군이 와서 아기 장수를 묻은 곳을 알려 달라고 해서 가보니 콩과 팥이 군사가 되어 막 일어나려 하고 있었대요. 결국 아기장수는 다시 죽었대요.

## 본문 용어 해설

**도읍** 한 나라의 으뜸이 되는 도시를 도읍이라고 한다. 서울, 수도 등과 같은 말이다. 고조선은 도읍을 아사달에 정했고, 고구려는 국내성, 평양성에 도읍을 정했다. 백제는 건국할 때 도읍을 위례성(서울)에 정하였지만 웅진(공주), 사비(부여)로 옮겼다. 신라는 서라벌(경주)에 도읍을 정하고 한 번도 옮기지 않았다. 고려의 도읍은 개경(개성)이었지만 몽골이 침입했을 때는 강화도로 도읍을 옮기기도 했다. 조선의 도읍은 한양(서울)이었다.

**명승** 뛰어나게 아름다워 이름난 경치를 명승이라고 한다. 명승은 지방지정문화재에 속하는 국가지정문화재로, 문화재청에서 경치가 뛰어난 지역을 대상으로 지정한다. 문화재보호법 시행규칙에 따르면 유명한 건물이나 꽃·나무·새·짐승·물고기·벌레 등의 서식지, 유명한 경승지·산악·협곡·해협·곶·심연·폭포·호수·급류 등 특색있는 하천·고원·평원·구릉·온천지 등을 명승으로 규정하고 있다. 우리나라의 유명한 명승으로는 거제 해금강, 진도의 바닷길, 진안 마이산, 부산 영도 태종대, 문경새재, 남원 광한루원, 동해 무릉계곡, 순천만, 단양 도담삼봉, 영월 청령포 등이 있다.

**왕릉** 임금의 무덤을 '왕릉'이라고 한다. 왕이 죽으면 왕이 쓰던 물건이나 몸을 꾸미는 데 쓰던 물건 등을 함께 묻기 때문에 왕릉에서 발견된 것들을 통하여 당시의 문화를 알 수 있다.

# 충청지역 축제를 소개하는 포스터 만들기

※ 다음은 충청 지역을 대표하는 축제입니다. 여러분이 좋아하는 축제를 선택해서 소개하는 포스터를 만들어 봅시다.

1. 충청 지역의 축제 중에서 외국 사람한테 꼭 추천해 주고 싶은 축제는 무엇인가요? 그 이유는 무엇인가요?

2. 추천해 주고 싶은 축제를 소개하는 포스터를 만들어봅시다.

**도움 자료**

**백제문화제**
백제의 수도였던 충청남도 공주시와 부여군에서 개최되는 축제로 백제의 역사와 문화를 한눈에 볼 수 있다.

**보령 머드축제**
대천해수욕장에서 진흙으로 다양한 체험을 즐길 수 있는 축제. 머드축제를 즐기려면 온몸에 진흙을 묻혀야만 한다.

**대전 사이언스 페스티벌**
기술과 문화가 합쳐진 과학 축제. 미래의 창조적인 상상력을 키우고 배우면서 체험도 할 수 있다.

**금산 인삼축제**
충청 지역에서 인삼 재배를 처음 시작한 곳으로 인삼과 관련된 여러 가지 체험을 할 수 있는 건강 축제이다.

# 심화자료

## 1. 백제의 도읍지 공주, 부여

충청남도 공주(옛 이름은 웅진), 부여(옛 이름은 사비)는 백제의 도읍지였다. 충청남도에는 많은 백제 유적이 남아 있어 곳곳에서 백제의 문화를 엿볼 수 있다. 그 중 서산 마애삼존불은 충청남도 서산시 가야산에 있는 불상이다. 불상의 온화한 미소가 백제인의 성품을 잘 보여준다고 해서 '백제의 미소'로 불리기도 한다.

충청남도 공주시에 있는 무령왕릉은 백제 임금 무령왕과 그 왕비의 무덤으로 많은 유물이 발견되었다. 그 중 금동대향로는 화려하고 섬세한 백제 예술의 극치로 꼽힌다.

▲ 금동대향로

충청남도 부여는 백제의 마지막 도읍인 사비이다. 이곳의 부소산성에 있는 낙화암에서는 백제가 멸망하던 날 궁녀 3000여 명이 백마강 바위 위로 투신하여 죽었다는 이야기가 전해온다.

## 2. 단양 팔경

충청북도 단양군을 중심으로 12km 내외의 절경으로 도담삼봉·석문·옥순봉·하선암·중선암·상선암·사인암·구담봉을 말한다.

도담삼봉은 남한강의 수면을 뚫고 솟은 세 봉우리로 정도전의 호를 도담삼봉에서 따왔다고 한다. 석문은 수십 척의 돌기둥에 무지개 형상의 돌다리가 걸려 있는 형상이다. 구담봉은 거북 모양의 장엄한 기암괴석이며 옥순봉은 기묘하고 뛰어난 봉우리들이 마치 비온 뒤의 죽순처럼 솟아있다 하여 붙여진 이름이다. 사인암은 덕절산 줄기에 깎아지른 강변을 따라 치솟아 있다. 하선암은 3층의 넓은 바위로 봄의 철쭉, 가을 단풍이 절경을 이룬다. 중선암은 흰색의 바위가 층층대를 이루고 있으며, 상선암은 선조 때 권상하가 상선암이라 이름 지었다 한다.

## 3. 보령 머드축제

보령 머드의 우수성을 널리 알리고 대천해수욕장을 비롯한 지역 관광명소를 홍보하기 위해 1998년 7월에 처음으로 축제를 개최했다. 축제 기간에 청정갯벌에서 진흙을 채취하여 각종 불순물을 제거하는 가공과정을 거쳐 생산된 머드분말을 이용한 머드마사지(해변셀프 마사지·첨단머드마사지체험)와 머드체험행사가 운영되고 있다. 대형머드탕·머드씨름대회·머드슬라이딩·머드교도소·인간마네킹·캐릭터인형·갯벌극기훈련체험·갯벌스키대회 등 관광객을 위한 다양한 프로그램과 연계 행사를 개최하여 관광객에게 볼거리와 즐길 거리를 제공하고 있다.

## 4. 백제문화재

백제문화재는 매년 충청남도 공주시와 부여군이 합동 개최하는 종합 예술제 성격의 문화제이다. 1955년 충청남도 부여군에서 처음 개최하였다. 백제문화재는 제천의식으로 시작하였으며 해를 거듭하면서 지역의 종합 문화 행사로 성장하였다. 제전행사, 역사재현행사, 전통민속행사, 기타행사 등이 열린다.

**참고자료**
충청북도청 http://www.chungbuk.go.kr
충청남도청 http://www.chungnam.go.kr
보령머드축제 http://www.mudfestival.kr
백제문화재 http://www.baekje.org

# 48 전라 지역

교재 246-249쪽

이 차시의 목표는 전라 지역의 특징과 그에 따른 생활 모습을 이해하고 공동체 문화가 발달한 이유를 살펴보는 것이다. 이를 위해 전라 지역의 위치, 산업, 자원에 관한 내용을 학습한다.

| 단계 | | 교수학습활동 | 교수 자료 | 시간 |
|---|---|---|---|---|
| 도입 | 생각해 보기 | ● **전라 지역을 대표하는 음식에 대해 이야기하기**<br>전라 지역은 음식이 다양하고 맛있습니다. 사진에 나와 있는 음식 중에서 먹어 본 음식이 있습니까? 아니면 먹어 보고 싶은 음식이 있습니까? | (PPT #1-3) | 4분 |
| | 학습목표 | ● **학습목표 제시**<br>1. 전라 지역의 지리적 특징을 설명할 수 있다.<br>2. 전라 지역의 관광 명소와 축제에 관심을 가지고 참여할 수 있다.<br>● **이번 차시와 관련된 교재의 단원 확인하기** | (PPT #4) | 1분 |
| 전개 | 주제1 (강의) | ● **전라 지역의 위치에 대해 설명하기**<br>전라 지역은 한국의 어느 부분에 위치해 있을까요? 전라 지역은 한국의 서남부에 위치해 있습니다.<br>● **전라도의 특징에 대해 설명하기**<br>전라도는 한국 최대의 곡창지대이면서 수산자원도 풍부한 곳입니다. 최근에는 전라 지역에 대한 여러 가지 개발 정책이 추진되고 있습니다.<br>● **광주광역시의 특징에 대해 설명하기**<br>광주광역시는 전라 지역을 대표하는 도시로 산업단지가 조성되어 있습니다. | (PPT #5-7) | 10분 |
| | 알아두면 좋아요 1 | ● **전라 지역의 음식 문화에 대해 소개하기**<br>전라 지역의 음식을 알고 있나요? 전라 지역은 음식이 맛있기로 유명한 곳입니다. 또한 음식의 종류가 굉장히 다양합니다. 전라 지역이 음식으로 유명한 이유에 대해 알아봅시다. | (PPT #8) | 5분 |
| | 주제2 (강의) | ● **전라 지역의 관광 명소 알아보기**<br>전라 지역에서 유명한 곳이 어디인지 아나요? 땅끝마을과 보성 녹차밭에 가 본 적이 있나요? 여러분이 알고 있는 전라 지역의 관광 명소를 말해 봅시다.<br>● **전라 지역의 축제 알아보기**<br>전라 지역에서 유명한 축제를 알고 있나요? 광주 디자인비엔날레에 대해 알고 있나요? 여러분이 알고 있는 축제에 대해 말해 봅시다. | (PPT #9-11) | 10분 |
| | 알아두면 좋아요 2 | ● **고인돌 유적에 대해 소개하기**<br>고인돌은 무엇을 할 때 사용하던 것이었을까요? 고인돌은 청동기 시대의 무덤 양식으로 세계문화유산에 선정되었습니다. | (PPT #12) | 5분 |
| 정리 | 정리하기 | **주요 내용 정리** | (PPT #13-14) | 5분 |
| | 이야기 나누기 | ● **지역 명소 이름이 들어간 노래 이야기해 보기**<br>'여수 밤바다'라는 노래를 알고 있나요? 같이 들어보고 여수 밤바다가 어떨지 이야기해 봅시다. 그리고 자신의 고향 나라에서도 지역 명소 이름이 들어간 노래가 있으면 소개해 봅시다.<br>● **다음 차시 예고** | (PPT #15) | 10분 |

## 학습 내용 정리

### 01 전라 지역의 모습은 어떠할까?

**1** 한국의 서남부에 위치하고 있으며 호남 지역이라고도 불림

**2** 전라도

1) 전라도는 전주와 나주의 앞글자를 합쳐서 만든 이름임
2) 호남평야와 나주평야 있는 한국 최대의 곡창지임
3) 서쪽과 남쪽으로 바다와 갯벌이 있어 다양한 수산자원을 얻을 수 있음
4) 다양한 식량자원을 바탕으로 음식문화가 발달했음
5) 최근에는 전라 지역에 대한 개발 정책이 추진되고 있음
6) 2012년에는 여수에서 세계 박람회가 개최되었음

**3** 광주광역시: 전라 지역의 정치, 경제, 사회, 문화의 중심지인 도시

### 02 전라 지역의 관광 명소와 축제에는 무엇이 있을까?

**1** 고창과 화순에는 세계문화유산인 고인돌이 많이 분포되어 있음

**2** 전주 풍남동과 교동 일대에는 한옥마을이 형성되어 있음

**3** 전주세계소리 축제는 한국의 전통음악을 알리고 세계의 음악적 유산과 소통하기 위해 열리는 문화예술제임

**4** 광주 디자인비엔날레는 광주광역시에서 격년제로 개최되는 세계 종합 디자인 축제임

## 이야기 나누기 예시 답안

한국에는 지역 명소 이름이 들어간 노래가 많아요. 부산을 대표하는 노래로는 조용필의 '돌아와요 부산항에'가 있어요.

꽃피는 동백섬에 봄이 왔건만

형제 떠난 부산항에 갈매기만 슬피우네

오륙도 돌아가는 연락선마다

목메어 불러봐도 대답없는 내 형제여

돌아와요 부산항에 그리운 내 형제여

가고파 목이 메어 부르던 이 거리는

그리워서 헤매이던 긴긴날의 꿈이였지

언제나 말이 없는 저 물결들도

부딪쳐 슬퍼하며 가는 길을 막아섰지

돌아왔다 부산항에 그리운 내 형제여

## 본문 용어 해설

**양식장** 바다나 강에 김, 어패류 등을 자라게 하는 양식업을 하는 장소이다. 양식장에는 배가 들어가서 조업을 하거나 수상 레저를 즐기는 사람들이 들어갈 수 없도록 부표로 표시를 해 놓는다.

**판소리** '판소리'는 한 명의 소리꾼과 한 명의 고수(북치는 사람)가 음악적 이야기를 엮어가며 연행하는 장르이다. 장단에 맞추어 부르는 표현력이 풍부한 창(노래)과 일정한 양식을 가진 아니리(말), 풍부한 내용의 사설과 너름새(몸짓) 등으로 구연(口演)되는 이 대중적 전통은 지식층의 문화와 서민의 문화를 모두 아우르고 있다는 점이 특징이다.

**미래성장 동력** 국가의 발전을 이끄는 전략적으로 중요한 산업군을 이르는 말. 현재는 시장 또는 기술의 불확실성이 높지만 성공할 경우에는 많은 부가 가치를 창출하거나 다른 분야로의 파급 효과가 크며 경제 및 고용의 성장, 외화 획득 따위로 국가 경제 발전에 크게 기여할 수 있다.

# 전라 지역을 소개하는 노래 만들기

※ 다음은 한국의 전통 민요 아리랑입니다. 아리랑의 곡에 맞추어 전라 지역의 특징을 나타낼 수 있는 노래를 만들어 봅시다. 그리고 친구들과 같이 노래를 불러 봅시다.

아리랑 아리랑 아라리요

아리랑 고개로 넘어 간다

나를 버리고 가시는 임은

십 리도 못 가서 발병 난다

→

**도움 자료**

▲ 전주비빔밥

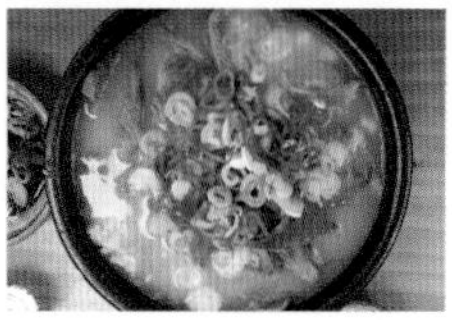
▲ 나주곰탕

▲ 전복(양식장)

▲ 벼(호남평야)

▲ 고인돌

▲ 판소리

▲ 민요

▲ 갯벌

▲ 광양제철소

▲ 여수 세계박람회

# 심화자료

## 1. 여수 세계 박람회

'살아있는 바다, 숨 쉬는 연안'을 주제로 2012년 전남 여수에서 개최된 국제박람회로, 1993년 대전엑스포에 이어 우리나라에서 19년 만에 개최된 두 번째 인정박람회다. 2012년 5월 12일부터 8월 12일까지 여수 신항 일대에서 93일간의 일정으로 치러졌다.

여수박람회는 국제적으로 해양과 연안의 가치를 재조명함으로써 기후변화, 자원고갈, 생태계 파괴 등 인류의 현안 과제를 화두로 제시하였다. 포르투갈(리스본)·스페인(사라고사) 등 바다 주제 박람회가 있기도 했지만, 여수엑스포는 바다 자체를 박람회장으로 삼은 최초의 박람회라는 특징이 있다.

## 2. 판소리

광대 한 사람이 고수(鼓手)의 북장단에 맞추어 서사적(敍事的)인 이야기를 소리와 아니리로 엮어 발림을 곁들이며 구연(口演)하는 우리 고유의 민속악이다. 조선 숙종 말기에서 영조 초기에 걸쳐 충청도, 전라도를 중심으로 발달하여 왔으며, 지역에 따라 동편제, 서편제, 중고제로 나뉜다. 2003년에 유네스코 세계 무형 유산으로 지정되었으며 국가 무형 문화재 제5호이다. '판소리'는 '판'과 '소리'가 결합된 말이다. '판'은 특정한 놀이나 행위가 벌어지는 공간을 의미하는데, '씨름판', '놀이판', '난장판', '먹자판', '판굿', '판춤' 등에서 그러한 용례를 확인할 수 있다. '소리'는 우리 민속악의 성악(聲樂) 예술을 두루 가리키는 말이다.

## 3. 민요

민요는 작사가나 작곡가가 없이 서민들의 삶 속에서 자연스럽게 만들어져 입에서 입으로 전해진 노래이다. 이렇게 생활 속에서 편안하게 부르던 노래이다 보니 부르는 사람에 따라서 가락과 가사를 조금씩 다르게 하기도 한다. 민요는 널뛰기, 줄다리기 등 어울려 놀 때나, 여럿이 힘을 모아 일을 할 때, 물을 긷거나 소를 끌고 길을 걸을 때 등 사람들의 일상을 통해 만들어지기 때문에 민요 속에는 우리 민족의 흥과 멋이 담겨져 있다. 이처럼 민요는 우리 민족의 삶과 정서가 그대로 담겨 있는 소중한 우리의 문화유산이다.

## 4. 전라도의 맛

전라도는 쌀의 주산지일 뿐만 아니라 기타 농산물도 풍족하여 음식이 다양하고 화려하며 맛 또한 우수하다. 특히 전주는 옛 조선 왕가의 본관이며 온갖 전라도 산물이 모이는 곳으로 음식이 맛있기로 유명하다. 그 밖에 광주, 해남 등은 가문의 특징이 드러나는 음식이 대대로 전수되는 맛의 고장이다. 전라도는 발효 음식이 발달되어 김치와 젓갈이 수십 가지이고 고추장을 비롯한 장류도 발달했다. 순창 고추장은 예부터 이름이 나 있으며 전주의 비빔밥과 콩나물 국밥, 영광 굴비, 해남 세발낙지, 광양의 숯불에 구운 돼지 불고기 등이 유명하다.

**참고자료**

2012여수세계박람회재단 http://www.expo2012.kr

전라남도청 http://www.jeonnam.go.kr

전라북도청 http://www.jeonbuk.go.kr

# 49 경상 지역

교재 250-253쪽

이 차시의 목표는 경상 지역의 특징과 그에 따른 생활 모습을 이해하고 공업이 발달한 이유를 살펴보는 것이다. 이를 위해 경상 지역의 위치, 산업, 자원에 관한 내용을 학습한다.

| 단계 | | 교수학습활동 | 교수 자료 | 시간 |
|---|---|---|---|---|
| 도입 | 생각해 보기 | ● **경상 지역 중에서 제일 가 보고 싶은 곳 이야기해 보기**<br>경상 지역에서 제일 가 보고 싶은 곳이 있나요? 그 이유는 무엇인가요? 경상 지역 여러 곳의 사진을 보고 경상 지역의 특징을 찾아봅시다. | (PPT #1-3) | 4분 |
| | 학습목표 | ● **학습목표 제시**<br>1. 경상 지역의 지리적 특징을 설명할 수 있다.<br>2. 경상 지역의 관광명소와 축제에 관심을 가지고 참여할 수 있다.<br>● **이번 차시와 관련된 교재의 단원 확인하기** | (PPT #4) | 1분 |
| 전개 | 주제1 (강의) | ● **경상 지역의 위치 대해 설명하기**<br>경상 지역은 한국의 어느 부분에 위치해 있을까요? 경상 지역은 한국의 동남부에 위치해 있습니다.<br>● **경상도의 특징에 대해 설명하기**<br>경상도는 항만이 발달해서 공업 단지가 많이 건설되어 있습니다. 또한 유명한 문화유산이 많습니다.<br>● **대구광역시의 특징에 대해 설명하기**<br>대구광역시는 분지 지형이라 다른 지역에 비해 더운 편입니다.<br>● **울산광역시의 특징에 대해 설명하기**<br>울산광역시는 한국에서 가장 큰 중화학 공업 도시입니다.<br>● **부산광역시의 특징에 대해 설명하기**<br>부산광역시는 한국 제1의 항구 도시로 공업지역이 발달되어 있습니다. | (PPT #5-7) | 10분 |
| | 알아두면 좋아요 1 | ● **경상도 음식 문화에 대해 소개하기**<br>경상도 음식에 대해 알고 있나요? 경상도 음식은 대체로 짜고 매운 편입니다. 그리고 경상도 음식은 멋을 내거나 사치스럽지 않고 소박하게 만듭니다. | (PPT #8) | 5분 |
| | 주제2 (강의) | ● **경상 지역의 관광 명소 알아보기**<br>경상 지역에서 유명한 곳이 어디인지 아나요? 불국사와 하회마을에 가 본 적이 있나요? 여러분이 알고 있는 경상 지역의 관광명소를 말해 봅시다.<br>● **경상 지역의 축제 알아보기**<br>경상 지역에서 유명한 축제를 알고 있나요? 부산 국제 영화제에 대해 알고 있나요? 여러분이 알고 있는 축제에 대해 말해 봅시다. | (PPT #9-11) | 10분 |
| | 알아두면 좋아요 2 | ● **경주역사유적지구에 대해 소개하기**<br>신라의 수도였던 경주에는 신라 시대의 뛰어난 유적들이 집중적으로 분포되어 있고 세계문화유산에 선정되어 있습니다. | (PPT #12) | 5분 |
| 정리 | 정리하기 | **주요 내용 정리** | (PPT #13-14) | 5분 |
| | 이야기 나누기 | ● **지역 이름을 딴 국제 행사에 관해 이야기해 보기**<br>부산 국제영화제에 대해 알고 있나요? 부산의 이름을 알린 국제적인 영화제입니다. 자신의 고향 나라에서도 지역 이름을 딴 국제 행사가 있으면 소개해 봅시다.<br>● **다음 차시 예고** | (PPT #15) | 10분 |

## 학습 내용 정리

### 01 경상 지역의 모습은 어떠할까?

**1** 한국의 동남부에 위치하고 있으며 영남 지역이라고도 불림

**2** 경상도

1) 경상도는 경주와 상주의 앞글자를 합하여 만들어졌음

2) 동쪽과 남쪽에 바다가 있어 항만이 발달하였고 공업 단지도 많이 건설되었음

3) 경주를 중심으로 불교 문화유산이 많고 안동을 중심으로 유교 문화유산이 많음

**3** 대구광역시: 분지 지형으로 다른 지역에 비해 더운 편임

**4** 울산광역시 :한국에서 가장 큰 중화화공업 도시임

**5** 부산광역시: 한국 제1의 무역항으로 공업이 발달하였음

### 02 경상 지역의 관광 명소와 축제에는 무엇이 있을까?

**1** 부산 국제영화제는 매년 10월에 열리는 아시아 최대의 영화 축제임

**2** 합천 해인사에는 고려 시대에 만든 팔만대장경이 보관되어 있음

**3** 안동 하회마을은 조선 시대 유교문화를 살펴볼 수 있는 역사 마을임

**4** 통영의 한산대첩축제는 이순신 장군의 애국정신과 한산대첩을 기념하는 축제임

## 이야기 나누기 예시 답안

한국에서 지역 이름이 들어간 국제 행사는 여러 가지가 있어요. 광주 디자인 비엔날레는 2년에 한 번씩 열리는 세계 종합 디자인 축제예요. 안동 국제탈춤페스티벌은 한국의 각 지방에 전해 내려오는 전통 탈춤뿐만 아니라 세계 각국의 춤도 구경할 수 있는 축제예요.

## 본문 용어 해설

**분지** 분지는 주변이 산으로 둘러싸여 있는 평평한 땅을 말한다. 이곳은 땅이 평평하고 강물이 풍부해서 농사를 짓기에 알맞고, 주변이 높은 산들로 둘러싸여 있어서 적이 쳐들어오면 막아내기에 좋다. 그래서 옛날부터 분지에는 크고 작은 도시들이 발달했다.

**항만** 선박이 안전하게 출입하고 정박할 수 있도록 자연적·인공적으로 보호되어 여객을 승·하선시키고 화물·우편물 등을 적양(積揚)하는 장소를 가리킨다. 주로 해상교통과 육상교통의 접속지 역할을 하므로 해륙(海陸) 양면으로 입지 조건이 좋고 항만시설 외에도 교통시설, 보관시설, 공장시설, 수륙연락시설 등을 갖추어야 한다.

**암각화** 자연 속에 노출된 바위나 동굴 벽에 여러 가지 동물상이나 기하학적 상징 문양을 그리거나 새겨 놓은 그림이다. 구석기 시대부터 그려진 것으로 나타나지만 가장 두드러진 것은 신석기 시대부터였고 청동기 시대에 와서 가장 많은 제작이 이루어졌다. 선사 시대의 신앙과 생활 모습을 생생하게 표현하였으며 주로 풍요로운 생산을 기원하는 주술적인 내용이 많다.

# 경상 지역의 관광지 소개하기

※ 자신의 고향 나라의 가족에게 경상 지역을 소개하는 엽서를 써 봅시다.

1. 다음은 경상 지역의 관광 명소입니다. 가장 좋아하는 곳은 어디입니까? 그 이유는 무엇입니까?

▲ 부산 해운대

▲ 경주 불국사

▲ 창녕 우포늪

▲ 안동 하회마을

2. 위의 관광 명소 외에 여러분이 알고 있는 경상 지역의 관광 명소는 어디입니까?

3. 경상 지역의 관광 명소 중에서 가족들에게 꼭 소개하고 싶은 관광 명소는 어디입니까?

4. 위의 내용을 바탕으로 경상 지역의 관광 명소를 소개하는 엽서를 써 봅시다.

**도움 자료**

● **지도 시 유의사항**
- 가능하다면 스마트폰, 노트북 등 전자기기를 통한 검색을 장려한다.
- 발표 시 지켜야 하는 태도에 대해 알려준다.
- 자유롭게 이야기 할 수 있는 분위기를 조성한다.

# 심화자료

## 1. 창녕 우포늪

우포늪은 한국 최대의 늪으로 그 넓이가 무려 231만 제곱킬로미터 정도이다. 우포늪과 같은 습지는 수많은 식물과 동물이 살아가기에 더할 나위 없이 좋은 곳이다. 늪에 사는 생명체들이 죽으면 바닥에 가라앉아 썩게 된다. 생명체들의 사체가 오랜 시간 쌓이고 쌓이면 현재 살아있는 생물에게 좋은 영양분을 공급하기 때문이다.

우포늪은 최근 세계적으로도 그 중요성이 높아졌다. 우포늪은 1998년 3월 람사르 협약에 따른 보존 습지로 지정되었다. 람사르 협약은 물새들이 사는 곳 중에서 특히 중요한 습지를 세계 여러 나라가 함께 보호하기로 한 약속이다. 람사르 협약과 창녕군의 노력 덕분에 최근 우포늪은 더욱 깨끗하고 생물이 살기 좋은 늪이 되었다. 환경오염 때문에 점차 사라져 가는 희귀한 철새인 따오기도 우포늪에서는 살고 있다. 이 밖에도 우포늪은 세계적인 희귀 식물인 가시연과 우리나라 토종 거북인 남생이, 드렁허리, 족제비, 두꺼비 등 멸종위기에 처한 수많은 생물에게 풍부한 먹이와 좋은 보금자리를 제공하고 있다.

## 2. 진주 남강유등축제

진주에서 남강에 띄우는 유등놀이는 우리 겨레의 최대 수난기였던 임진왜란의 진주성 전투에 기원하고 있다. 1592년 10월 충무공 김시민 장군이 3,800여명에 지나지 않는 적은 병력으로 진주성을 침공한 2만 왜군을 크게 무찔러 민족의 자존을 드높인 '진주대첩'을 거둘 때, 성 밖의 의병 등 지원군과의 군사 신호로 풍등을 하늘에 올렸다. 그리고 횃불과 함께 남강에 등불을 띄워 남강을 건너려는 왜군을 저지하는 군사 전술로 쓰였으며, 진주성 내에 있는 병사들과 사민(士民)들이 멀리 두고 온 가족에게 안부를 전하는 통신수단으로 이용한 것에서 비롯되었다.

[출처] 대한민국 구석구석-진주 남강유등축제

## 3. 대곡리 반구대 암각화

대곡리 암각화는 천전리에서 대곡천을 따라 2㎞ 정도 하류로 내려와 반구대를 지나 그보다 더 아래쪽에 위치한 바위 절벽에 그려져 있다. 그림이 그려진 바위벽은 전체 높이 약 70m 너비 20m이며, 그림이 그려진 부분은 높이 2.5m 너비 약 9m 정도이다. 그림의 내용은 호랑이·사슴·멧돼지 같은 육상동물과 고래, 그리고 사람 등 200여 점인데 천전리 암각화에는 흔한 기하학적 무늬가 없는 대신 사실적이고 구체적인 그림들이 많다. 또 한 가지 천전리 암각화와 차이가 나는 점은 대곡리 암각화는 아무 때나 쉽게 볼 수 있는 그림이 아니라는 점이다. 대곡천의 하류에 사연댐이 생긴 이후로 댐에 가까운 대곡리 암각화가 물에 잠기게 되었기 때문이다. 겨울 또는 가뭄이 들어 댐의 물이 빠지는 시기에라야 비로소 대곡리 암각화는 모습을 드러낸다.

[출처 [네이버 지식백과] 대곡리 암각화와 반구대

**참고자료**
진주남강유등축제 http://yudeung.com
우포늪 창녕군청
http://www.cng.go.kr/tour/sites/00002296.web
대한민국 구석구석 https://korean.visitkorea.or.kr

# 50 강원, 제주 지역

교재 254-257쪽

이 차시의 목표는 강원, 제주 지역의 특징과 관광산업이 발달한 이유를 살펴보는 것이다. 이를 위해 강원, 제주 지역의 위치, 산업, 자원에 관한 내용을 학습한다.

| 단계 | | 교수학습활동 | 교수 자료 | 시간 |
|---|---|---|---|---|
| 도입 | 생각해 보기 | ● **관광지 중에서 가 보고 싶은 곳 이야기해 보기**<br>강원 지역과 제주 지역 중에서 어느 지역에 가 보고 싶나요? 그 이유는 무엇인가요? 강원 지역과 제주 지역은 한국의 대표적인 관광지입니다. | (PPT #1-3) | 4분 |
| | 학습목표 | ● **학습목표 제시**<br>1. 강원 지역의 지리적 특징과 관광업이 발달한 이유를 설명할 수 있다.<br>2. 제주 지역의 특징을 이해하고 관광업이 발달한 이유에 대해 설명할 수 있다.<br>● **이번 차시와 관련된 교재의 단원 확인하기** | (PPT #4) | 1분 |
| 전개 | 주제1 (강의) | ● **강원 지역의 위치에 대해 설명하기**<br>강원 지역은 한반도 중앙의 동쪽에 위치하고 있으며 영서와 영동 지방으로 구분됩니다.<br>● **강원특별자치도의 특징에 대해 설명하기**<br>강원특별자치도는 자연경관이 뛰어나 관광 산업이 발달하였습니다. 또한 예전보다 교통편이 발달하여 다른 지역으로 이동이 수월해졌습니다.<br>● **강원 지역의 관광 명소 알아보기**<br>강원 지역에서 유명한 곳이 어디인지 아나요? 여러분이 알고 있는 강원 지역의 관광 명소를 말해 봅시다.<br>● **강원 지역의 축제 알아보기**<br>강원 지역에서 유명한 축제를 알고 있나요? 여러분이 알고 있는 축제에 대해 말해 봅시다. | (PPT #5-7) | 10분 |
| | 알아두면 좋아요 1 | ● **비무장지대에 대해 소개하기**<br>비무장지대는 국제조약이나 협약에 의해 무장이 금지된 지역입니다. | (PPT #8) | 5분 |
| | 주제2 (강의) | ● **제주 지역의 위치에 대해 설명하기**<br>제주도는 한국의 남쪽에 위치하고 있으며 한국에서 제일 큰 섬입니다.<br>● **제주특별자치도의 특징에 대해 설명하기**<br>제주도는 화산 활동으로 만들어진 화산섬으로 아름다운 자연경관 덕분에 관광지로 인기가 많습니다.<br>● **제주 지역의 관광 명소 알아보기**<br>제주 지역에서 유명한 곳이 어디인지 아나요? 여러분이 알고 있는 제주 지역의 관광 명소를 말해 봅시다.<br>● **제주 지역의 축제 알아보기**<br>제주 지역에서 유명한 축제를 알고 있나요? 여러분이 알고 있는 축제에 대해 말해 봅시다. | (PPT #9-11) | 10분 |
| | 알아두면 좋아요 2 | ● **삼다도에 대해 소개하기**<br>제주도에는 돌, 여자, 바람이 많아 삼다도라고 불립니다. | (PPT #12) | 5분 |
| 정리 | 정리하기 | **주요 내용 정리** | (PPT #13-14) | 5분 |
| | 이야기 나누기 | ● **각 지방의 사투리에 대해 이야기해 보기**<br>본인이 살고 있는 지역의 사투리를 알고 있나요? 각 지역마다 사투리가 다르답니다. 각자 알고 있는 지역 사투리에 대해 이야기해 봅시다.<br>● **다음 차시 예고** | (PPT #15) | 10분 |

## 학습 내용 정리

### 01 강원 지역의 모습은 어떠할까?

**1** 강원 지역은 한반도 중앙의 동쪽에 위치하고 있으며 태백산맥을 경계로 영서와 영동으로 구분됨

**2** 강원특별자치도

1) 강원특별자치도는 강릉과 원주의 앞글자를 따서 지어진 이름임

2) 고랭지농업과 목축업이 발달하였고 최근에는 관광 산업 중심으로 바뀜

3) 2018년 평창에서 동계 올림픽을 개최하였음

**3** 강원 지역의 관광 명소와 축제

1) 설악산, 오대산, 경포대, 낙산해수욕장을 찾는 사람들이 많음

2) 강릉 단오제는 단오를 전후하여 벌이는 축제로 풍년과 집안의 태평을 기원하였음

### 02 제주 지역의 모습은 어떠할까?

**1** 한국에서 제일 큰 섬으로 한반도 남쪽에 위치

**2** 제주특별자치도

1) 화산 활동으로 만들어진 섬으로 유네스코 생물권보전지역, 세계자연유산, 세계지질공원으로 지정됨

2) 따뜻한 날씨와 수많은 관광자원 덕분에 한국의 대표적인 관광지가 됨

3) 제주도 중앙에는 한국에서 가장 높은 산인 한라산이 있음

**3** 제주 지역의 관광 명소와 축제

1) 한라산, 성산일출봉, 만장굴 등을 찾는 사람이 많음

2) 탐라문화제는 제주도의 종합 향토문화축제임

## 이야기 나누기 예시 답안

- 평안도: 이 노래 드더 봔? → 이 노래 들어봤니?
- 함경도: 낭게 무시기 달렸음메? → 나무에 무엇이 달렸습니까?
- 황해도: 누구라 갖다 놔서? → 누가 갖다 놨어?
- 강원도: 안녕히 가시래요. → 안녕히 가세요.
- 충청도: 근데 여긴 우쩐 일이여? → 근데 여긴 어쩐 일이야?
- 전라도: 겁나게 오래간만이다. → 정말 오래간만이다.
- 경상도: 멩치가 우리하다 안 카나. → 명치가 아프다고 하지 않았니.
- 제주도: 혼저옵서예 → 어서 오세요.

## 본문 용어 해설

**대관령** 강원도 강릉시와 평창군의 경계에 있는 고개를 말한다. 발왕산, 황병산 등 산으로 둘러싸인 분지로 한국에서 가장 먼저 서리가 내리는 지역이다. 특히 겨울에는 눈이 많이 내려 스키장이 들어서기 좋은 조건을 갖추고 있다.

**화산섬** 해저 화산이 폭발하면서 솟아 나온 용암과 화산재 등이 쌓이면서 해면 위에 생긴 섬을 말한다. 하와이제도, 제주도, 울릉도가 대표적이다.

**오름** 큰 화산의 옆쪽에 붙어서 만들어진 작은 화산을 말한다. 개개의 분화구를 갖고 있다. 제주도에는 368개의 오름들이 존재해 '오름의 왕국'이라고도 불린다.

# 강원 지역 관광지 소개하는 포스터 만들기

1. 다음은 강원 지역의 관광지입니다. 여러분이 직접 가 보거나 TV, 영화 등을 통해 본 곳이 있나요? 있다면 어떤 곳이 가장 기억에 남는지 말해 봅시다.

강원도 속초, 인제, 양양에 걸쳐 있는 국립공원. 아름다운 경치로 늘 관광객이 많다.

**설악산 국립공원**

춘천시에 있는 섬. 드라마 '겨울연가' 촬영지로 유명하다.

**남이섬**

강원 양양군에 있는 해수욕장. 4km에 이르는 넓고 고운 백사장을 가지고 있다.

**낙산 해수욕장**

드라마 '모래시계' 촬영지. 기차역에서 바로 연결된 바다의 풍경이 아름답다.

**정동진**

조선시대 뛰어난 학자 이이가 태어난 곳. 강릉의 대표적 문화유산이다.

**오죽헌**

강릉에 있는 누각(벽이 없는 집). 경포대에서 바라보는 동해 경치가 매우 아름답다.

**경포대**

2. 강원 지역 관광지 중 외국 사람들에게 꼭 추천해 주고 싶은 곳은 어디인가요? 그 이유는 무엇인가요?

3. 추천해 주고 싶은 장소를 소개하는 포스터를 만들어 봅시다.

**도움 자료**

- **이이**: 조선시대를 대표하는 학자. 학문을 통해 사회를 개혁하기 위해 많은 노력을 함. 일본의 침략을 예상하고 이를 대비하자고 주장했음.
- **겨울연가**: 배용준, 최지우 주연의 드라마. 아름다운 첫사랑을 주제로 한국뿐만 아니라 일본, 동남아 등에서 큰 인기를 얻음.
- **모래시계**: 최민수, 고현정 주연의 드라마. 1980년대 시대 상황을 그린 드라마로 방영 당시 큰 인기를 얻음.

# 심화자료

### 1. 영서 지방과 영동 지방

강원도의 태백산맥을 기준으로 나누어지는 영서 지방과 영동 지방은 자연환경과 생활 모습에서 많은 차이를 보인다. 영서 지방은 초여름의 덥고 건조한 높새바람으로 인해 여름엔 덥고 겨울엔 몹시 추운 반면 영동 지방은 계절에 따른 기온차가 크지 않고 겨울에 비교적 따뜻하다. 교통이 발달하지 않았던 예전에는 두 지방의 사투리가 다를 정도로 많은 차이를 보였으나 오늘날에는 예전처럼 생활 모습 차이가 크지는 않다. 영서 지방의 중심도시는 강원도청이 위치한 춘천시이다. 춘천은 수도권과 교통이 편리하고, 춘천호, 인형극제, 춘천댐 등으로 관광지로도 유명하다. 영동 지방의 중심도시는 강릉을 들 수 있다. 경포대와 오죽헌 등의 문화유산이 있으며 세계 무형 유산으로 지정된 단오제가 열린다.

### 2. '삼무도' 제주

제주도에는 세 가지가 없다고 하여 삼무도로 불리기도 했다. 첫째, 제주도는 수산자원이 풍부하며, 제주도민들은 근면·절약·상부상조를 미덕으로 삼았기 때문에 거지가 없다. 둘째, 정직하고 순박하기로 유명한 제주도민의 심성 때문에 도둑이 없다. 셋째, 거지나 도둑이 없기 때문에 대문이 없다.

### 3. 제주도의 대문 '정낭'

제주도의 전통 가옥에는 대문이 없는 경우가 많다. 그 대신에 제주도만의 독특한 대문 형식인 '정낭'을 사용하였다. '정낭'은 구멍이 세 개 뚫린 돌을 양옆에 세우고 가로로 나무 기둥을 걸쳐 놓는 것인데 걸쳐 놓은 나무 기둥의 수와 모양에 따라 집에 주인이 있는지 없는지를 알 수 있었다. 나무 기둥 3개를 다 걸쳐 놓으면 집주인이 멀리 외출 중이라 며칠 있다가 돌아올 수도 있다는 뜻이다. 2개를 걸쳐 놓으면 집주인이 밭이나 바다에 나가 늦게 들어온다는 뜻이다. 그리고 1개는 이웃집에 가 있는 경우로 금방 돌아온다는 뜻이다. 나무 기둥이 걸쳐 있지 않으면 집 안에 주인이 있으니 들어가도 된다는 뜻이다. 정낭은 다른 사람이 함부로 들어오지 못하게 하는 방어막도 되었지만 이웃 사람들에게 집주인의 상황을 알려주는 의사소통 수단으로도 사용되었다.

멀리 외출중

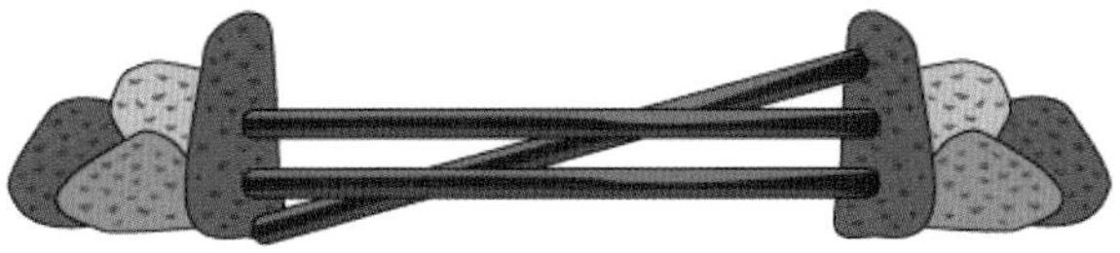

저녁때 돌아옴

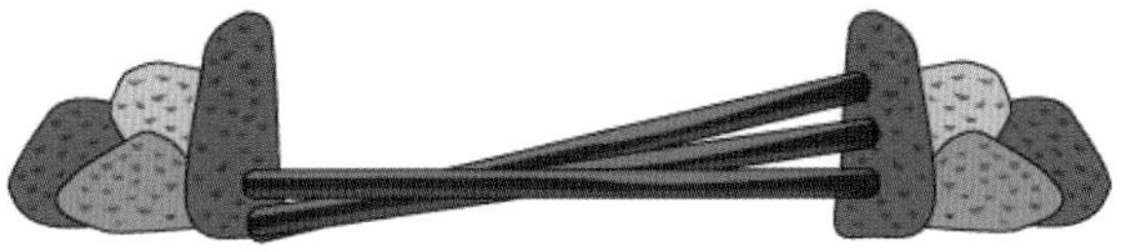

금방 돌아옴

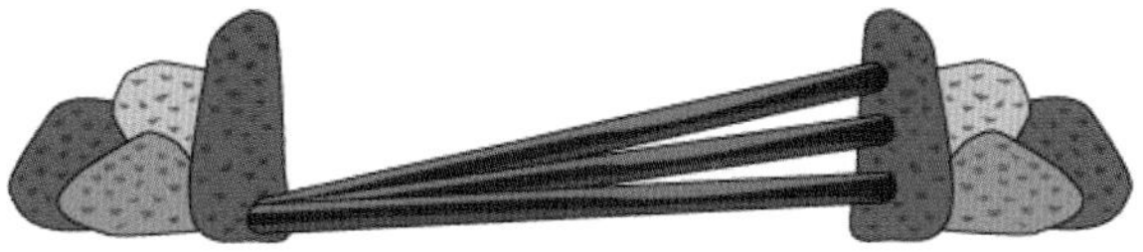

집에 있음

**참고자료**
강원특별자치도청 https://state.gwd.go.kr/
제주특별자치도청 http://www.jeju.go.kr

연구진 설규주 (경인교육대학교 사회과교육과 교수)
정문성 (경인교육대학교 사회과교육과 교수)
김찬기 (한국이민재단 교육국 국장)

집필진 최수진 (한국다문화교육연구원 사회통합프로그램 강사)
정현정 (동국대학교 국제어학원 한국어 강사)
(전 사회통합프로그램 강사)
옹진환 (한국교육과정평가원 부연구위원)
방대광 (고려대학교 사범대학 부속고등학교 교사)
박원진 (초당초등학교 교사)
이바름 (인천지역경제교육센터 책임연구원)

사회통합프로그램[KIIP]

# 한국사회 이해 교사용 지도서 기본

법무부 사회통합프로그램 지정 교재
법무부 귀화적격시험 활용 교재

초판발행 2020년 12월 11일
1판발행 2020년 12월 11일
2판발행 2022년 7월 15일
3판발행 2024년 5월 31일

기획 · 개발 법무부 출입국 · 외국인정책본부

펴낸이 노 현
펴낸곳 ㈜피와이메이트
서울특별시 금천구 가산디지털2로 53 한라시그마밸리 210호(가산동)
등록 2014.2.12. 제2018-000080호
전화 02)733-6771
팩스 02)736-4818
홈페이지 www.pybook.co.kr
e-mail pys@pybook.co.kr

값 14,000원

ISBN 979-11-86140-32-1
979-11-86140-31-4(set)